여수 미식 지도

여수는 남해 수산물의 집산지다. 당연히 갯장어 샤브샤브, 군평선이구이, 돌게장, 삼치 선어 회, 서대 회무침, 장어탕 등 해산물을 재료로 한 음식이 많이 발달했다. 진귀한 해산물이 아니더라도, 여수를 대표하는 음식 갓김치에 섬에서 빚은 막걸리만 곁들여도 콧노래가 절로 나온다. 거문도 삼치, 백야도 손두부, 하화도 부추 등 섬에서만 맛볼 수 있는 음식들도 일품이다.(자세한 식당 정보는 346~349쪽을 참조하면 된다.)

낭도

막걸리

거문도   삼치

세 PD의
미식 기행

여수

제대로 알고 마음껏 즐기는
오감 만족 우리 맛 여행

세 PD의
미식 기행

여수

손현철 · 홍경수 · 서용하

민음사

차례

미항(美港) 여수의 빼어난 맛을 찾아   7
여수의 맛은 해류에서 시작한다   15

여수의 진미

여수 하면 갓김치, 갓김치 하면 여수   27
신선하고 달착지근한 맛이 일품, 돌게장   43
여수의 참맛, 표지 음식 갯장어(하모)   63
해장에는 이보다 더 좋을 수 없다, 장어탕   85
○ 여수의 풍경 길   96
여수 10미(味) 중 으뜸, 서대 회   105
바다의 푸아그라, 삼치 선어 회   119
바다의 꿀, 여수 굴   135
이순신 장군이 반한 여수 향토 음식, 군평선이구이   155
○ 여수 밤바다   166

여수의 묘미

여수에서 더욱 특별해지는 맛   175
해삼과 갑오징어, 입안에서 춤추는 여수 바다의 맛   179
여수 맛의 보고(寶庫), 시장 나들이   193
○ 교동 시장 동백 아가씨 합창단   206
갯것에 물리면 찾는 소박한 맛집들   211

행복한 맛의 철학, 달콤커피센터 & 재원산업 사내 식당	223
○ 여수의 잠자리	236

섬 마을 맛 기행

삶의 맛을 찾아가는 섬 여행	245
여수, 어디까지 가 봤니? 거문도 미식 기행	249
바다의 만찬, 금오도 갯것 정식	267
여수 바다의 보석, 하화도와 사도	281
○ 쟁반 백반의 추억	296
고집스레 지켜 온 손맛의 힘, 백야도 손두부	301
여수의 막걸리 라이벌, 개도 vs. 낭도	313
○ 여수반도 해안 도로와 와온 해변	324

세 PD, 여수 미식 기행을 말하다	333
감사의 말	342
참고 문헌	343
○ 맛집	346
○ 숙소	350

미항(美港) 여수의 빼어난 맛을 찾아

여수(麗水). '아름다운 물'의 도시, 바다가 비단결처럼 출렁이는 곳. 한려해상 국립공원의 시작점. 여수(旅愁). 외떨어진 육지의 한끝. 멀리 떠난 여행의 시름이 몽글거리는 곳. 여수는 경치가 아름답다는 뜻의 관용구 가산여수(佳山麗水)의 일부이기도 하다. 그만큼 경치가 좋다는 말이다.

한반도의 어느 도시에 이렇게 의미심장한 한자 麗(아름다울, 고울 려)를 쓸 수 있을까. 우리 조상들은 고장의 이름을 지을 때 꽤 인색한 편이어서, 미적(美的) 판단이 들어간 표현을 함부로 쓰지 않았다. 금방 떠오르는 지역명은 지형의 특징을 딴 것이 많다. 넓은 땅 광주(廣州), 큰 언덕 대구(大邱), 솥뚜껑같이 생긴 산 부산(釜山), 너른 들판 대전(大田) 등. 우리나라 지역명에서 아름답다는 표현을 찾아보기 힘들다. 그렇다면 어떻게 여수는 그 이름을 얻게 됐을까.

이 지역은 삼국시대와 통일신라 시대에 원촌, 해읍 등으로 불렸다. 여수라는 이름을 얻은 것은 천 년하고도 백 년 전 일이다. 936년 후삼국을 통일한 고려 태조 왕건은 왕국의 영토를 개편한다. 중앙정부는 통치 구역을 새롭게 구분하고 확정하기 위해 관리들을 각지로 파견한다. 수도 개경(지금의 개성)을 떠나 먼 길을 온 그들은 여수반도 곳곳에 솟은 종고산, 망마산 등에 올라 이 고장을 처음 내려다보았을 것이다. 잔잔하고 옴팡진 바다에 오동도, 장군도, 돌산도, 경도가 조랭이 떡 모양으로 떠 있다. 동해나 서해에선 좀처럼 보기 힘든 풍경이다. 그들은 탄성을 질렀을 것이다. 멋지고 아름답다는 말 외에 어떤 단어가 필요했겠는가? 조정은 나라 이름 고려(高麗)의 려(麗) 자를 이곳에 붙인다. 대단한 의미 부여다. 아무런 선입견이 없는 냉정한 이방인의 시각으로 여수의 풍광을 조망해 보라. 고려인의 결정에 동의할 수밖에 없다.

고속철이 생기기 전 여수는 서울서 대여섯 시간이나 걸리는 먼 곳이었다. 한번 유람을 가려면 큰마음 먹고 사나흘 시간을 내야 했다. 말을 타거나 봇짐 지고 걸어야 했던 예전엔 얼마나 멀었을까. 개경에서 직선거리로 1000리(약 400킬로미터)나 되는 까마득한 길이었다. 고려 후기의 문신 이규보는 아름답기로 이름난 여수에 갈 수 없음을 이렇게 한탄한다.

여수는 나라의 남쪽 끝	麗水國之南
하늘처럼 멀어 꿈꾸기조차 힘이 드네	天遠夢猶斷
이 몸이 꼭 가 보고 싶은 마음뿐인데	予欲歸去來

어찌 나오는 한숨을 참을 수 있으려나 　　　能忍不興歎

— 이규보, 『동국이상국후집』 제9권 중에서

글벗이 남쪽 여수로 꽃구경을 가자는 제안을 하자, 이규보는 눈병도 나고 힘들어 갈 수 없음을 안타까워하며 시로 화답한다. 가경(佳景)을 즐기며 운율에 맞춰 노래하던 고려의 문사들에게 여수는 꼭 가보고 싶은 곳이었다.

바다의 진미가 넘쳐 나는 곳

위성 지도를 보면 한반도의 남쪽은 서해와 남해가 만나는 목포 부근부터 남해와 동해가 만나는 부산 부근까지 해안선이 울퉁불퉁 요철을 그리며 이어진다. 여수는 한반도의 아랫변 정중앙에 놓여 있다. 행정구역상으로는 전라남도의 남동부에 속해 있다. 왼쪽은 고흥반도, 오른쪽은 경상남도 남해군이다. 남해군은 원래 남해도란 섬이었는데 남해대교가 놓이며 육지와 연결됐다. 여수는 반도와 크고 작은 섬으로 둘러싸인 호수 같은 바다를 지녔다. 이곳으로 남쪽 바다의 갖가지 물고기를 품은 해류가 올라온다.

잔잔한 만 안쪽에 자리 잡고 외해의 거센 파도를 막아 주는 섬으로 둘러싸였으니 여수는 천혜의 항구일 수밖에. 조선 시대 초기부터 수군 기지가 있었고 1479년에는 전라좌도 수군절도사영이 설치되어 오백 년간 조선 수군의 본거지 역할을 했다. 충무공 이순신은 임진왜란 일 년 전에 전라 좌수사로 여수에 부임한다. 그는 진해루(현 진남관의 옛 건물)에서 공무를 보고 선소(船所)에서 거북선을 건조하며 왜군의 침략에 대비한다. 지금도 여수 시내 곳곳에는 충무공의 흔적이 남아 있다.

여수는 군항 역할만 한 게 아니다. 바다에서 잡히는 어패류, 조류(藻類)도 풍부했다. 충무공도 『난중일기』에서 여수에 물고기가 많다고 증언한다.

> 1592년 2월 1일 임진.
> 선창(船艙)으로 나가 쓸 만한 널빤지를 고르는데 때마침 수장(水場) 안에 피라미 떼가 몰려들어(鰷魚雲集) 그물을 쳐서 이천여 마리를 잡았다. 참으로 장관이었다.
>
> ─이순신, 노승석 옮김, 『난중일기 ─ 교감 완역』(민음사, 2010) 중에서

2000여 마리라니 엄청나게 큰 무리다. 충무공은 피라미를 뜻하는 鰷(피라미 조, 鰷로 쓰기도 한다.) 자를 썼다. 피라미는 하천 중하류에 사는 잉엇과의 작은 민물고기로 크기는 10센티미터 내외이다. 민물고기 2000마리가 떼를 지어 다니는 일은 거의 없다. 정말 피라미였을까?

전라 좌수영의 수군이 배를 댄 선창은 당연히 바다 위에 있었다. 현재 여수 중앙동 이순신 광장에서 내려다보이는 앞바다엔 여수의 명물 장군도가 동그랗게 떠 있다. 조선 수군의 선창은 여기에 있었던 것으로 추정된다. 1497년 수군절도사 이량은 왜선의 침입을 막기 위해 장군도와 돌산도 사이의 해로에 돌로 수중제(水中堤)를 쌓고 목책을 설치했다. 그 후 백여 년이 지나 부임한 이순신은 오래된 목책에서 쓸

만한 나무를 골랐던 것이다. 때마침 돌방파제와 목책으로 차단된 바다(水場)에 멸치나 쥐치같이 작은 물고기가 몰려들었고 충무공은 이를 피라미로 표현한 것이다. 시기도 음력 2월인 초봄, 멸치가 연안으로 들어오는 때와 맞아떨어진다.

여수 주변은 지금도 대표적인 멸치 어장이다. 멸치란 놈은 알을 낳기 위해 잔잔한 안쪽 바다로 떼를 지어 몰려온다. 수북하게 쌓인 물고기로 좌수영 수군들이 한 상 잘 차려 먹었음에 틀림없다. 이때뿐이었을까. 여수의 풍부한 해산물은 일 년 내내 군인들에게 훌륭한 단백질 공급원이 돼 주었을 것이다.

여수는 남해 수산물의 집산지다. 지금도 여수의 어류 생산량은 전라남도 전체의 48퍼센트를 차지한다.(2010년 기준) 잡히는 물고기의 종류도 다양하고 양도 많다. 당연히 해산물을 재료로 한 음식도 발달했다. 여수시가 선정한 여수 10미(味) 중 갓김치를 뺀 아홉 가지는 해산물 음식이다. 산진해착(山珍海錯). 한자 문화권에선 산과 바다의 진미를 이렇게 표현했다. 바다에서 나는 진귀한 먹을거리, 해착(海錯). 여수는 해착이 넘치는 곳이다.

2012년 7월 여수시는 세계 4대 미항임을 선포한다. 세계적인 행사인 엑스포를 성공시키면서 여수는 국제적인 도시로 탈바꿈했다. 브라질 리우데자네이루, 오스트레일리아 시드니, 이탈리아 나폴리 못지않게 풍광이 아름답고 음식이 맛나다.

여수에는 바다에서 나는 먹을거리가 넘쳐 난다.

여수는 미수(味秀)다

간절히 여수에 가 보고 싶어 했던 이규보는 소문난 애주가였다. 술을 의인화한 소설 「국선생전」까지 썼다. 시와 거문고, 술을 지극히 사랑하여 삼혹호선생(三酷好先生)이라 불렸다. 벼슬자리에 있을 때는 맑은 술 청주를, 물러나서 형편이 좋지 않을 때는 탁한 막걸리 백주(白酒)를 두주불사했다. 술안주로는 생선회와 채소를 즐겼고 최고의 안주로 찐 게를 꼽았다. 게살을 뜯어 먹으며 막걸리를 마시면 신선도 부럽지 않다고 노래했을 정도다.(김지연, 2013)

여수에는 삼혹호선생이 반할 것들로 가득하다. 섬에서 빚은 막걸리가 있고, 막걸리를 삭힌 식초가 있고, 그걸 양념으로 써서 무친 반찬이 있다. 철따라 게가 잡히고 게장을 파는 골목이 있다. 쌉싸래한 갓과 섬에서 나는 나물, 싱싱한 생선회가 사방에 널렸다. 비단결 바다를 앞마당으로 가진 땅, 취한 다음 음풍농월할 경치는 덤이다. 아마 선생이 여수에 내려갔다면 여수(旅愁, 여행의 시름)를 느낄 겨를도 없었을 것이다. 어쩌면 영원히 눌러앉았을지도 모른다.

여수는 풍광이 아름답고 맛이 빼어난 곳이다. 여수는 미수(味秀)다. 고려 왕조가 여수라 작명한 미적 감각, 삼혹호선생의 열망과 기호를 따라, 지금 우리가 미식 기행지로 여수를 택한 이유다. ● 손현철

여수의 맛은 해류에서 시작한다

재미 삼아 했던 『세 PD의 미식 기행, 목포』 프로젝트가 끝나고, 과분한 평가를 받았다. 한국의 많은 도시들을 취재해 달라는 독자들의 부탁이 이어졌다. 필자들 역시 다음 여행지에 대해 고민을 거듭했다. 어떤 도시에 가는 것이 좋을까? 벽에 한반도 지도를 붙여 놓고 다트 화살을 던져 꽂히는 곳으로 갈까도 생각해 보았다. 설왕설래 끝에 세 PD가 각각 후보지와 선정 근거를 생각해 와서 토론하기로 했다. 한 PD는 기방 문화의 진수를 담고 있고 비빔밥으로 유명한 진주를 후보지로 골랐다. 다른 PD는 너무 바빠서 미식 기행에 참여하기 어려울 수도 있다는 의견을 냈다. 세 PD가 함께 시작한 프로젝트인 만큼 아무쪼록 세 PD가 함께할 수 있는 소재를 택하자는 의견이 모였다. 여수에서 반년 가까이 파견 근무를 하면서 여수 음식을 섭렵한 한 PD의 경험을 살리기로 했다. 필자 역시 음식 1번지 남도의 우도와 좌도를 먼저 섭렵하는 편이 맞다고 보았다. 두 번째 미식 기행지는 마침내 여수로 결정됐다.

목포에 대한 책을 써서인지 목포에 더 자주 가게 되었다. 책을 낸 뒤인 2013년 여름, 외국에 사는 조카 가족 등 총 열한 명으로 구성된 여행단을 꾸렸다. 오래전부터 준비해 온 목포 여행이었다. 미슐랭 가이드에 나오는 별 몇 개짜리 식당에서 음식을 먹어 본 적이 있는 조카들은 민어를 시작으로 떡갈비, 콩물, 팥죽, 낙지호롱구이 등을 맛보고는 환호성을 질렀다. DNA에 새겨진 우리 맛에 대한 기억은 어찌할 수 없는 듯하다. 3박 4일 여행 후 가족들을 보내고 혼자 목포에서 이틀 밤을 더 묵은 뒤 여수 여행을 곧바로 이어 갔다. 여드레간의 남도 미식 기행. 평생 이런 사치와 호사는 처음이었다. 목포 3박 4일 여행 후에 여수로 넘어가기 전 이틀간은 놀란 위를 진정시키기 위해 음식을 조금씩 먹으며 몸 상태를 조절했다. 카페에서 주문한 토마토 주스를 점심 삼아 먹고 저녁은 간짜장으로 대신했다. 목포에서 여수로 넘어가기 전에 이른바 격벽을 만든 셈이다. 그래야 여수의 맛을 제대로 볼 수 있기 때문이다.

여수로 넘어간다고 했더니 목포1935의 안치윤 사장이 목포와 여수의 가장 큰 차이점은 해류라고 알려 주었다. 여수는 서남해안의 낙지와 동해안의 문어가 동시에 잡히는 경계 지역이라는 것이다. 맞다. 여수의 맛은 해류에서 시작한다. 남쪽에서 올라와 동해로 향하는 구로시오 난류의 지류인 쓰시마 난류가 거문도 남쪽에서 좌우로 갈라지며 일부는 제주도 서쪽으로 일부는 경상남도를 거쳐 일본 쪽으로 퍼져 나간다.

또한 여수의 서쪽에는 고흥반도와 여수반도가 만들어 낸 호수 같은 바다가 있다. 여자만에는 갯벌이 발달했고 남쪽으로는 푸른 바다가 펼쳐진다. 따라서 갯벌에서 서식하는 꼬막, 낙지부터 깊은 바다에 사는 삼치, 갯장어, 서대, 군평선이, 새조개, 굴에 이르기까지 독특한 음식 자원이 스펙터클하게 펼쳐진다. 특히 거문도 근해에서 잡히는 은갈치와 삼치는 다른 지역의 것과 달리 독자적인 깊은 맛이 난다. 가령 목포 먹갈치를 먹다 보면 내장에서 흔히 발견되는 것이 새우다. 반면 거문도 갈치의 배 속에서는 멸치가 발견된다. 목포 먹갈치가 고소한 맛이라면, 거문도 은갈치는 단맛이라고 할까? 먹이가 무엇이냐에 따라 갈치 맛도 달라진다. 여수도 목포에 밀리지 않는 음식 레퍼토리를 보유한 셈이다. 이것이 우리가 여수로 발걸음을 향하게 된 이유이다.

울릉도와 독도에 남아 있는 여수 사람들의 발자취

여수의 식재료를 풍부하게 한 원인 중 하나가 해류라고 한다면, 해류는 여수 사람들의 기질도 바꾸어 놓았음에 틀림없다. 여수 바다에 무동력선인 멍텅구리배를 띄워 놓기만 하면 일본에 도착한다고 하여 오래전부터 여수는 밀항의 최적지였다. 거문도 어민들이 집이나 배를 만들 나무를 벌채하러 울릉도를 제집처럼 드나든 것도 해류 덕분이다. 거문도 앞 소삼부도의 지명인 보찰여와 독도 보찰바위의 공통점은 전라남도에서 보찰이라고 부르는 거북손과 밀접한 관련이 있다는 것이고, 거문도에서 사용하는 짝지라는 지명(큰 짝지, 작은 짝지)이 울릉도에서 발견되는 것(울릉도 북면 현포리의 옛 지명이 가문작지)도 결코 우연이 아니다.

이러한 사실은 역사에도 기록되어 있다. 조선 시대 말 1882년 4월 30일부터 5월 11일까지 울릉도를 검찰한 이규원은 울릉도 검찰일기를 작성했다. 당시 울릉도에서 만난 주민은 출신지별로는 전라도가 가장 많아 흥양 삼도(현 거문도) 94명, 낙안 21명 등 115명이고, 강원도 평해 14명, 경상도 경주 7명, 영일 2명, 함양 1명, 경기도 파주 1명이었다. 140명 중 82퍼센트에 해당하는 사람들이 전라도 출신이었으며, 그중 대다수가 거문도와 초도 출신이었다. 전라도 출신이 아닌 조선인들은 약초 채취가 목적이었지만, 전라도 출신 조선인들은 배 건조 혹은 미역 채취가 주목적이었다. 거문도에서 태어나 현재 살고 있는 한창훈 소설가는 따뜻한 지역보다 추운 지역에서 자란 나무가 배를 만들기에 더 적합하기 때문에 이들이 목숨을 걸고 울릉도를 다녔다고 말한다. 이들은 쌀이나 곡식을 사서 다른 지역에서 비싸게 파는 중개무역도 했다. 전남 무형문화재 1호인 거문도 뱃노래 중 술비소리에는 "울고 간다 울릉도야"라는 구절이 있으며, 울릉도에서 낳은 자녀를 거문도에서는 '울도야'라고 부른다는 박종산 씨의 증언도 있다.(김윤배, 2013) 조선 후기 실학자 다산 정약용은 강진에 유배된 동안 강진 사람들의 생활상을 시로 남겼는데, 그중 「탐진어가(耽津漁歌)」에 남서해안 사람들이 홍합을 캐러 울릉도를 드나드는 모습이 담겨 있다.

| 어촌에서 모두가 낙짓국을 즐겨 먹고 | 漁家都喫絡蹄羹 |
| 붉은 새우 녹색 맛살은 쳐 주지 않네 | 不數紅鰕與綠 |

홍합이 연밥같이 작은 게 싫어서 　　　　澹菜憎如蓮子小
돛을 달고 울릉도로 간다네 　　　　　　治帆東向鬱陵行

―정약용,「탐진어가」중에서

    거문도 등 남도 사람들이 울릉도를 쉽게 드나들었던 것은 표층 해류의 움직임 및 바람의 방향과 밀접한 연관이 있다. 거문도에서 울릉도로 갈 때는 서풍 혹은 남풍이 부는 4월, 7월이 유리하고, 다시 울릉도에서 거문도로 들어올 때는 동풍 혹은 북풍이 부는 10월, 1월이 비교적 유리하다.(김윤배, 2013) 따라서 거문도 사람들은 봄에 울릉도에 갔다가 겨울에 돌아오는 규칙적인 이주 생활을 한 것으로 보인다.

    거문도인의 울릉도 항해는 독도 문제 해결을 위한 실마리를 제공한다. 대한제국 시기인 1900년에 반포된 칙령 41호는 독도에 대한 한국의 역사적 지배를 명백하게 입증하는 주요 자료이다. 한말 일본인의 울릉도 불법 침입과 벌목, 울릉도 주민에 대한 폭력 행사 등이 심해지자, 대한제국 정부는 울릉도를 지방 행정구역상 독립된 군으로 승격하는 적극적인 대책을 세웠다. 1900년 10월 25일 자로 전문 6조의 칙령 41호를 반포한 것이다. 칙령 2조에서 "군청 위치는 태하동으로 정하고 구역을 울릉도 전도와 죽도, 석도를 관할한다."라고 밝히고 있다. 석도는 돌섬의 뜻을 한자로 표기한 것이며, 돌은 방언으로 독이라고 하였기에 그 음을 취한 한자 표기 독도 역시 석도의 또 다른 표기라는 것은 부정할 수 없는 사실이라 하겠다.(임학성, 2011)

    독도의 언어적 어원에 대해서는 국토지리정보원에서 발간한『독도 지리도』에도 언급되어 있다. 현재의 이름인 독도는 섬이 돌로 이루어졌다는 의미인 '돌섬'을 울릉도 주민들이 독섬으로 부르면서 만들어진 것이다. 조선 시대 고종 때 육지의 주민들을 울릉도로 이주시킬 때 전라도 출신 어부들이 돌섬을 독섬으로 발음했다는 설이 유력하다. 독도는 고대부터 현재까지 울릉도나 한반도 동남부 지역 주민들과 밀접한 관계를 맺으며 우리 생활권, 어업권, 교통권의 요지로서 중요한 역할을 해 왔다. 석도가 독도와 동일한 섬이라는 논리는 우리말을 한자로 표기할 때 빈번히 발생하는 한국어 표기 방식에서 비롯된 것으로 인정되고 있다. 지금도 울릉도 주민들은 독도를 독섬, 돌섬으로 부른다. 울릉도 음식이 맛있다는 이야기를 많이 들었는데, 거문도 사람들의 울릉도, 독도 진출에서 그 이유를 어렴풋이 짐작할 수 있을 듯하다.

　필자는 2013년 여름 한국언론학회에서 개최한 독도 저널리즘 선상 세미나에 참석했다. 독도를 꼭 직접 가서 보고 싶었기 때문이다. 저녁때 강원도 동해시를 출발한 광개토대왕호는 울릉도를 거쳐 새벽에 독도에 도착했다. 눈앞에 펼쳐진 독도의 모습은 장관이었다. 거대한 바위섬 두 개가 우뚝 솟아 있었다. 독도가 순수하게 바위로, 돌로만 이뤄진 섬이라는 것을 직접 확인할 수 있었다. 보찰바위의 위치도 지도와 대조해 가며 확인했다. 아쉽게도 독도에 발을 딛지는 못했지만, 울릉도로 돌아오는 길 내내 거문도 사람들이 독도를 자주 왕래했다는 사실을 떠올리며 독도가 시야에서 사라져 가는 것을 바라보았다. 독도라는 이름의 유래와 울릉도와 독도에 남은 여수 사람들의 발자취를 가늠해 보았다.

여수 사람들이 생각하는 가장 대표적인 향토 음식이 서대다.

활수하고 풍성한 여수의 맛

여수는 전라 좌수영의 본영이 있던 곳이다. 병참기지 역할을 수행한 여수는 임진왜란과 정유재란을 승리로 이끈 수군의 중심으로서 역사성을 지니고 있다. 여수 사람들은 왜군과 싸우는 군사로 나섰으며 군량미와 무기, 군복을 보급했다.

여수지역사회연구소 정태균 부장은 여수의 역사적 정체성을 "국가를 위해 주기만 한 고장"이라는 말로 규정했다. 진남관 앞 이순신 광장에는 이순신 장군을 도와 왜구로부터 조선을 지킨 지역 인물들의 정보가 전시되어 있다. 그중에 동명이인인 이순신이 있다는 사실이 흥미롭다. 이순신 장군은 "만약 호남이 없다면, 나라도 없다.(若無湖南 是無國家)"라는 말로 호남의 중요성을 역설했다. 가장 많은 의병을 일으키고 가장 많은 쌀을 보급한 호남의 역할은 의심할 여지가 없으며 그 중심에 여수가 있다.

직접 가 보고 느낀 사실 하나는 여수가 무척 넓다는 것이다. 자동차 없이도 구경할 수는 있지만, 불편하다. 여수가 지리적으로 꽤 넓게 퍼져 있고 볼거리도 산재해 있기 때문이다. 여수 자체가 조롱박 모양의 반도인 데다가 다리로 연결된 돌산도 역시 세 개의 조롱박 모양이다. 여수반도는 주변에 360여 개의 섬도 거느리고 있다. 또한 여수 사람들이 활달하다고 느꼈다. 목포 사람들에게서는 예술가적 성향 때문인지 왠지 모르게 내성적인 느낌과 페이소스가 느껴졌는데 여수 사람들은 활달하고 강단 있어 보였다. 이러한 성격이 여수 음식을 규정하는 힌트가 될지도 모른다. 음식은 그 지역의 풍토나 사람들의 성정을 그대로 닮기 때문이다.

여수 사람들이 생각하는 가장 대표적인 향토 음식이 바로 서대다. 목포에 홍어가 있다면 여수엔 서대가 있다. 서대는 회무침으로 먹고 구이로도 먹으며 조림이나 찜으로도 먹는다. 홍어처럼 깊이 있는 맛은 없지만 풍성하고 시원한 맛이 제법이다. 목포 음식이 발효 등 시간 축으로 형성된 것이라면, 여수 음식은 상대적으로 덜 발효된 음식이라 할 수 있다. 홍어, 묵은 김치로 대표되는 목포 음식과 서대, 장어, 갓김치 등으로 대표되는 여수 음식을 비교해 보라. 여수 음식은 덜 발효한 대신 풍성하게 수북이 쌓아 준다는 점에서 차별화되는지도 모르겠다. 두툼하게 썰어 칼집을 새겨 끓는 육수에 넣었다 꺼내면 눈꽃처럼 피어나는 풍성한 갯장어 살, 후한 인심을 담아 맘껏 먹을 수 있도록 푸짐하게 내주는 돌게장과 쓰키다시, 밑동에 통통하게 살이 오른 갓김치, 온갖 해산물을 풍성하게 올린 금오도 갯것 정식, 1미터 넘는 거대한 금오도 삼치와 갈치 등은 모두 여수 음식의 활수함을 보여 주는 사례다. 따라서 여수 음식의 정체성은 활수한 풍성함이라고 할까. 여수 음식에는 왠지 모를 상쾌함이 있다. 그 상쾌함 때문인지 틈틈이 시간을 내어 여수행 기차에 몸을 싣곤 했다.

 배를 타고 멀리 울릉도와 독도부터 서해안까지 해상 주도권을 잡으며 진취적이고 개방적으로 살아온 여수인을 만나고, 그들이 만들어 내는 활수하고 풍성한 맛을 보면, 답답하게 꼬인 현실의 아쉬움을 달랠 수 있다. 움츠러들기 쉬운 2014년 여름, 여수의 활수하고 풍성한 맛을 느끼고 기지개를 펼 수 있기를 기원해 본다. •홍경수

여수의 진미

갓김치
돌게장
갯장어 샤브샤브
장어탕
서대 회
삼치 선어 회
굴구이
군평선이구이

여수 하면 갓김치, 갓김치 하면 여수

"여수 갓김치 아시죠? 특산물 갓김치 먹으면 코를 팍 쏴요. 개운하고요. 또 바다, 이런 것들…… 돌산 대교 이런 데…… 볼거리들이 너무 많거든요. 입이 아프니께요, 그냥 가서 구경 한번 하세요."

얼마 전 드라마 「응답하라 1994」에서 여수 출신 대학생 조윤진 역을 맡아 인기를 끌었던 걸 그룹 타이니지의 도희가 CBS 라디오 「김현정의 뉴스쇼」와 전화 인터뷰를 하던 중 여수 자랑을 해 달라는 말에 이렇게 대답했다. 많은 여수 사람들에게, 그리고 여수 사람이 아닌 사람들에게 무의식적으로 떠오르는 여수의 대표적인 자랑거리가 바로 갓김치이다.

여수 경제에서 갓김치가 차지하는 비중도 작지 않다. 여수의 수많은 식당에서는 물론이고, 산재한 갓김치 공장과 재래시장에서 갓김치를 포장해서 판매한다. 시장에서는 절인 갓을 쌓아 놓고 주문을 받자마자 양념에 버무려 파는 모습을 쉽게 볼 수 있다. 여수에 갓김치 가공 공장만 수백 곳에 달하며 2010년에는 생갓 302억 원, 갓김치 665억 원 등 1000억 원에 육박하는 판매고를 올렸다.

여수를 들르면 갓김치와 끊임없이 만나게 된다. 길거리에 즐비한 크고 작은 갓김치 공장들과 평범한 식당들에서 어김없이 갓김치를 만날 수 있다. 실은 여수의 모든 식당이 갓김치 공장인 셈이다. 돌산도를 지나가다 문득 바라본 들판을 가득 메운 채소가 갓일지도 모른다. 여수에 당도한 당신은 갓김치의 알싸한 향에 둘러싸일 것이다. 막 담근 갓김치의 오동통한 밑동을 베어 물면 매콤한 향이 터져 나온다. 양념을 진덤진덤(농도가 진하게 듬뿍) 한 갓잎을 뜨거운 쌀밥 위에 좌르륵 펼쳐서 김으로 밥을 싸듯 먹으면 밥의 단맛과 갓김치의 맵고 짠 맛이 조화를 이루며 눈물 한 방울이 찔끔 맺힌다. 리히텐슈타인의 '행복한 눈물'이 따로 없다. 갓김치가 있어서 여수는 행복한 도시다.

조선 시대 선비들도 '미칠 듯이' 좋아했던 갓김치의 맛

여수 갓김치에 대해 알아보자. 갓(mustard leaf)은 쌍떡잎식물 양귀비목 겨자과의 한해살이식물로 학명은 Brassica juncea Czerniak et Coss이며, 한자로는 개채(芥菜) 또는 신채(辛菜)라고도 한다.

한국에서의 재배 역사는 분명치 않으나, 위키피디아 일본어판에 갓의 원산지는 중앙아시아이고 실크로드를 통해서 중국에서 일본으로 건너갔으며 헤이안 시대에 갓에 대한 기록이 있다고 쓰인 것으로 보아 한국의 갓 재배 역사도 가늠해 볼 수 있겠다. 조선 사대부들도 얼마나 갓김치를 즐겨 먹었는지 갓김치를 소재로 시를 쓰기까지 했다. 조선 전기에 우의정, 좌의정, 영의정을 지낸 유순이 쓴 「갓김치 시를 이수에게 보냄」이라는 작품이다.

> 하늘이 작은 것을 내렸는데
> 타고난 성질이 홀로 이상하여
> 저 들판과 진흙을 싫어하고
> 높은 산 언덕에 뿌리박네.
> 봄에 나는 보통 풀을 시시하게 여겨
> 눈 속에서야 싹이 돋네.
> (……)
> 한 번 맛보니 눈썹이 찡그려지고
> 두 번 씹으니 눈물이 글썽하네.
> 맵고도 달콤한 그 맛은
> 계피와 생강을 깔보고
> 산짐승과 물고기의 맛
> 갖은 진미가 겨룰 수 없네.
> 내 식성이 괴벽한 것을 즐겨
> 보면 매양 미칠 듯 좋아한다.
>
> ─ 유순, 「갓김치 시를 이수에게 보냄」,
> 안용근, 이규춘, 『전통 김치』(교문사, 2008) 중에서

유순은 갓의 톡 쏘는 맛을 "높은 산 언덕에 뿌리박고" "눈 속에

서야 싹이 돋는" 독특한 특성과 연결해 설명한다. 시인의 식성도 갓만큼 괴벽하여 눈썹을 찡그리고 눈물을 글썽이면서도 "미칠 듯 좋아한다."라는 고백을 털어놓는다. 유순은 어머니가 보내 준 갓김치를 혼자 먹기 아쉬워서 "바라건대 국물을 마시면서 함께 겨울의 향기를 보전하세."라는 인사와 함께 시를 써서 이수에게 보낸 것이다.

조선 시대 유머 모음집이라 할 수 있는 이륙의 『청파극담』에 나오는 골계담과 서거정이 쓴 『태평한화골계전』에도 갓김치 이야기가 등장한다. 조선 초에 맹 재상이 아내가 잠들면 몰래 계집종 방을 찾았다. 계집종이 재상에게 "절편같이 고운 부인을 두고 어째서 저같이 천박한 종을 찾습니까?" 하고 힐난하였더니 재상이 "아내가 절편이라면 너는 갓김치이다. 절편에는 갓김치를 먹어야 맛이 나기 때문이다."라고 하였다는 대목이 나온다. 그 후 남자 주인이 품는 계집종을 갓김치 종이라고 하게 되었다 한다. 이와 같은 기록으로 볼 때 갓김치는 조선 시대 선비들의 시와 유머 소재로 사용될 만큼 사랑받는 음식이었다는 것을 유추할 수 있다.

재래 갓 vs. 돌산 갓, 갓김치 vs. 다카나 쓰케모노

조선 시대 선비들이 먹었던 갓과 지금 우리가 먹는 갓은 차이가 있다. 재래종 갓이 상대적으로 작고 보라색을 띠며 톡 쏘는 맛이 강한 데 비해, 돌산 갓은 상대적으로 훨씬 크고 대부분 초록색이며 매운맛이 다소 덜하다. 따라서 농사짓는 농부나 갓김치를 먹는 소비자 모두에게 양도 많고 덜 매운 돌산 갓이 인기를 끌게 되었다.

일제강점기 일본인들이 가져와 재배하던 갓이 돌산 지역에서 생태적으로 변용되고 종자가 개량되어 지금의 돌산 갓으로 정착했다고 한다. 여수 돌산은 일제강점기부터 일본인들이 채소 주산단지로 이용하였는데, 내륙 지방보다 일조량이 많고 토질이 좋아 채소 재배에 적합했기 때문이다. 여수반도에서 돌산 대교를 건너 2킬로미터쯤 가면 여수 시청 돌산 청사가 있는 작은 시가지가 펼쳐진다. 그곳이 바로 돌산 갓의 유래지인 돌산읍 우두리 세구지 마을이다. 지금은 상가 건물과 주택이 들어서는 등 도시화가 진행되어 돌산 갓 유래지의 자취는 남아 있지 않다고 한다. 돌산 갓 유래지임을 알리는 기념물을 설치하고 관광객이 직접 갓김치를 담가 보는 체험 시설을 만들면 사람들이 들러 볼 만큼 이야기가 풍부해지지 않을까 싶다.

일본의 원 품종은 무형 갓인 만생평경대엽고채(晚生平莖大葉高菜)이며 그 후 배추형 갓인 청경대엽고채(靑莖大葉高菜)가 보급되었다. 지금 출하되는 돌산 갓은 두 품종을 다양하게 교배한 결과물이다. 돌산 갓이 전국적으로 유명해진 것은 1984년 돌산 대교 준공 이후다. 돌산도가 육지와 연결되면서 돌산에서 재배하고 그 지역에서만 소비되던 갓이 여수 서 시장에 본격적으로 출하되었고 전국으로 퍼져 나갔다. 여수 돌산 갓은 재래 갓과 다른 지역의 갓에 비해 섬유질이 적어 매운맛이 약하고 부드러운 장점이 있다.

일본에서는 갓을 다카나(高菜)라고 부르며 절임(쓰케모노)을 만들어 먹는다. 남부 지방인 규슈를 중심으로 갓 절임을 먹는데, 최근에는 홋카이도까지 전국적으로 확산되었다고 한다. 갓을 절이는 방식은 전통적인 소금 절임(시타즈케)과 조미액 첨가 절임(혼즈케)으로 나뉜

다.(여수시농업기술센터, 2008) 화산으로 유명한 아소 지역에서는 매년 3월 갓 축제를 여는데, 이곳이야말로 일본의 돌산도가 아닐까 싶다.

일본에서는 갓을 절여서 반찬으로 먹기도 하지만, 무궁무진하게 다양한 방법으로 가공을 해서 먹기도 한다. 갓 절임을 가늘게 채 썬 뒤 기름에 볶아서 기호에 따라 간장을 더해 먹거나, 갓 절임을 넣은 볶음밥도 즐겨 먹는다. 샌드위치나 파스타에도 갓을 활발하게 사용하며, 넓은 갓잎을 써서 만든 초밥 메하리즈시는 와카야마 현 신구(新宮) 역의 대표 에키벤(일본 철도역에서 파는 도시락)으로 판매된다. 후쿠오카나 구마모토의 돈코츠 라멘집에서는 토핑으로 고춧가루를 쓴 갓 절임 볶음을 제공한다니, 한국의 갓김치 볶음과 비슷하다 하겠다. 한국에서도 묵은 갓김치를 기름이 많은 생선(고등어, 갈치) 조림에 넣어서 먹으며, 묵은 갓김치볶음도 무시래기볶음과 마찬가지로 훌륭한 반찬이 된다.

브로콜리 못지않은 건강식품, 그중 으뜸은 월동 재배 갓

갓의 열매가 겨자라고 착각하는 경우가 많다. 겨자와 갓은 같은 겨자과 식물이지만 엄연히 다르다. 백과사전에서도 겨자와 갓의 씨를 통틀어 개자(芥子)라고 부르지만, 각각 다른 항목으로 둘을 구분해 놓았다.

2014년 3월 현재 국립종자원에 품종 보호 등록된 겨자는 3종이며 갓은 105종이다. 갓 품종 중 여수시에서 국립종자원에 품종 보호 출원을 얻은 갓은 늦동이(여수 돌산 갓 제1호), 순동이(여수 돌산 갓 제

2호), 신동이(여수 돌산 갓 제3호), 짱돌이(여수 돌산 갓 제4호), 쌈돌이(여수 돌산 갓 제5호) 등이다. 다섯 가지 품종을 육종한 여수시 농업정책과 정운섭 과장의 설명이 재미나다. 늦동이는 갓이 가장 비싼 늦봄에서 초여름에 출하되는 품종이고, 순동이는 톡 쏘는 맛이 약한 품종이며, 신동이는 매울 신(辛)을 써서 쏘는 맛이 강하고, 짱돌이는 생산성이 좋고 영양도 '짱'이며, 쌈돌이는 쌈용으로 잎이 길쭉하지 않고 넓다고 한다.

갓은 몸에도 좋은 건강식품이다. 갓은 독특한 매운맛이 있는 시니그린이라는 글루코시놀레이트를 함유하고 있으며 이 화합물에서 갓 자체의 작용에 의하여 아이소싸이오사이안산알릴 등 여러 함황 성분을 생성한다. 아이소싸이오사이안산알릴은 방향성이 좋고 항암효과 및 항균 작용이 뛰어나다. 배추과 작물인 배추, 무, 갓, 브로콜리, 꽃양배추, 순무, 유채 등 쌉싸름하고 매콤한, 독특한 맛을 내는 채소들에 글루코시놀레이트가 많이 함유되어 있다. 글루코시놀레이트는 배추과 작물에만 들어 있는 특이 성분이고 체내에서 여러 생리 활성화 역할을 하는 것으로 보고된 바 있다. 다만 각 작물에 함유된 글루코시놀레이트는 구조와 생리 기능이 조금씩 다르다. 글루코시놀레이트의 일종인 글루코랩하닌이 분해되어 발생하는 설포라판이 체내에서 항세균, 항암 기능을 한다는 사실이 밝혀진 후 설포라판이 함유된 브로콜리는 인기 채소가 되었다. 갓, 브로콜리뿐만 아니라 같은 과 작물인 배추, 무, 꽃양배추 등도 대등한 건강식품이라는 점을 기억해 두면 좋겠다.

갓은 일 년에 네 차례나 수확이 가능하다.(봄 재배, 여름 재배, 가을 재배, 월동 재배) 그중에서도 가장 맛있는 것은 월동 재배 갓이다. 11월에 파종하여 100~120일간 겨울을 난 후 3월에 수확하는 갓이다. 여수는 겨울에도 기후가 온난하여 안전하게 노지 월동을 할 수 있고 병충해도 거의 없다. 그래서인지 월동 재배 갓은 잎살이 두꺼우면서도 부드럽고 독특한 향이 진하며 맛 또한 일품이다. 월동 재배 갓은 갓김치로 담갔을 때 저장성이 높아 묵은지로 오랜 기간 먹을 수 있다. 여수에 봄나들이를 간다면, 봄에 맛있는 갓이 생산되므로 갓김치를 꼭 먹어 보길 권한다.

여수 갓김치를 고급화하기 위한 도전

미식 여행의 어려움 중 하나는 여행 중 만난 음식을 뭐든지 맛봐야 한다는 의무감에 시달린다는 것이다. 더군다나 입에 맞지 않는 음식을 만났을 때의 당혹감은 형용하기 어렵다. 2013년 어느 여름 새벽부터 부산을 떨어 아침에 여수에 모여든 PD들과 출판사 편집자들은 맛없는 서대 횟집을 들렀다가 실망했다. 갑자기 피로가 몰려왔고 허망한 마음을 달랠 길이 없어 기분 전환을 할 겸 진남관으로 향했다. 진남관에서 땀을 식히다가 12시쯤 여수 지인의 소개로 뷔페식당 돌산갓밥상을 찾아갔다. 아침 식사를 실패한 탓인지 돌산갓밥상에 이르러서는 발걸음이 무거워졌다. 출처를 알 수 없는 음식을 잔뜩 제공하는 결혼식 뷔페의 폐해를 잘 알기 때문이다.

　우리를 기다리고 있던 돌산갓밥상 최동현 대표의 설명을 듣고 닫힌 마음이 점차 열렸다. 유기농 재배 갓만 사용하고, 신안 신의도에

돌산갓밥상에서는 갓 물김치, 갓 초밥 등 다양한 갓 음식을 맛볼 수 있다.

서 가져온 묵은 천일염으로 절이며, 비금도의 어부가 갓 잡은 새우와 멸치, 비금도 천일염으로 담근 젓갈을 쓴다는 것이다. 무엇보다도 음식에 조미료를 일절 사용하지 않는다는 점이 맘에 들었다. 그래서 이곳에서 포장하여 파는 갓김치는 다른 곳보다 더 비싸다고 한다. 좋은 재료를 엄선해서 만들기 때문이라는 것이다. 설명을 듣고 음식 맛을 보았다. 너무 짜지 않아서 좋았고, 조미료를 쓰지 않아서인지 담백하고 개운한 맛이 맘에 들었다. 갓 담근 갓김치와 묵은 갓김치, 갓 물김치, 김치, 고들빼기김치를 시작으로 갓 초밥, 갓 유부 초밥, 갓 볶음밥, 갓 튀김, 갓 국수 등 다양한 갓 음식이 펼쳐졌다. 두 접시 정도 먹고 나자 아침에 먹었던 서대 회에 대한 아쉬움이 풀렸다. 1인당 9000원짜리 뷔페는 특히 채식주의자에게 추천할 만하다.

조미료를 사용하지 않고 젓갈 향이 진하지 않아 여수 갓김치의 진덤진덤하고 풍부한 맛을 즐기기에 부족한 느낌이 드는 것도 사실이다. 깨끗한 맛을 구현한다는 것과 지역적 특성과 전통을 고수한다는 것이 쉽지는 않은가 보다. 다시 최동현 대표에게 물었다. 다른 갓김치는 입에 쩍 달라붙는 맛이 있는데, 왜 돌산갓밥상 김치는 그런 맛이 없이 담백하게 느껴지는지. 시중에서 파는 젓갈 중 일부에 조미료가 많이 들어 있고 그것으로 김치를 담그면 쌈빡하게('산뜻하다'의 전라남도 방언) 느껴질 수 있다는 것이 최 대표의 답변이었다.

이야기를 나누다가 흥미로운 사실을 듣게 되었다. 최 대표와 5·18 최후의 수배자 윤한봉 씨가 맺은 인연이 범상치 않았다. 윤한봉 씨는 광주민주화운동 직후에 배후 주동자로 전국에 수배되어 열한 달을 도피하다가, 1981년 4월 3만 5000톤 급 무역선을 타고 35일 동안 한 평 반짜리 환자용 화장실에 숨어 미국으로 밀항했다. 그는 미국에서 민족 학교를 세우고 재미한국청년연합 등을 결성해 국외에서 민주화 운동을 펼치다가, 1993년 수배가 풀리자 귀국한 뒤 5·18기념재단을 만들었다. 최 대표는 1981년 4월 29일 윤한봉 씨의 미국 밀입항을 도운 당사자다. 목포해양대를 졸업한 최 대표는 약 십일 년 동안 항해사와 선장으로 활동했으며, 수배 중이던 윤한봉 씨를 도와야 한다는 사명감에 그를 파나마 국적의 레오파드호에 싣고 기나긴 사투 끝에 미국 워싱턴 주 벨링햄에 도착했다. 최 대표는 1982년 밀입항 사실이 발각되어 승선 금지, 출국 금지를 당하고 대공분실에서 고문을 당한 뒤 수년간 수사 당국의 감시를 받으며 살아왔다. 그는 자신이 할 수 있는 역할을 다하고자 했을 뿐이라고 당시를 회상했다.

　세상을 바꾸는 데 일조하고자 했던 최 대표는 해운업을 시작했다. 여수에 살다 보니 갓김치를 선물할 일이 많았는데, 김치 맛에 불만을 표하는 사람들도 있어서 직접 공장을 세웠다. 여수의 대표 특산품인 갓김치를 제대로 만들어서 고급화해 보자고 다짐한 그는 재료에 특별한 고집을 부린다. 이런 시도가 시장에서 인정을 받아 돌산갓밥상 갓김치는 풀무원 올가에 납품되고 있고 엠블호텔여수의 관광 패키지 상품에도 돌산갓밥상 방문이 포함되어 있다. 그는 뷔페식당 돌산갓밥상은 갓김치 공장을 홍보하기 위한 수단이라고 설명했다. 그래서 돼지고기 수육과 온갖 종류의 갓 음식을 마음껏 먹을 수 있는 뷔페 코스 가격을 저렴하게 정했다는 것이다. 그는 최근에 개봉한 영화 「또 하나의 약속」에 갓김치를 보냈고 제작진은 갓김치를 판 수익금을 제작비에 보탰다고 한다. 갓김치 공장을 운영하는 것이 생각보다 쉽지 않다는 그는 2015년부터는 생갓을 직접 재배할 계획을 세우고 있다.

　그가 추천하는 갓김치 먹는 법은 무엇일까? 갓김치는 배추김치나 무김치보다 오랫동안 보관할 수 있으며 오래 묵혀도 쉽게 무르지 않는 특징이 있다. 그래서 묵힌 갓김치를 삼치 회와 함께 먹어도 좋고, 꽁치나 고등어 등 기름진 생선을 써서 조림이나 김치찌개를 해 먹어도 맛있다고 추천해 주었다. 오래 묵힌 갓김치가 있다면 고등어나 꽁치를 넣어 조림을 만들어 보면 어떨까? 배추김치보다 향과 맛이 톡톡 튀는 갓김치가 삶의 의욕이라는 선물을 선사할지도 모른다.

여수갓구운, 한국의 우마지무라를 꿈꾸다

갓김치를 먹고 난 뒤에는 갓을 넣어 빵을 만든다는 여수갓구운을 찾아 나섰다. 이 빵집은 봉산동 게장 골목에서 걸어서 오 분 정도이므로 게장 백반을 먹고 난 뒤 후식으로 맛보면 좋다. 김경환·강해옥 부부가 갓을 넣은 오동빵과 갓 파이를 만들어 판다. 김경환 대표는 여수 엑스포를 방문한 관광객들이 들고 다니며 먹을 수 있는 여수의 대표 간식이 없을까 고민하다가 갓을 넣은 빵을 만들기로 결심했다. 김 대표는 친환경 돌산 갓 분말 15퍼센트를 밀가루 반죽에 혼합해 빵과 쿠키를 굽는다. 천연 단백질 효소를 넣어 저온에 숙성시킨 빵과 쿠키는 웰빙 식품이다. 오동빵을 만들 때 가장 큰 어려움은 톡 쏘는 갓 성분이 효모균을 억제하여 반죽의 발효를 억제한다는 것이다. 김 대표는 일 년 반의 개발 기간을 거쳐 홍어에서 추출한 알칼리 성분으로 톡 쏘는 갓 성분을 중화하는 데 성공했다. 놀라운 점은 김 대표가 제과 학교를 나오지 않고 독학으로 빵 만드는 것을 배운 재야파 파티시에라는 것이다. 파주 출판 도시에서 따순기미라는 빵집을 운영하는 동생 김경오 기능장이 큰 도움을 주었다고 한다.

    2011년 5월 문을 열고 어느 정도 알려지면서 여수갓구운은 여수의 명물로 자리 잡아 가고 있다. 전국 각지에서 몰려드는 관광객들이 갓 빵을 맛보기 위해 들르는 필수 코스가 되었다. 김 대표는 고향 금오도의 방풍나물을 넣은 빵을 만들어 달라는 주문도 받아서 방풍빵, 방풍 코요타(공갈빵), 방풍 쿠키, 방풍 전병 등을 만들었다. 오동빵의 인기에는 미치지 못하지만, 금오도 비렁길이 전국적으로 알려지며

여수갓구운에서는 갓을 넣어 만든 오동빵을 판다.

찾는 사람이 점점 늘고 있다. 앞으로는 금오도 쑥을 넣은 빵을 만들 계획이라고.

이들은 누구나 쉽게 접근할 수 있는 보편 기술을 추구한다. 누구라도 찾아와서 기술을 배워 천연 재료를 사용한 국수, 라면, 짜장면 등을 만들어 팔기를 기대한다. 현재 여수갓구운의 빵도 특별한 기술이 없는 다섯 '아짐'들이 만든다. 특별하고 어려운 기술이 아니라 누구라도 쉽게 익힐 수 있는 보편 기술로 구워 내는 빵에는 '따순' 느낌이 모락모락 올라왔다.

이들 부부는 방부제나 산화제 등을 일절 사용하지 않고 천연 재료만으로 빵을 만드는 것에 자부심을 느끼고 있다. 또한 어떤 재료든

여수갓구운은 전국 각지에서 몰려드는 관광객들이
갓 빵을 맛보기 위해 들르는 필수 코스가 되었다.

거부하지 않고 빵이나 쿠키 만들기 실험에 나선다. 어떤 손님이 꼬막을 가지고 와서 빵을 만들어 달라고 하기도 했다고. 중국 유람선 관광객에게 판매할 목적으로 천년초를 넣은 빵을 만들어 달라는 사람이 있었는데 중국인들이 그 빵을 맛보고는 "정말 귀한 빵을 값싸게 파는 것이 이상하다. 만든 사람에게 정말 맛있게 먹었다고 전해 달라."라고 했다 한다.

    부부가 제과점을 시작할 때 마음속에 새긴 롤 모델이 있었다. 유자로 유명한 일본의 한 마을(아마도 고치 현 우마지무라인 듯하다.)에서 유자 국수, 유자 라멘 등을 팔고 있으며, 이 특산품 때문에 한국에서도 관광객이 몰려든다는 이야기를 인상 깊게 들었다고 한다. 일본의 산골 마을 우마지무라가 유자 마을로 이름을 떨치고 사람들을 불러 모은 데에는 마을 활성화에 평생을 바친 우마지무라 농협 대표이사 조합장 도타니 모치후미 씨가 있었다. 우마지무라에서 태어난 도타니 씨는 산길을 누비며 유자를 생산하는 고령 농가를 격려하고, 유자 식초를 들고 도쿄까지 가서 판로 개척에 나섰다. 1986년에는 폰즈 간장 '유자마을'을, 1988년에는 유자 음료 '꿀꺽우마지무라'를 마을의 소박한 분위기를 나타내는 디자인을 입혀 크게 성공시켰고, 1988년 일본의 101 마을 전시회 특산품 대회에서 금상을 수상, 우마지무라를 전국에 알렸다.(《아사히신문》, 2010년 12월 10일) 김경환·강해옥 부부도 도타니 씨처럼 그 마을이 아니면 먹을 수 없는 음식을 만들고자 하는 마음으로 갓 빵 전문 제과점을 시작한 것이다.

　　많은 사람들이 서울로 서울로 모여든다. 지방이 황폐해져 간다고 한탄하는 사람은 많지만, 정작 지방을 전진기지 삼아 새로운 활력을 불어넣으려는 사람은 많지 않다. 특산품을 이용한 빵을 만들고 사람들이 그 빵을 먹기 위해 찾아오기를 꿈꾸며 누구에게나 제과 기술을 나누고자 하는 부부의 보편적이고 사회적인 가치관에 큰 박수를 보내며, 여수갓구운이 한국의 우마지무라를 만드는 출발점이 되길 기원해 본다. ●홍경수

신선하고 달착지근한 맛이 일품, 돌게장

여수와 본격적으로 인연을 맺은 것은 2012년 5월 초였다. 당시 여수 엑스포 방송 기획단 단장이던 선배와 점심을 먹다가 이런 말을 해 버렸다. "와, 여수 엑스포 방송 하면 재미있겠는데요. 엑스포니까 볼거리 많을 것이고 여수라면 맛있는 음식도 많을 거잖아요." 당시 선배는 함께 일할 PD를 애타게 찾고 있었다. 반년이나 여수에서 일하겠다고 나서는 PD가 많지 않았던 모양이다. 근무지가 여수라는 말에 맛있는 것 좋아하는 내가 덥석 미끼를 문 셈이다. 그래도 여수 음식에 대해서 한 말은 진심이었다. 여수 먹거리에 얽힌 잊을 수 없는 기억이 있었기 때문이다.

저렴한 가격에 맛있는 해산물을 마음껏 즐길 수 있는 곳

2000년 겨울, 여수정보과학고에서 「도전! 골든벨」 녹화를 했다. 그때 「도전! 골든벨」 역사상 가장 유명한 출연자 중 한 명이 탄생한다. 탤런트 한가인을 비롯해 많은 연예인들이 학창 시절 「도전! 골든벨」에 출연했지만 여수정보과학고에서 만난 김수영 학생은 특별했다.

고 3이었던 그녀는 교복과 모자에 CD를 붙이고 당시 최고의 인기 가요였던 이정현의 「와」에 맞춰 춤추고 노래했다. 이정현만큼이나 강렬한 눈동자가 눈에 선하다. 그녀는 최후의 1인으로 살아남아 골든벨까지 울렸다. 사실 여수정보과학고는 실업계 학교다. 실업계 학생은 인문계 학생에 비하여 공부를 잘 못한다는 편견이 있다. 나 역시 그랬다. 노래하는 김수영은 전형적인 '깻잎 머리 노는 언니'의 모습이었다. 하지만 그녀는 편견을 통렬하게 깨부수었다. 잘 놀고 공부도 잘하고. 그것만이 아니었다. 여수에서 만난 고 3 여학생의 눈에서 무엇인가를 향한 강한 열망을 느낄 수 있었다. 김수영은 이듬해에 연세대에 입학한다. 지금은 단순히 좋은 직업이 아니라 진정한 꿈을 찾으려는 청소년을 위해 '꿈 멘토'로 열심히 활동하고 있다.

이렇게 말할 자격이 있는지 모르겠지만 「도전! 골든벨」을 연출했던 PD 입장에서 참 대견하다. 뿌듯하기도 하고 그렇게 치열하게 살지 못하는 내가 부끄럽기도 하다. 「도전! 골든벨」에서 만났던 많은 고등학생들이 지금은 여러 분야에서 자기 몫을 다하며 살고 있다. 이럴 때면 PD 하길 잘했다 생각이 든다.

여수정보과학고에서 일어난 놀라운 반전을 카메라에 담고 기분이 좋아진 스태프들과 저녁 식사를 하려는데 교감 선생님이 따라와서 저녁을 사겠다고 했다. 그 선생님은 「도전! 골든벨」을 함께 맡고 있던 선배 PD의 이모부였다. 조카와 그 선·후배가 함께 와서 프로그램을 촬영했는데 그냥 보낼 수 없다고 했다. 접대가 부담스러웠지만 난처한 선배의 입장도 이해가 안 되는 것은 아니었다. 이모부가 조카에게 저녁 한 끼 사겠다는 것 아닌가. 결국 부담이 덜한 백반 정도에서 합의를 보았다.

　　여수 돌산 대교 앞 이순신 광장 인근 식당이었던 것 같다. 지금도 선명하게 기억한다. 백반을 시켰는데 '고작' 백반이 아니었다. 반찬이 회였다. 거칠고 헝클어진 채로 나오긴 했지만 분명히 회였다. 그것도 학꽁치, 광어, 해삼, 멍게 등 다양한 회가 조금씩 나왔다. 한 상을 가득 깔고 그 위에 다른 반찬을 또 올렸다. 이것은 백반이 아니라 해산물 한정식 아닌가. 부담을 가득 안은 채 가격표를 보고 또 한 번 놀랐다. 1인당 8000원. 당시 백반이 보통 4000원 정도 했으니까 분명 비싸지만 이 정도라면 훌륭했다. 저렴한 가격에 맛있는 해산물을 마음껏 먹을 수 있는 곳, 그곳이 여수였다. 그런 여수에 네 달이나 머무를 수 있는 기회가 어찌 반갑지 않겠는가. 2012년 5월 1일, 나는 여수 엑스포 방송단의 일원이 되었다.

여수의 고독한 미식가, 게장 백반에 빠지다

엑스포 방송은 쉽지 않았다. 여수 엑스포 조직 위원회가 방송 시스템을 제대로 이해하지 못해 애로 사항이 많았다. 보도블록이 깨진다는

2012 여수 엑스포(출처: 위키피디아)

이유로 방송 장비를 실은 트럭을 막아 1킬로미터 이상 떨어진 녹화장까지 장비와 소품을 직접 손으로 옮겨야 했다. 속으로 욕이 나올 지경이었다. 초기 관람객 수도 기대에 미치지 못해 스트레스를 받았다. 거기에 개막식 특집 방송, 120분짜리 생방송,「다큐멘터리 3일」,「6시 내 고향」등 매주 처리해야 할 프로그램이 쏟아졌다.

특히 매일 아침 전국으로 방송되는 오 분짜리 방송 꼭지를 만드는 일이 힘들었다. 오 분이라고 하면 보통 사람들은 비웃을지도 모른다. 하지만 오 분짜리 방송을 하기 위해 새벽 3시 30분에 일어나 5시까지 중계차를 준비하고 세팅을 한 다음 방송 사고가 나지 않도록 몇 번이고 리포터와 리허설을 한다. 비라도 오는 날이면 실내로 장소를 바꾸어 장비를 설치해야 하기 때문에 한바탕 난리가 난다. 이 모든 일을 PD 세 명이 처리했다. 급기야 여수의 여름은 너무 더웠다. 살이 쑥쑥 빠졌다.

이럴 때 스트레스를 푸는 방법. 바로 맛집 찾기다. 아침 방송을 마치면 오전 7시. 밥을 먹기 위해 스태프들과 함께 어디론가 가야 했다. "아무 곳이나 갈 수 없지." 「고독한 미식가」라는 일본 드라마가 있다. 이 드라마는 특이하다. 한 편이 겨우 이십 분 분량이다. 여기저기 출장을 다니는 주인공이 일 처리를 마친 후에 출출한 배도 채울 겸 스트레스도 풀 겸 무엇을 먹을까 고민한다는 설정이다. "아무 곳이나 갈 수 없지."

드라마가 시작하면 원작 만화 장면이 나오면서 엄숙하게 이런 대사가 흘러나온다. "시간이나 사회에 얽매이지 않고 몹시 배가 고파지면 어느 순간부터 그는 자기 마음대로 하게 되고 자유로워진다. 타인에게 방해받지 않고 편하게 음식을 먹는 게 바로 자신에게 주는 포상. 이러한 행위야말로 현대인에게 평등하게 주어진 최고의 치유다." 맛있는 것을 찾아 혼자 편하게 먹는 행위. 맛을 음미하고 스스로 만족하는 행위. 이것이야말로 모든 현대인에게 평등하게 주어진 권리이므로 즐기자는 이야기다. 그러면서 치유받고 다시 살아갈 힘을 얻는다는 선언문 같다.

출연자라고는 주인공 한 사람 외 조연 몇 명, 식당 주인 한 명뿐이다. 주인공은 50대 초반 정도 된 전형적인 아저씨. 한국에서 50대 남자가 혼자서 밥을 먹는다면 조금 처량하게 보지 않을까. 인간관계 속에서 자신을 찾고자 하는 풍토가 강한 현실에서 다른 사람과 함께 밥을 먹지 못하면 스스로 소외감을 느끼고 당당하지 못하다고 생각한다. 같이 밥 먹을 사람이 없으면 그냥 굶거나 근처 편의점이나 구내식당에서 간단히 처리하는 경우도 많다. 하지만 당당해야 한다. 맛있는 것을 먹는 데 있어서 당당해야 한다. 스스로의 존재를 걸고 맛있는 음식과 대면하는 것. 그것이 드라마「고독한 미식가」의 주제가 아닐까.

아침 방송을 마친 후 몹시 배가 고픈 그 순간이 여유롭게 맛있는 음식을 대면할 때였다. 주변의 백반집, 국밥집도 가 보았지만 별로 성공적이지 못했다. 이곳저곳 시도한 끝에 찾아낸 곳. 바로 여수 엑스포 해양 공원 근처에 있는 게장 백반집이었다. 1인분에 8000원인데 간장 게장과 양념 게장 한 사발씩에 따뜻한 국과 조기탕까지 나와 놀랐다. 인심 훈훈한 아주머니는 계란 프라이까지 서비스로 주었다. 간장 게장과 양념 게장은 짜장면과 짬뽕 같아서 간장 게장을 먹고 나면 양념 게장을 먹고 싶고 양념 게장을 먹고 나면 간장 게장이 그리워진다. 그렇게 먹다 보면 어느새 한 사발을 다 비운다. 그러면 바로 리필. 무한 리필 서비스 등장이오! 감동이다. 순식간에 밥 두 공기를 뚝딱 해치운다. 밥도둑이라는 별명이 그냥 생긴 것이 아니다.

그런데 어렵게 찾은 소중한 게장 백반집이 얼마 뒤에 전혀 딴판으로 변하고 말았다. 관광버스가 사람들을 실어 나르기 시작한 것이다. 엑스포 관람객들이 아침 식사를 하기 위해 이 게장 백반집을 찾기 시작했다. 손님이 늘어나면서 서비스로 나오던 계란 프라이는 물론이요 자리 찾기도 어려워졌다. 결국 다른 식당을 찾아 쓸쓸히 떠나야 했다. 여수를 찾는 많은 사람들이 먼저 찾는 명물이 게장이라는 것을 잠시 잊고 있었던 것이다.

영혼을 자극하는 음식, 발효 식품의 꽃, 간장 게장

발효 음식이 인기다. 태어날 때부터 발효 음식을 즐겨 먹는 한국 사람은 물론이요, 최근에는 세계인이 즐긴다. 발효 식품이 몸에 좋다고 알려져서 그럴 것이다. 발효 음식에 풍부하게 들어 있는 균들이 건강을 유지하는 데 도움을 준다는 연구가 속속 발표된 것도 한몫했다. 하버드 의대 보고에 따르면, 항생제 치료를 받는 3336명을 대상으로 총 스물여덟 종류의 분석을 실시한 결과 익균인자를 이용한 예방 치료가 나이와 성별에 관계없이 효과적이라고 한다. 발효 음식이 식탁의 상당 부분을 차지하는 한국인은 음식만 제대로 먹어도 건강에 크게 도움이 되는 셈이다.

　각 나라를 다녀 보면 많은 발효 식품을 만날 수 있다. 대표적인 것이 유럽의 치즈, 일본의 낫토다. 그 외에도 포도주를 발효한 각종 식초를 비롯해 멸치 비슷한 조그만 청어를 삭힌 앤초비, 발효차에 야크 치즈를 섞어 만든 티베트의 수유차 등 문화권별로 많은 발효 식품이 있다. 최근 일부 유명인들이 건강을 위해 아침마다 낫토를 먹는다고 이야기하는 것을 잡지에서 본 적이 있다. 마치 어렸을 적에 부잣집 아이들이 바나나를 먹는다고 자랑하듯 "나는 건강을 위해 외국의 ○○을 먹는다."라고 광고하는 사람들. 먹는 것은 자유지만 조금 오버한다는 생각에 씁쓸하다.

　발효 음식 하면 우리나라 아닌가. 단순히 건강 유지의 측면에서

만 발효 음식을 볼 것이 아니다. 발효 음식에는 그 이상의 무언가가 있다. 된장, 고추장, 간장을 비롯한 장류, 김치와 젓갈 등 수많은 발효 식품은 우리나라 식문화 역사의 깊이와 우수성을 보여 준다. 역사와 문화라는 관점에서 소중하게 지키고 자부심을 가져야 할 대상이 바로 우리나라의 발효 음식이다.

전라남도 광주를 갈 때 꼭 찾아가는 음식점이 있다. 미디어에서 우리나라 3대 발효 음식점 중 하나라고 소개된 곳이다. 어느 햇볕 좋은 날 가족들과 함께 그 가게에 갔다. 가격은 조금 비싸지만 한 상이 깜짝 놀랄 정도로 근사하게 나왔다. "이걸 우리가 다 먹어?" 아이들도 놀랐다. 종지마다 아기자기하게 차려져 나온 상차림에 일단 눈이 즐거웠다. 남도 갓김치를 비롯해 다양한 김치들, 토하젓을 비롯해 난생 처음 보는 젓갈들, 맛있게 담긴 장과 쌈 채소, 각종 고기와 생선, 국 등 진수성찬이 펼쳐졌다.

이런 상차림을 받을 때면 음악이 떠오른다. 마랭 마레의 바로크 비올 음악 「스페인 라 폴리아」. 조르디 사발의 화려한 연주와 변주가 머릿속에서 흘러나온다. 음악은 이 음식, 저 음식을 맛보고 감상하고 기뻐하는 모습과 자연스레 이어진다. 우연히 중세의 성을 들른 젊은 음악가가 귀족들만 먹는 음식을 몰래 맛보고 완전히 새로운 미각을 느끼고 환각에 빠진 기분이라고 할까. 지극히 개인적인 생각이지만 음식을 먹을 때는 바로크음악이 어울린다. 인간의 운명에 도전하는 베토벤은 너무 심각하고, 모차르트의 슬픔을 내포한 천의무봉 음악은 너무 시리다. 슈만이나 슈베르트는 음식보다는 술에 어울린다. 으뜸은 바로크음악이지만 그중에서도 독일의 바흐보다는 프랑스나 이탈리아

음악가들의 작품이 낫다. 그들의 음악을 듣고 있으면 남유럽의 푸른 하늘이 떠오르면서 감각을 활짝 열고 음식을 감상할 용기가 난다. 조금 게걸스러워도 좋다. 그냥 즐기면 되니까.

　기막히게 훌륭한 남도 발효 음식들 중에서 입맛을 가장 사로잡았고 지금도 선명하게 기억나는 음식이 간장 게장이다. 평범한 간장 게장이 아니었다. 실로 곱게 묶여 나온 꽃게의 등 껍데기를 떼어 내 보니 자작하게 조린 고기와 함께 버무린 게살이 드러났다. 담백한 고기와 감칠맛 나게 익은 게살이 어우러지는 맛은 천하일품이었다. 이런 음식은 그 전에도 그 후에도 먹어 본 적이 없다. 하루 이틀 사이에 우연히 만들어진 맛이 아니었다. 인자한 주인 할머니의 손맛이 오롯이 담긴 간장 게장이었다.

　마랭 마레의 「스페인 라 폴리아」가 코렐리, 비발디 등 바로크 시대 수많은 작곡가들에게 깊은 영감을 주었듯 그 간장 게장은 내 영혼에 기쁨을 남긴 기억이다. 조금 과한 감상평인 듯하지만 그만큼 큰 감동을 받았다. 음악이든 영화든 음식이든 새로운 감각을 일깨우는 수준으로 감동을 줄 때, 그것은 단순한 소비 대상이 아니라 영혼을 고양하는 작품, 즉 문화가 된다. 후식으로 나온 백설기를 아이들이 맛있게 먹는 모습이 기특했는지 주인 할머니는 백설기 몇 덩어리를 싸 주었다. 남도의 맛만큼이나 풍성하고 넉넉한 인심이 좋았다.

　최근 한국을 찾는 관광객들이 간장 게장을 즐기는 것 같다. 유명하다는 간장 게장집을 가 보면 중국, 일본은 물론이고 다양한 나라에서 온 사람들을 쉽게 만날 수 있다. 각종 안내 문구와 메뉴판 등도 영어, 일본어, 중국어가 병기되어 있다. 이제 김치와 갈비, 불고기는 기본이고 간장 게장 정도는 알아야 한국 음식을 조금 안다고 말할 수 있나 보다. 간장 게장이 우리나라를 대표하는 발효 식품 중 하나로 등극한 것이다.

밥도둑 간장 게장은 어디에서 유래한 말일까

고슬고슬 갓 지은 하얀 쌀밥과 함께 간장 게장을 먹노라면 그 어떤 행복도 부럽지 않다고 했던 한 시인의 말이 떠오른다. 그렇다면 간장 게장을 지칭할 때 왜 하필이면 '밥도둑'이라는 말을 사용할까? 한 인터넷 사이트에서 그 유래를 발견했는데, 진실인지는 확인할 수 없으나 내용이 제법 흥미로워 여기에 옮긴다.

"밥도둑이라는 말의 기원은 조선 시대로 거슬러 올라간다. 한 고을에 몇 년째 흉년이 이어졌는데 엎친 데 덮친 격으로 탐관오리의 폭정까지 극에 달했다. 결국 분노한 백성들이 관아를 습격해 비축해 둔 곡식을 훔쳐 냈는데 후에 군대의 개입으로 진압되어 결국 민란 아닌 민란으로 몰려 주동자 전원이 사지를 결박당한 채 간장이 가득 담긴 장독대에 빠지게 되는 형벌에 처해졌다. 당연히 온몸이 간장에 절어 죄인들은 인간 젓갈화 되어 죽게 되었고 훗날 배고픔으로 인해 이런 지독한 형벌까지 받게 된 그들의 넋을 위로하려 음식을 간장에 재워 먹게 되었는데 이것이 지금의 밥도둑의 유래가 된 것이다."

게장은 염장하여 발효시키는 젓갈류 조리법을 써서 신선한 게를 간장에 절인 음식이다. 게장이라는 말 자체에 간장으로 절였다는 의미가 포함되어 있지만 고춧가루를 쓴 양념 게장과 구분하기 위해 간장 게장이라는 용어를 주로 사용한다.

『규합총서』, 『주방문』, 『시의전서』 등 조선 시대에 기술된 다양한 문헌에서 게장에 대한 기록을 찾을 수 있다. 17세기 말에 저술된 『산림경제』에서는 조해법으로 게장을 만든다고 소개한다. 술지게미로 게를 절이는 방법인데, 이때 소금과 술을 함께 사용한다. 일반적으로 조리된 게장은 오랫동안 보관할 경우 쉽사리 상하지만 조해법으로 담근 게장은 이듬해 봄까지도 상하지 않는다. 『시의전서』에는 조해법뿐만 아니라 주해법(술로 절임), 초장해법(초장으로 절임), 염탕해법(끓인 소금물로 절임) 등이 나와 있다.

게장은 언제부터 먹기 시작했을까. 고려 시대 송나라를 오가던 무역선에 게장을 담던 그릇이 발견된 것을 근거로 고려 시대부터 먹기 시작했을 것이라는 설도 있고 문헌을 근거로 17세기 전후라고 주장하는 설도 있다.

꽃게장, 참게장, 액젓 간장 게장

지역마다 게장을 담글 때 사용하는 게도, 쓰는 방법도 조금씩 다르다. 충청도와 전라도에서 먹기 시작했다는 꽃게장은 게장 중의 게장, 게장의 대표이다. 꽃게로 게장을 담그는 것이 조금 아깝다고 여기는 사람도 많다. 꽃게로 탕을 해서 먹거나 쪄서 먹거나 아니면 꽃게잡이 배에서 그러하듯 살아 있는 것을 그대로 먹어도 맛있는데 뭐하러 간장에 절이느냐는 것이다. 서해안 꽃게잡이 배를 타고 꽃게 잡는 모습을 촬영한 적이 있다. 어느 정도 일을 마칠 때쯤 출출한 속을 달래기 위해

라면을 삶는다. 라면에 꽃게 몇 마리가 통째로 들어간다. 이름하여 꽃게 라면. 이때 먹은 꽃게는 시장에서 구할 수 있는 것과는 비교할 수 없을 정도로 달고 연했다. 선장은 자랑이라도 하듯 신선한 꽃게를 생으로 먹었다. 선장의 성화에 리포터도 어쩔 수 없이 한입 받아먹었다. 카메라 앞이라 딱딱하다는 말을 못하는 것이겠지 했는데 나중에 물어보니 맛이 좋다고 했다. 먹을 만하다고.

경기도에서는 참게장이 유명하다. 부모님 고향이 경기도라 어렸을 때부터 참게장을 자주 먹었다. 아버지는 예나 지금이나 재래시장에서 주로 민물 잡이나 참게를 찾는다. 요즘에는 가격도 비싸고 중국산이 대부분이지만 예전에는 그리 어렵지 않게 신선한 국산 민물 잡어와 참게를 구할 수 있었다. 민물 잡어는 고추장과 함께 자작하게 끓여 찜과 탕 중간 정도로 요리했다. 달달한 양념과 어우러진 민물 잡어 탕 맛이 일품이다. 참게는 주로 간장에 절여서 오래도록 먹었다. 어렸을 때는 참게장 맛을 잘 몰랐다. 그런데 세월이 흘러 그때 아버지 나이가 되고 보니 참게장이 꽃게장보다 맛있다는 생각이 든다. 달달한 맛도 좋고 껍데기의 구수한 맛도 좋다. 달착지근한 맛이 진하게 배어들어 밥도둑 역할을 충실하게 한다.

참게는 주로 서해로 들어가는 민물에 서식한다. 임진강 유역 파주에서 잡히는 참게는 맛이 독특하고 흙냄새가 적어 특히 유명하고 수백 년 동안 임금에게 진상품으로 바쳐졌다.『자산어보』,『규합총서』,『임원경제지』의『전어지』등 수많은 문서에서 참게에 대한 기록을 찾아볼 수 있는 것으로 보아 우리 조상들이 오래전부터 참게를 먹어왔음을 알 수 있다. 그러나 요즘에는 참게 서식지가 감소하여 임진강을 제외한 다른 강에서는 참게를 잡기가 힘들어졌다. 추수기 논에서 잡히는 암게가 알이 많고 내장이 기름져 가장 맛이 좋다고 한다. 때때로 민물고기 매운탕집에 가 보면 참게탕을 맛볼 수 있고 민물고기 매운탕에 참게를 넣어 먹기도 한다. 특유의 시원하고 달달한 맛이 탕에 어우러져 맛있다.

최불암 씨가 진행하는 KBS 「한국인의 밥상」이라는 프로그램에 액젓 간장 게장이 소개된 것을 보았다. 충청도의 어느 섬에서 액젓으로 게장을 담그는 모습이 나온 것이다. 충청 지역에서는 예전부터 간장 게장에 소량의 액젓을 넣기는 했지만 액젓 간장 게장처럼 다량을 활용하진 않는다. 간장으로만 게장을 담그면 자칫 텁텁한 맛이 날 수 있는데, 액젓 비율을 높이면 짜지 않고 감칠맛을 느낄 수 있다고 한다. 액젓 간장 게장에 숨어 있는 비법은 바로 액젓의 비율과 숙성 기간이다. 꽃게 서너 마리 기준으로 양조간장 500그램에 액젓 700그램을 넣고 골고루 섞은 후 손질한 꽃게를 담아 냉장고에 넣고 이삼일간 숙성시킨다. 그다음에 국물만 따로 걸러 내어 5~10분 정도 끓이고 다시 꽃게를 담고 사흘간 더 숙성시키면 액젓 간장 게장이 완성된다. 액젓 덕분에 게 특유의 잡내와 비린 맛이 줄고 바다 내음 풍미가 더해진다. 국물 색도 투명하여 깔끔해 보인다. 하지만 방송에 나와 액젓 간장 게장을 맛본 최불암 씨의 표정이 약간 이상했다. 기존 게장과는 맛이 완전히 다르고 액젓의 향이 진하다고 말한다. 맛이 익숙하지 않아서인지 즐기는 표정은 아니었다. 주인집 가족만 맛있게 먹는 모습이 재미있었다.

신선할 때 '벌떡' 담가 먹는 여수 돌게장의 매력

단체 광관객이 한꺼번에 여수를 찾았다가 가는 일이 많다 보니 자신들이 무엇을 먹었는지 모르는 경우가 비일비재하다. 다만 가격이 싸고 양이 푸짐하며 맛있다고 칭찬하는 데 그친다. 그런데 여수에서는 게장을 담글 때 꽃게를 쓰지 않는다. 돌게를 쓴다.

표준어로는 민꽃게지만 돌게나 박하지라는 이름이 더 친근하고, 여수 사람들은 반장게라고도 부른다. 껍데기가 돌처럼 딱딱해서 혹은 돌 밑에 살아서 돌게라고 부른다고들 한다. 꽃게에 비하면 크기가 반 정도에 불과해 한 손 안에 들어올 정도다. 집게발이 유독 크고 껍데기가 두꺼운 데다 살도 그리 많지 않다. 그런데 여수에서는 왜 꽃게가 아닌 돌게로 장을 담글까.

일단 값이 싸고 생산량도 많기 때문이다. 물론 여수에서도 꽃게가 제법 잡힌다. 꽃게장, 꽃게탕, 꽃게살 비빔밥 등을 파는 식당도 꽤 있다. 하지만 여수 주변에서 가장 흔하게 볼 수 있고 가장 많이 잡히는 것이 돌게이다. 여수 주변에는 서해와 같은 고운 모래사장이 별로 없고 주로 돌밭이 발달해 있다. 이런 돌밭 주변에서 돌게를 발견하기도 하고 얕은 바다에서 통발로 낚아 잡기도 한다. 요즘에는 수요가 늘어 손으로 잡는 양보다 통발로 잡는 양이 월등히 많아졌다. 돌산도의 어판장에 나가 보면 갓 잡힌 돌게를 볼 수 있다. 최근에는 중국산 돌게가 수입되면서 원산지를 두고 문제가 생기기도 한다.

돌게장을 만들 때, 게는 여러 조각으로 토막을 내되 크기가 크지 않을 경우 통째로 사용한다. 돌게를 간장에 재운 뒤 하루 이틀 정도

여수 돌게장은 신선할 때 먹으면 달콤하고 감칠맛이 있다.

두면 완성된다. 돌게장을 '벌떡 게장'이라고도 하는데, 오랫동안 보관할 수 없어 빨리 즉시 '벌떡' 먹어 치워야 하기 때문이라는 설도 있고 살아서 벌벌 기는 것을 탁탁 끊어서 담갔기 때문이라는 설도 있다. 크기도 작고 살도 적어서 썩 먹기 좋은 것은 아니지만, 신선할 때 먹으면 달콤하고 감칠맛이 있다. 꽃게와 비교하면 가격 대비 성능(맛)이 뛰어난 셈이다. 꽃게장이 1인분에 2~3만 원 하는 것에 비해 돌게장 가격은 3분의 1 수준에 불과하니까, 여수를 찾는 사람들에게서 인기가 높다.

간장 게장을 만들 때는 살이 오르고 알이 꽉 찬 게를 고르는 것만큼이나 간장의 맛이 중요하다. 게장 맛은 간장으로 승부가 난다고 해도 과언이 아니다. 게장집마다 자기만의 간장 달이는 방법이 있겠지만, 여기서는 비교적 보편적인 방식을 소개한다. 우선 짠맛을 덜하고 단맛을 더하기 위해 과일과 양파를 넣는다. 비린 맛을 없애기 위해 홍고추와 생강, 마늘을 넣고 좋은 콩으로 만든 간장을 달인다. 간장 달이는 냄새가 집 안에, 골목에 진동하는데, 맛 좋은 간장은 냄새부터 가볍고 부담이 없다.

정성 들여 달인 간장을 식혀 돌게에 흘린다. 그렇게 사흘을 지내고 난 다음에 간장만 걸러 내어 다시 달인다. 그러고 나서 다시 돌게에 간장을 따른다. 그러길 몇 차례 하면 게의 감칠맛이 간장에 스며들어 향긋한 간장 게장이 완성된다. 요즘은 풍부한 향과 맛을 내기 위해 레몬과 한약재를 넣기도 한다.

고춧가루에 배와 양파, 생강, 마늘 등을 갈아 넣은 뒤 통깨, 참기름과 돌게를 버무리면 양념 게장이 완성된다. 한나절 후면 먹을 수 있고 고유의 새콤·달콤·매콤함을 잃지 않고 즐기려면 이삼일을 넘기면 안 된다. 너무 오래 보관하면 삭아 버려서 맛도 없고 상하기 쉽다.

여수 지방이라고 게장 담그는 방법이 특별히 다른 것은 아니다. 다만 참기름을 많이 쓰고 감초나 올리고당을 사용해 단맛을 돋우는 것이 특징이다.

여수에서는 보름날에 게를 사지 않는다고 한다. 게가 달빛을 보고 활동량이 많아지기 때문에 살이 별로 없어 맛이 없다는 것이다. 여수에는 "게 발에 덕석."이라는 속담이 있다. 게가 덕석(추울 때 소의 등을 덮어 주는 멍석)을 기어가면 안 미끄러지고 잘 가는데, 그처럼 일이 척척 되는 것을 말한다. 또 "기(게) 주고 기(게) 바꾼다."라는 속담은 같은 게끼리 주고받았으니 이익이 하나도 없다는 뜻으로, 쓸데없는 일을 한 경우를 빗댄 말이다. 이런 사례들을 통해 여수에서 게가 갓김치만큼이나 중요한 문화임을 짐작할 수 있다.

봉산동 게장 골목에 가면 맛있는 간장 냄새가 진동한다

여수에서 게장으로 유명한 곳은 단연 봉산동 게장 골목이다. 엑스포 해양 공원에서 돌산 대교를 넘거나, 이순신 광장을 따라가다가 국동에 거의 다 가면 봉산동 골목과 만난다. 아침에 찾아가면 이곳저곳에서 아주머니들이 모여 게장 담그는 모습을 쉽게 볼 수 있다. 커다란 스테인리스 그릇에 가득 담긴 돌게의 양이 엄청나다. 보통 하루에 한 번 또는 이틀에 한 번 담근다고 한다. 오래 보관하기 힘든 돌게의 특성을 감안하면 자주 담가야 하는 것이 당연하다.

봉산동 게장 골목 초입에 위치한 황소게장, 조금 내려가면 있는 두꺼비게장, 그 옆으로 돌아가면 보이는 등가게장 등 게장 백반집이 상당히 많다. 여성식당에서는 특이하게 된장 게장을 판다. 된장으로 게장을 담가서 오랫동안 보관이 가능하다고 한다. 여수돌게는 허영만의 『식객』에 소개되어 유명해진 집이다.

각각의 집들이 조금씩 손맛이 다르지만 메뉴와 맛, 가격은 거의 비슷하다. 간장 게장과 양념 게장, 조기찌개, 갓김치를 비롯한 밑반찬, 국 한 사발을 기본으로 하여 1인분에 8000~9000원. 원래는 봉산동 게장 골목 식당들도 간장 게장과 양념 게장을 무한 리필해 주었지만 여수 엑스포를 기점으로 한 번 정도 해 주는 것으로 정리된 듯하다. 손님 혼자 가면 환영받지 못한다. 심지어 1인분은 팔지 않는다고 손님

여수에서 게장으로 유명한 곳은 단연 봉산동 게장 골목이다.

을 내치기도 한다. 대부분 2인분 기준으로 판매한다. 1인분으로 간장 게장과 양념 게장, 조기찌개와 반찬을 내주면 수지가 맞지 않는다고 여기는 듯하다. 문을 일찍 열지 않아 아침 식사를 하기도 어렵다. 인기 관광지이다 보니 서비스 수준도 떨어진다. 게장 공장으로 변하는 것 같다. 3만 원, 5만 원 단위로 포장 판매도 하고 택배로 부쳐 주기도 한다. 여수에 가기 어렵다면 간장 게장을 주문하는 것도 여수의 맛을 느낄 수 있는 방법이다.

2011년에 봉산동 게장 골목에서 중국산 게를 쓴다 하여 문제가 된 적이 있다. 중국산을 쓰는 집이 어디인지 여수 택시 기사들 사이에서도 의견이 분분했다고 한다. 최근에는 식중독이 퍼져 위생 상태에 대한 지적이 있었고 그로 인해 여수 시청에서 봉산동 게장 골목이란 명소 지정을 취소하는 사태까지 벌어졌다. 골목 초입에 세워져 있던 게장 골목 상징물도 철거되었다. 아쉬움이 많이 남는다. 위생과 서비스를 예전 수준으로 끌어올려서 봉산동 게장 골목의 명성을 회복하면 좋겠다. ●서용하

여수의 참맛, 표지 음식 갯장어(하모)

어느 도시에 여행을 가서 이걸 먹어 보지 않았다면 거기 다녀왔다고 말하지 말라는 지역의 표지, 랜드마크 같은 음식이 있다. 전남 나주 영산포의 삭힌 홍어, 목포의 민어 회, 경북 포항의 과메기, 부산 기장의 멸치 회 등이 그렇다. 바다 맛의 전시장 여수에 그런 음식이 없을 리가 없다. 그런데 여행 안내서나 인터넷 말고, 좀 더 생생한 방식으로 대표 음식을 확인할 방법은 없을까? 호기심 많고 부지런한 도시 여행자라면 식사 시간 즈음해서 사람들이 어디로 몰리는지를 관찰하고 따라가면 된다. 도쿄 긴자나 시부야의 점심시간, 별 생각 없이 어느 골목 앞을 지난다고 치자. 허름한 식당 앞에 늘어선 사람들을 본다면? 진정한 미식가는 횡재라도 한 기분으로 덩달아 줄을 설 것이다. 여행지에서 진정한 맛을 발견하는 과정은, 영어 단어를 빌려 표현하자면 세렌디피티(serendipity, 우연한 발견의 재미)와도 같다.

작은 섬에 숨어 있는 진미

한여름의 주말에 여수 사람들은 어디로 갈까? 시청 주변의 학동 먹자골목 같은 유흥가는 젊은이들의 물결로 뒤덮인다. 여수 연안 여객 터미널 근처 수산 시장은 저녁 장을 보러 온 주부들과 건어물을 사려는 관광객들로 붐빈다. 그런데 이들을 뒤쫓으면 안 된다. 여수는 여수반도 끝자락에서 커 온 도시이고 올망졸망한 섬들로 둘러싸여 있음을 잊지 말자. 여수 사람들은 주말에 앞바다의 섬으로 나들이를 간다. 이런 '섬 바람 쐬기'는 아주 오래된 전통이다. 『난중일기』에 섬 '마실' 얘기가 나온다면 믿겠는가? 1591년 2월, 이순신은 전라좌도 수군절도사로 임명돼 여수의 전라 좌수영을 책임지게 된다. 이듬해 임진왜란이 터지

대경도 선착장은 항상 관광객들로 붐빈다.

기 전까지 장군은 평상시 훈련이나 수군 기지 시찰을 마친 뒤 앞바다의 섬으로 나들이를 가곤 했다.

> 임진년(1592년) 2월 27일 흐림.
> 늦게 배를 타고 경도(京島)에 이르니, 아우 여필, 조이립과 군관, 우후 등이 술을 싣고 마중 나왔다. 함께 즐기다가 해가 져 관청으로 돌아왔다.
> ─ 이순신, 노승석 옮김, 『난중일기 ─ 교감 완역』(민음사, 2010) 중에서

여기 등장하는 경도는 지금의 대경도로, 여수 구도심의 작은 항

구 국동항에서 거리가 500미터도 채 안 되는 곳이다. 충무공은 배를 타고 나가서 주둔지 장교들과 거나하게 한잔하고 돌아왔던 것이다. 안주가 뭐였는지까지 자세히 써 놓진 않았지만 여수 바다에서 잡은 해산물이 올랐음은 분명하다.

오백여 년이 지났건만 아직도 그 전통은 끊기지 않았다. 주말에 국동항에서 대경도로 출발하는 배편에는 여수 시민과 관광객이 가득하다. 이 배로 바다를 건너가는 사람들의 목표는 단 하나. 뭔가를 먹기 위해서다. 십 분 남짓한 승선 시간도 길게 느껴질 정도로 입안에 벌써 군침이 고인다. 한번 먹어 본 사람들은 벌써 기대감에 부푼다. 그 무언가의 부드러운 살점이 슈크림처럼 녹아내리는 기억을 되살리며.

코앞의 섬을 왔다 갔다 하는 연락선은, 짖궂은 중학생들이 쓰는 '빵 셔틀' 표현을 빌리자면 '장어 셔틀'이라고 할 수 있다. 더 자세하게 말하면 '갯장어 셔틀', '하모 셔틀'이다.(하모는 갯장어의 일본말이다. 참장어라고도 하지만, 여수 사람들은 하모라는 말을 더 많이 쓴다.) 배에서 내린 사람들은 섬 안에서 성업 중인 몇몇 갯장어 식당으로 흩어진다. 서너 곳은 선착장에서 아주 가까워 몇 걸음이면 닿는다. 섬 안쪽 깊숙한 곳에 있는 가게는 봉고차로 손님들을 태워 간다.

동서고금의 귀한 물고기, 장어

남해안에서만 맛볼 수 있는 갯장어. 몸이 긴 물고기, 장어(長魚, eel)의 한 종류다. 전 세계의 바다에는 장어목 아래 15과로 나뉜 물고기 수백 종이 살고 있다. 장어는 일찍이 인류의 식탁에 올랐다. 오랜 세월 인간과 얽혀 온 물고기라 책 몇 권을 써도 될 만큼 이야깃거리가 많다.

기원전 5세기 헤로도토스는 서구 최초의 장대한 역사서 『역사』에서 이집트인이 나일 강에 사는 장어를 신성하게 여긴다고 썼다. 로마인도 장어를 귀하게 여겼다. 3세기의 로마 저자 아일리아누스는 『동물지』에 시칠리아의 신성한 샘에 사는 장어에 관한 기록을 남겼다. 시라쿠사 앞바다의 작은 섬 오르티지아에 아레투사 샘이 있는데, 거기 사는 민물장어는 사람이 부르는 소리를 듣고 가까이 와서 먹이를 받아먹었다 한다.

로마인은 장어의 일종인 곰치 요리를 즐겨 먹었다. 이놈은 민물장어처럼 몸이 길지만 몸통이 훨씬 넓적하다. 이빨이 날카롭고 성질이 사나워 가끔 운 나쁜 잠수부들을 물어뜯기도 한다. 로마인이 곰치를 얼마나 좋아했는지, 연못을 파서 장어를 양식해 먹기까지 했다. 로마의 백과사전 격인 대(大) 플리니우스의 『박물지』를 보면 전쟁 영웅 율리우스 카이사르의 개선 만찬에서 손님들에게 곰치 6000마리를 요리하여 대접했다고 한다. 로마 웅변가 호르텐시우스는 연못에서 곰치를 키웠는데 얼마나 그 녀석을 사랑했던지 곰치가 죽었을 때 슬피 울었다나. 어떤 귀부인은 곰치에게 귀걸이까지 해 줬는데, 녀석이 워낙 유명해져서 사람들이 귀걸이 한 곰치를 보러 몰려들었다. 곰치가 오랫동안 푸대접받았던 우리나라와는 정반대다. 예전엔 곰치가 그물에 걸리면 어부들이 재수 없다고 바로 버렸다. 그런데 요즘은 고급 해장국인 곰치국 재료가 되었으니 사람들 식성은 알다가도 모를 일이다.

지구 반대편에서도 장어는 좋은 대접을 받았다. 남태평양 선주민들 신화 속에서 장어는 임신을 가능하게 하는 초자연적인 존재 또는 조상신으로 등장한다. 뉴질랜드의 긴 지느러미 장어(long finned eel)는 길이 2미터, 무게 30킬로그램이나 되는 거대한 민물장어다. 몸통은 어른 넓적다리만 하고 머리는 축구공만 할 정도로 몸집이 크다. 양(¥)을 잡아먹을 정도로 위협적이어서 서구의 TV 프로그램에선 강에 사는 괴물로 소개됐다. 하지만 예로부터 원주민 마오리족에게 긴 지느러미 장어는 훌륭한 단백질 공급원이면서 부족의 수호자였다.

한국에서도 장어는 길한 물고기에 속했다. 예전 여수 지역 농촌 풍속에 장어와 관련된 것이 있다. 음력 6월 보름인 유둣날에 농사가 잘되라고 고사를 지낸 뒤 호박잎으로 장어와 밥을 싸서 밭에 묻었다. 농부들은 뱀이 밭둑을 뒤집어 놓으면 농사를 망친다고 여겼다. 그래서 뱀과 모양이 비슷한 장어를 묻어서 그런 나쁜 일을 막으려고 했다. 비슷한 놈으로 선수 치는 액막이라고나 할까.

갯장어의 사촌들—뱀장어, 붕장어, 먹장어

장어만큼 종류가 헷갈리는 어류도 없다. 뱀장어(민물장어), 붕장어(아나고), 갯장어(참장어, 하모), 먹장어, 칠성장어 등 접미사처럼 '장어'가 붙는 물고기가 많기 때문이다. 갯장어 음식을 음미하기 위해 어류학자가 될 필요까지야 없지만 각각의 특징을 알고 먹으면 재미가 있다. 하물며 여수의 대표 음식 갯장어인데 자세히 알아본다고 손해 볼 건 없으니까. 장어에 어떤 종류가 있는지 알아보자.

뱀장어   보통 바다와 강을 오가며 살아서 민물장어라고도 한다. 풍천장어 간판을 내건 장어집의 주 메뉴다. 풍천(風川)이란 강 하구와 바다가 만나는 곳을 뜻하는데, 그곳에 바람이 자주 인다 하여 나온 말이다. 장어 치어가 강 하구부터 거슬러 올라가는 성질이 있어서 민물장어를 보통 풍천장어라 부른다. 강화도 해안가의 장어촌, 경기도 행주산성의 장어 마을, 고창 선운사 앞의 장어 식당가에 가면 노릇노릇한 구이로 나온다. 비싸서 자주 먹지 못하는 게 흠이다.

한자로 鰻(장어 만)이라 쓰고 영어로는 freshwater eel, 일본어로는 ウナギ(우나기)라 한다. 학명은 Anguilla japonica이다. 먼 바다에 나가야 잡을 수 있는 물고기와 달리 강에서 통발로 쉽게 잡을 수 있기에 예로부터 동북아시아 사람들이 즐겨 먹었다. 그중에서도 일본인은 민물장어라면 사족을 못 쓴다. 일본인이 제일 많이 먹는 수산물은 단연 참치. 장어는 13만 톤을 소비하여 3위를 차지하고 있다. 장어 식용의 역사도 길다. 일본의 시가집 『만요슈』(8세기 오토모노 야카모치가 편찬한 일본 최고(最古)의 노래집(歌集))에는 "여름 더위에 수척해지면 장어를 잡아먹는 게 좋다."라는 이야기가 나온다. 지금도 교토가 속한 간사이 지방에는 한여름인 7월에 장어 먹는 날이 정해져 있다.

동양권에서 보양식으로 굳어진 장어. 그 이유는 여러 가지가 있다. 비타민 A의 함량이 소고기의 100배나 많다. 비타민 A는 인체의 면역계와 생식능력을 유지하는 데 필수 요소다. 기력이 쇠한 남자들이 찾을 만도 하다.

민물장어는 아직도 신비에 싸인 물고기다. 장어는 연어와 비슷한 회귀성 어류인데, 그 양태는 정반대다. 연어는 바다에서 성숙한 뒤 알을 낳기 위해 자신이 태어난 모천으로 돌아간다. 반면 민물장어는 바다에서 부화한 후 아주 어린 새끼일 때 어미가 살던 강을 찾아 올라온다. 연어는 알을 낳고 정액을 뿌리고 모천에서 죽지만, 민물장어는 강에서 성어가 된 뒤 산란을 하려고 먼 바다로 나간다. 얼마 전까지만 해도 어류학자들은 민물장어가 어디에서 번식을 하는지 알지 못했다. 민물장어 소비 1위 국가답게, 일본 학자들이 연구에 나섰다. 연구자들은 강을 떠나는 장어의 몸에 GPS 추적 장치를 달았다. 장어는 무려 3000킬로미터를 헤엄쳐 갔다. 장어 떼가 도달한 곳은 마리아나 제도 서쪽 마리아나해구 지역. 이곳이 장어들의 번식지였다. 수심 200미터 바다 속에서 암컷과 수컷 장어가 알을 낳고 정액을 뿌린 뒤 죽는다. 거기서 부화한 유생은 다시 3000킬로미터를 헤엄쳐 간다. 얼마나 드라마틱한 일생인가? 긴 여정 동안 유생은 새끼손가락 끝마디만큼 자란다. 강어귀에 도달한 녀석들은 변태(變態)를 거쳐 실뱀장어가 되는데, 잡아서 손바닥에 얹으면 햇살에 유리처럼 반짝인다. 그 모습이 아름다워 영어권에서는 glass eel이라고도 부른다.

하지만 많은 사람들이 그 맛을 알아 버린 뒤 민물장어는 얄궂은 운명을 맞았다. 어류학이 발달하기 전까지 사람들은 실뱀장어가 장어 새끼란 걸 알지 못했다. 자연산 민물장어가 줄어들면서 값이 점차 올라갔다. 학자들은 연구에 박차를 가했고 민물장어가 대양에서 강으로 회귀한다는 사실을 알게 됐다. 이제 실뱀장어를 강어귀에서 기다리는 건 고향의 물 냄새가 아니라 어부와 포획자다. 그들이 실뱀장어를 잡아 넘기면 양식업자들이 가두리 안에 넣고 키운다.

붕장어 '아나고'라고 속칭하는 붕장어(星康吉鰻, Conger myriaster)는 뱀장어목의 갯장어과에 속하는 물고기로, 한국과 일본을 포함한 북서태평양에 서식한다. 붕장어는 바다에서만 살고 민물로 회귀하지 않는다. 맛도 민물장어와 다르다. 민물장어는 붕장어보다 지방질이 두 배나 많다. 잘 구워 먹으면 살이 부드럽게 녹는 느낌이 든다. 붕장어는 탕이나 뼈째 썬 회(속칭 세고시)로 먹는다. 붕장어 회를 입안에 넣으면 처음엔 빠드득거리는 느낌이지만 씹을수록 졸깃하고 감칠맛이 난다.

먹장어   정식 명칭은 먹장어인데 서울에선 곰장어, 꼼장어로 통한다. 남해안에선 꾀장어(전남), 푸장어(경남)라고도 부른다. 부산에선 고추장 양념에 재웠다가 짚불에 구워 먹는 것으로 널리 알려졌다. 서울에선 포장마차 연탄불 석쇠에 익혀 먹는 안주로 인기가 있다. 살을 씹으면 입안에서 꼼질대는 느낌이랄까. 다른 종류의 장어보다 씹을 때 탄성이 높다. 민물장어, 붕장어, 갯장어는 뱀장어목으로 분류되는데, 먹장어는 이들과는 생물학적으로 거리가 먼 먹장어목에 속한다. 뱀장어목 장어들과 달리 턱이 없고, 눈도 퇴화해서 피부 속에 묻혀 있다. 동그란 입만 벙긋거려서 원구류(圓口類)라고도 한다. 몸통은 민물장어, 붕장어보다 굵고 점액으로 덮여 있다. 뱀장어목에 속한 장어들이 작은 갑각류나 어류를 잡아먹고 사는 반면, 이놈은 바다 생물의 사체를 먹이로 삼는다. 그래서 바다의 청소부라는 이름이 붙었다.

『자산어보』에서 갯장어 이름의 유래를 찾다

드디어 이 글의 주인공 갯장어를 설명할 차례다. 남해안에서는 참장어라고도 부른다. 하지만 여수에서는 갯장어라는 말 대신 일본어인 하모(鱧)를 더 많이 쓴다. 영어로는 sharp toothed eel(날카로운 이빨 장어) 또는 pike conger라고 하는데 pike가 무기로 쓰는 창, 뾰족한 가시이니 '창 달린 장어'(conger는 eel처럼 장어를 뜻하는데, 바다에 사는 장어류를 지칭한다.)란 뜻이다. 중국인들은 海鰻(하이만, 바다의 장어), 狼牙鱔(랑야샨, 이리의 이빨을 가진 물고기)이라고 한다. 역시 갯장어의 날카로운 이빨이 작명에 큰 영향을 미쳤다. 실제로 갯장어를 낚은 어부들이 어망에 거둬들이다가 날카로운 이빨에 다치는 경우가 많다.

갯장어란 이름을 처음 들으면 빤한 짐작을 하게 된다. 갯가재나 갯고동, 갯고사리처럼 갯벌 가까이 사는 생물 앞에 붙는 접두사 '갯'으로 시작하니, '갯장어도 갯벌에 사는 모양이군.' 하고 생각한다. 그런데 어류 백과사전을 찾아보면 갯장어는 수심 100미터 이상의 모래나 진흙 바닥에 산다고 되어 있다. 어부들은 배를 타고 바다 한가운데로 나가 주낙을 풀어 놓고 갯장어를 낚아 올린다. 그러니 갯장어는 엄밀하게 따지면 망둑어나 짱뚱어처럼 갯벌에 사는 물고기가 아니다.

그렇다면 왜 갯장어가 됐을까? 여수에 다녀온 뒤 도저히 풀리지 않는 의문을 안고 얼마간 시간을 보낸 후, 정약전의 『자산어보』(순 한문으로 쓰인 어류학서)를 들춰 보게 됐다. 갯장어 항목 도입부에 '견아리(犬牙鱺) 속명(俗名) 개장어(介長魚)'라는 소제목이 붙어 있는 것이 아닌가? 그 설명은 이랬다.

이빨이 개의 이빨 모양으로 생겼다 해서 견아(犬牙, 개 이빨) 자가 들어 있다. 입은 돼지 같고 뼈가 견고하여 사람을 물어 삼킨다.

―정약전, 『자산어보』 중에서

아하! 하는 탄성이 절로 나왔다. 이 물고기는 개처럼 이빨이 날카롭고 잘 물어뜯는다. 그래서 견(犬)의 우리말 '개'와 발음이 같은 한자 介를 붙여 개장어, 발음하기 쉬우라고 거기에 사이시옷이 들어가 갯장어가 된 것이다. 갯장어 이빨은 정말 날카롭다. 수족관에서 헤엄치고 있는 녀석의 주둥아리를 보면, 저기에 손가락을 잘못 물렸다가는 큰일 나겠다는 걱정이 앞선다.

우리 조상들은 즐기지 않았던 갯장어

정약전은 『자산어보』에서 민물장어와 붕장어는 맛있다고 평했다. 민물장어는 죽을 끓여 먹으면 설사병이 낫고 맛도 좋다고 썼다. 붕장어는 단 한 줄(目大腹中黑色, 눈은 크고 배 속은 검다.) 언급하긴 했지만 그 와중에도 맛이 아주 좋다(味尤佳)고 칭찬했다. 반면 갯장어는 생김새와 생태에 관해서 길게 썼지만 맛에 대한 평은 단 한 자도 하지 않았다. 『음식디미방』 같은 조선의 음식 문헌을 찾아봐도 갯장어에 대한 언급은 없다. 우리 고전 데이터베이스를 검색해도 갯장어를 식용했다는 기록은 나오지 않는다. 20세기 초까지 우리 조상들은 생김새가 꺼림칙하고 사나운 갯장어를 먹지 않았던 것일까? 어류 식용에선 우리보다 한 수 위이고 1인당 해산물 소비량이 세계 최대인 일본은 어땠을까?

18세기 조선의 실학자 이덕무는 당시의 어떤 학자들보다 일본에 관심이 많았다. 그의 저술을 모은 『청장관전서』에 일본인의 풍속을 소개한 서책이 따로 있을 정도다. 이덕무는 일본인이 기존의 한자를 새로운 뜻으로 쓴다고 하면서 몇 가지 예를 소개하고 있다.

> 기비(吉備)가 스스로 왜자(倭字)를 만들어서 통용하였는데, 새로 만든 것도 있고, 중국에서 쓰는 것인데 뜻이 다른 것도 있다. 가물치 예(鱧) 자를 갯장어(海鰻)로 쓴다.
>
> ─ 이덕무, 『청장관전서』 제64권 중에서

鱧는 원래 민물고기인 가물치를 뜻하는데 일본인은 이를 갯장어를 가리키는 말로 쓴다는 것이다. 지금도 일본인은 갯장어를 鱧(하모)로 쓴다. 옛 속담에 "갯장어도 한평생, 새우도 한평생."이라는 말도 있다. 잘난 사람이나 처진 사람이나 살고 죽는 건 별 차이가 없다는 뜻인데, 이걸 보면 일본인이 갯장어와 꽤 친숙했음을 알 수 있다. 실제로 일본의 옛 기록에는 갯장어를 식용으로 쓴 흔적이 나온다. 7세기 중엽 이후 오백 년간 규슈를 지배한 지방 정부는 다자이후(太宰府)였다. 다자이후는 통일신라, 당나라와 활발하게 교류했는데 그때 방문하는 사신들을 대접하던 영빈관을 고로칸이라 했다. 이 고로칸 유적에서 당시 준비했던 음식 재료에 붙인 목간(나무로 만든 이름표)이 발견됐는데, 거기에 하모가 나온다. 쌀과 해산물을 주식으로 했던 일본인은 이미 천사백 년 전부터 갯장어를 먹었던 것이다.

조선의 실학자 서유구도 일본인의 갯장어 사랑을 증언한다. 1827년, 서유구는 대형 농업 백과사전『임원경제지』를 완성한다. 그중에 어류를 다루는 부분이『전어지』다. 정약전의『자산어보』와 함께 조선의 3대 어보(魚譜, 오늘날의 어류 도감)로 꼽히는 책인데, 다루는 어종은 『자산어보』보다 많다. 『전어지』의 해만려(海鰻鱺, 바닷장어) 항목은 이렇다.

> 일명 구어(狗魚, 개를 닮은 물고기)라고도 한다. 강과 호수에 사는 장어와 비슷하게 생겼으나 더 크다. 등에 짧은 지느러미가 있는데 꼬리까지 뻗쳤고 이빨은 길고 짧은 것이 서로 맞물려 있다. 그 살은 지방이 적고 맛이 좋아서 일본 사람들이 아주 좋아한다.(其肉脂少 味美 日本人 甚珍之)
>
> ─서유구, 『전어지』 중에서

『자산어보』와 마찬가지로 '이빨'과 '개'를 뜻하는 단어가 나온다. 서유구는 갯장어의 특징을 간결하게 짚어 낸다. 특히 지방이 적다는 설명이 정확하다. 장어류의 영양 성분을 비교 분석한 최근 연구 논문에 따르면, 갯장어 살의 지방 함량은 민물장어(21퍼센트), 붕장어(13퍼센트)와 비교해 7퍼센트로 가장 적다.(권문식, 2011) 일본인의 선호도를 珍 자를 써서 표현한 것도 의미심장하다. 갯장어가 일본인의 영혼을 사로잡았다는 뜻일 것이다. 일본인의 장어 사랑은 20세기 들어서도 더했으면 더했지 덜하지 않았다. 일제강점기인 1935년 9월 13일 자 《부산일보》 보도를 보면 경상남도와 전라남·북도의 갯장어와 붕장어 이출(移出)을 통제한다는 내용이 있다. 갯장어와 붕장어 공동 판매 개시를 신청한다는 기사도 보인다. 일제는 본토의 수요가 많은 장어류를 전량 일본으로 가져가기 위해 물량을 통제했다. 한국인은 원래 장어류를 그리 좋아하지 않았는데, 잡는 족족 다 일본으로 보내는 바람에 갯장어의 참맛을 볼 틈이 없었다.

갯장어, 여수의 입맛을 바꾸다

갯장어처럼 음식이 지역 문화에 안착하는 과정이 잘 드러나는 경우도 많지 않다. 그 경로를 추적해 보자.

일제강점기부터 여수 대경도를 비롯해 인근 고흥만 어민들에겐 갯장어잡이가 주된 생계 수단이었다. 통영, 부산 등 남해안의 다른 지역 어민들도 갯장어로 쏠쏠하게 돈벌이를 했다. 갯장어가 연안으로 올라오는 5~11월이면 낚시 바늘 수십 개를 단 주낙선이 바다를 뒤덮었다. 1930년대부터 남아 있는 국내 연근해 어종별 어획량을 보면, 갯장어는 광복 전인 1944년까지 매년 3000~4000톤가량 잡혔는데 전량 일본으로 수출됐다.

갯장어 어획량은 한국전쟁이 발발하고 1000톤 밑으로 떨어졌다가 1961년부터 1000톤을 회복했고 1972년에 4000톤을 넘어 1978년에 정점을 찍어 9800톤을 기록했다. 1960~1980년 일본의 고도 성장기에 갯장어 수요가 급증했다. 일본 세토 내해에서 잡히는 갯장어만으로 모자라서 남해에서 잡히는 것을 수입해야 했다. 여수 어민들에게 갯장어는 현찰을 챙길 수 있는 캐시 카우(cash cow)였다. 봄철이면 여수 대경도 주민들은 갯장어잡이에 매달렸다. 많을 때는 대경도에서만 배 120척이 달려들었다. 어민들이 잡은 갯장어를 사들여 일본에 수출하는 중개상들도 쏠쏠한 재미를 봤다. 대경도에 최초로 갯장어 횟집을 연 박동연 씨도 갯장어 중개상으로 출발했다. 성수기에 많을 때는 하루 3000킬로그램을 배에 실어 일본 오사카로 보냈다.

오사카가 중심인 간사이 지방 사람들은 갯장어를 즐겨 먹는다. 오사카 시내가 떠내려갈 정도로 요란 법석인 7월 덴진 마쓰리의 주요리가 갯장어다. 7월에는 교토의 영혼이라고 할 만한 축제인 기온 마쓰리도 열린다. "갯장어가 없으면 기온 마쓰리도 시작 못 한다."라는 말이 있을 정도로 여름에 수요가 엄청 늘어난다. 단백질과 무기질이 많은 갯장어로 여름 몸보신을 하는 것이다.

일본 수입상들이 더 빠른 배송과 더 높은 신선도를 요구하자 중개상들은 항공기를 이용하기로 했다. 갯장어가 큰돈이 되자 수출 중개상들도 경쟁적으로 늘었다. 여수에만 갯장어 수출업자가 마흔 명에 이르렀다. 자연히 매입 가격은 올라가고 항공 운송료도 부담이 되기 시작했다. 거기다 1992년에 일본의 거품경제가 주저앉으면서 갯장어 수출 가격도 주춤했다. 수출가에서 항공 운송료를 빼면 남는 게 별로 없게 됐다. 국내 수요만 생긴다면 굳이 갯장어 수출 중개 사업을 할 필요가 없어진 것이다. 잘 돌아가던 여수의 갯장어 경제 생태계에 뭔가 변화가 필요했다.

1990년대 이전까지 국내에선 남해안 어민들 빼고는 갯장어를 먹는 사람이 거의 없었다. 어떻게 국내에 갯장어 수요를 만들 것인가? 갯장어의 맛을 알게 하면 되지 않을까? 1994년, 박동연 씨는 고향 대경도 부둣가에 갯장어 횟집을 차렸다. 회와 구이 외에 일본식으로 살짝 데쳐 먹는 유비키(湯引き, 일본어로 물에 데친다는 뜻)를 선보였다. 얇게 썬 소고기를 끓는 물에 넣고 살짝 익혀 먹는 요리인 샤브샤브 방식을 갯장어에 적용한 것이다. 반응은 좋았다. 1995년에는 대경도 어촌

계가 지역 홍보를 목적으로 갯장어 요리 축제를 열었다. 대경도 주민들만 먹던 갯장어를 여수 시민과 인근 지역민, 여행객에게 알리기 시작했다. 인근에 갯장어집이 몇 군데 더 생겼다. 그러고 나서 십 년이 안 돼 갯장어는 여수의 대표 음식으로 자리 잡았다.

1990년대부터 국내 갯장어 어획량은 꾸준히 감소해 2000년대에는 1000톤 수준을 유지하고 있다. 어획량은 줄고 갯장어를 찾는 국내 미식가가 늘어나면서 가격이 올라갔다. 갯장어의 국내 산지 가격은 1990년대부터 꾸준히 상승해 1990년에 킬로그램당 2000원 하던 것이 2005년에 9000원까지 올라갔다. 이제 일본에 수출을 하지 않아도 어민들은 수지가 맞았다. 국세청 통계를 보면, 일본 수출 비중도 2007년부터 20퍼센트 아래로 내려앉았다. 그만큼 많은 미식가들이 갯장어의 맛을 알게 되고 국내 소비 비중이 늘었다는 뜻이다. 여름 성수기에는 대경도 횟집 한 곳에서 하루에 팔리는 갯장어 양만 150~200킬로그램이다. 여섯 집만 돼도 1톤이 넘는다. 엄청난 양이다.

여수의 얼굴이 될 만한 음식, 갯장어 샤브샤브

이제 갯장어를 맛볼 차례다. 주방에서는 회 한 접시를 내놓기 위해 칼질이 한창이다. 먼저 갯장어 머리를 못으로 고정하고 몸 길이로 반을 갈라 큰 뼈와 내장을 걷어 낸다. 물에 담가 핏물을 뺀 뒤, 길게 반으로 나뉘어 납작해진 몸통 두 쪽을 흰 천 위에 놓고 둘둘 감싸서 만다. 긴 방망이 자루같이 말린 천을 수건 짜내듯 여러 번 돌려 장어 살의 물기를 천에 흡수시킨다. 말라서 부들부들해진 몸통을 도마 위에 놓고 회

칼을 이용해 사선(斜線)으로 잘게 썰어 접시에 담으면 회가 완성된다. 이때 요령은 살과 함께 잔뼈도 같이 써는 것. 눈에 띄게 삐져나온 큰 뼈는 손으로 일일이 골라내야 한다. 그래야 입안에서 씹을 때 이물감이 덜하다. 양념간장이나 초고추장에 찍지 말고 그 순순한 단백질 덩어리를 한 점 집어 입에 넣어 보자. 마찬가지로 뼈째 썰어 먹는 붕장어 뼈째회보다 더 담백하고 야들야들한 느낌이다. 갯장어는 붕장어에 비해 지방 함량이 반밖에 되지 않기에 더 담백하다. 갯장어 살에는 단백질을 구성하는 아미노산 중 감칠맛을 내는 글루탐산이 가장 많다. 오래 씹을수록 입안에서 감긴다.

하지만 갯장어의 참맛은 뭐니 뭐니 해도 샤브샤브(유비키)다. 장어 살을 장어 육수에 살짝 데치는 순간 단백질에서 일어나는 변화가 사람의 혀를 미치게 만든다. 먼저 장어를 해체하고 남은 머리, 뼈 등을 넣고 푹 끓여서 육수를 만든다. 반으로 잘라 납작해진 장어 몸통은 회를 뜰 때처럼 천으로 싸서 물기를 뺀다. 회칼을 이용해 장어의 납작한 본체 왼쪽부터 3~4밀리미터 간격으로, 살점이 끊기지 않을 정도로 약한 힘으로 칼집을 내며 반대쪽으로 나아간다. 잔뼈가 많은 놈은 이를 한두 번 더 반복한다. 칼집이 난 살은 여러 갈래로 퍼진 꽃잎처럼 보인다. 칼질을 할수록 살은 부드러워지고 공기와의 접촉면이 넓어져 숙성이 빨라진다. 여수 식당의 갯장어 회와 샤브샤브 가격이 비싼 이유는 어획량이 적기도 하거니와, 사람 손길이 많이 가기 때문이기도 하다. 칼집이 난 긴 몸체를 한입에 넣기 좋게 여러 조각으로 듬성듬성 잘라 내면 준비 끝.

아까 만들어 놓은 육수에 부추, 피망, 버섯, 대추 등을 넣고 끓

갯장어의 참맛은 뭐니 뭐니 해도 샤브샤브다.

인다. 육수가 뜨거운 거품을 터뜨리며 부글대면 장어 살을 한 점 살짝 집어넣는다. 장어 살을 데치면 연분홍빛이 크림색으로 변한다. 살이 부풀면서 촘촘하게 난 칼집이 벌어진다. 납작했던 살점은 밖으로 휘면서 꽃봉오리처럼 동그래진다. 층층이 벌어진 살집이 꽃받침 위에서 갈라진 꽃잎처럼 보인다. 이때 정신을 놓아서는 안 된다. 꽃잎이 시들기 전에, 아니 장어 살이 더 굳기 전에 재빨리 건져서 입안에 넣어야 한다. 그때의 느낌이란! 좀 과장해서 표현하자면, 슈크림이 입안에서 녹는다고나 할까. 하지만 흐물흐물 녹는다면 그걸 어찌 진미라고 하겠는가. 갯장어는 혀와 이에 적당한 마찰감, 저항감을 주면서 녹는다. 잘 익은 고구마 살의 굵은 섬유질 서너 줄이 혀에 걸릴 듯 말 듯 자극을 주듯이.

달걀흰자를 끓는 물에 넣으면 하얗게 익으면서 굳는다. 달걀흰자는 85퍼센트가 수분이고 나머지 10퍼센트가 단백질이다. 이 단백질에 열을 가하면 분자구조가 바뀌는 것이다. 그런데 갯장어의 단백질에는 달걀의 그것과는 반대되는 현상이 일어난다. 물속에 들어가 익으면 갯장어 살은 더 부드러워진다. 도대체 무슨 조화일까?

이 세상 수만 수천 가지 단백질에는 저마다 고유한 냄새와 질감이 있다. 날로 먹을 때도 그렇거니와 열원(熱源)을 만나면 또 다른 오묘한 변화가 일어난다. 갯장어 살은 단백질 구성 요소인 여러 아미노산 중에서도 특히 글루탐산을 가장 많이 포함하고 있다. 글루탐산은 제5의 맛인 감칠맛을 느끼게 하는 중요한 성분. 갯장어의 머리와 뼈를 푹 끓여 글루탐산이 넘치는 육수에 살이 살짝 데쳐지면서 글루탐산의 꽃이 활짝 피는 것이다. 아침 햇살을 받고 꽃봉오리가 탐스럽게 벌어지듯이. 육수와 살에 들어 있는 글루탐산의 이중 폭격이 혀의 감칠맛 수용 구조와 딱 맞아떨어져 맛의 기적이 벌어진다.

갯장어 샤브샤브는 단백질 데쳐 먹기의 놀라운 발견이다. 갑자기 갯장어에게 고마워진다. 이런 황홀한 경험을 하게 해 줘서 말이다. 주낙을 뿌리고 밤새 갯장어를 낚아 준 어부들에게도 감사하다. 이렇게 먹는 방법을 처음 생각해 낸 사람에게도.

갯장어 살 몇 송이를 솜사탕처럼 녹여 먹고 나서 정신을 차린다. 그래, 갯장어 샤브샤브는 여수의 얼굴이 될 만한 음식이야. '수려한 물'이라는 여수의 뜻과도 딱 맞아떨어지니까. 늦은 밤, 거나하게 취한 이순신 장군처럼 배를 타고 여수 시내로 돌아오면서 행복한 걱정이 밀려

살짝 익힌 갯장어 살을 입안에 넣으면 혀와 이에 적당한 마찰감을 주면서 녹는다.

든다. 이러다 갯장어 셔틀에 중독되는 거 아니야?

여수의 갯장어 맛집

매년 5월 초 거북선 축제에 즈음해서 대경도 어민들은 갯장어잡이를 시작한다. 갯장어 요리도 대개 5월 초에 개시해서 11월 말까지 내놓는다. 여수에 가기 전 식당에 전화해서 그해의 출어 상황을 확인해 보면 좋다.

　미림횟집과 경도회관은 대경도 선착장에서 배를 내리자마자 보이는 가까운 곳에 있다. 자연횟집은 미리 전화해서 예약을 하면 봉고

차를 보내 준다. 갯장어 회를 맛보려면 전화로 예약을 해 두는 것이 좋다. 손질에 시간이 걸리기 때문에 예약 손님에게만 내준다.

배를 타고 나갈 여유가 없으면 봉산동에 조성된 참장어 거리의 횟집을 찾아가면 된다. 국동항에서 약 500미터 떨어진 부둣가에 갯장어 횟집 대여섯 군데가 자리 잡고 있다. 돌산 대교 바로 아래쪽이라 경치도 좋다.

더 싼 가격에 갯장어 회나 샤브샤브를 즐기고 싶으면 여수 연안 여객 터미널 앞 수산 시장이나 수산물 특화 시장으로 간다. 수조에 살아 있는 갯장어를 담아 놓은 가게에 가서 회를 떠 달라고 한다. 근처 식당을 소개받아 자리를 잡고 맛보면 된다. 갯장어 샤브샤브는 육수를 미리 잘 끓여 놓은 집이 있는지 확인해 봐야 한다. ● 손현철

해장에는 이보다 더 좋을 수 없다, 장어탕

나는 장어를 사랑한다. 맛있고 몸에도 좋고 왠지 관능적이다. 혹시 「우나기」라는 영화를 본 적이 있는가. 우나기는 장어의 일본말이다. 정확히는 뱀장어를 말한다. 거장 이마무라 쇼헤이 감독이 만든 영화로, 칸영화제 황금종려상을 받았다. 주인공 야마시타는 아내의 불륜을 목격하고 그녀를 잔인하게 죽인다. 뱀장어를 움켜쥔 손, 격렬한 정사, 그리고 핏빛 살인. 관능적이고 충격적으로 시작한 영화는 따뜻한 인간관계 회복이라는 주제를 향해 달려간다. 뱀장어는 소외받는 야마시타의 유일한 친구였다. "이 친구는 말을 하지 않아요." 관능적 메타포의 상징, 장어.

여수의 장어탕과 장어구이는 주로 붕장어로 만든다.

고가의 일본 장어 요리를 뛰어넘은 여수 장어탕의 맛

일본에 출장 갈 때면 종종 가는 장어집이 있다. 도쿄 신주쿠 가부키초의 후미진 골목. 어둠이 내리면 머리를 색색으로 물들인 예쁜 남자 호스트들이 호객을 위해 거리로 쏟아져 나온다. 가부키초의 화려한 환락가를 지나 좀 더 안쪽으로 들어가면 영화나 드라마에서 본 듯한 작은 식당이 있다. 방송 취재를 도와주던 현지 코디네이터가 자기가 발견한 맛집이라며 자랑스럽게 추천한 집이었다. 머리, 꼬리, 껍질, 특수 부위 등 장어의 모든 것을 맛볼 수 있는 곳이다. 가격이 부담스러워 배부르게 먹을 수는 없지만 작은 접시에 담겨 나오는 몇 가지 장어 요리와 따뜻한 정종 한 잔이면 외로운 이방인의 저녁으로 그만이다.

　　주문을 받던 주인 할머니의 모습이 생각난다. 일본어를 못하는 손님에게 힘겹지만 성실하게 메뉴를 설명해 주었다. 좁은 가게 안에 가득한 장어 굽는 냄새. 허리가 살짝 굽은 할머니가 손님을 반겨 주는 모습. 조금씩 정갈하게 나오는 장어 요리. 한 점 집어 입에 넣으면 그 맛이 저절로 술을 부른다. 과음하면 안 된다고 다짐하면서도 얼큰하게 취하는 것을 어쩔 수 없다.

　　이것이 내가 기억하는 최고의 장어 맛이다. 그래서 장어라면 민물장어가 최고라고 생각했다. 하지만 여수에서 장어 맛에 대한 편견이 깨졌다. 장어 요리의 세계가 엄청나게 무궁무진하다는 것을 알게 되었다. 여수 엑스포 방송단에서 일할 때 현지에서 맛보았던 장어탕과 장어구이 덕분이다. 특히 깊고 시원한 장어탕 맛은 쉽사리 잊히지 않는다. 여수의 명물, 장어탕은 정말 자신 있게 추천한다.

여름철 보양식, 붕장어

여수의 장어탕과 장어구이는 주로 붕장어로 만든다. 붕장어는 민물장어와 비슷하게 몸통이 거의 원뿔형이다. 몸길이는 90센티미터 이상이며 두께가 상당하여 징그러워 보이기도 한다. 붕장어는 '아나고'라는 일본말로 널리 알려져 있고 우리나라 해안 전역에 분포한다.『자산어보』에서는 해대려(海大鱺)라 하고 그 속명을 붕장어라고 하였는데 "눈이 크고 배안이 묵색(墨色)으로서 맛이 더욱 좋다."라고 설명하였다.

　　옛날에는 붕장어를 잘 먹지 않았다. 1908년에 간행된『한국수산지』제1집에 우리나라 전 연안에서 붕장어가 산출되며 특히 남해안에 많이 분포해 있는데 일부러 잡지는 않았다고 언급되어 있다. 그 당시에는 주로 일본인들이 어획하여 일본으로 수송하였다. 조선 말부터 일본인들이 우리 식재료를 착취해 가기 시작하여 광복 이후까지 음식 주권을 잃고 살아왔다. 다큐멘터리 PD로서 꽤 관심이 가는 주제다.

일제강점기 이후부터는 우리나라 사람들도 붕장어를 먹기 시작하였으며, 어획하는 사람도 늘어났다. 광복 직후에는 붕장어 어획량이 격감하였으나 점차 회복되어 1987년에는 2만 143톤에 달하였다고 한다.(한국학중앙연구원,『한국민족문화대백과』) 붕장어는 주로 기선 저인망, 연승, 통발 등으로 잡는다.

지금은 많은 사람들이 붕장어를 즐겨 먹으며, 특히 부산 기장의 붕장어 회가 전국적으로 유명하다. 대일 수출이 꾸준한 데다 근년에 이르러 국내 소비가 날로 늘어나 어획량이 증가하였는데도 여전히 가격이 비싸다.

붕장어는 특히 여름철에 맛이 좋다. 가시가 꽤 많아서 손질을 어떻게 하느냐에 따라 식감이 크게 달라진다. 손질 솜씨에 따라 맛의 차이가 많이 난다. 잘 손질된 붕장어를 간장 소스에 엷게 졸인 다음 초밥이나 덮밥을 만들어 먹으면 그 맛이 일품이다. 보통 일본 가정식집에 가서 흔히 만나는 장어덮밥은 붕장어로 만든 것이다.(민물장어라고 오해하지 마시길. 가격을 생각해 보면 납득이 될 것이다.)

직접 발로 뛰어 찾은 장어탕 맛집, 7공주식당

여수의 유명한 장어탕집 중에 한 곳이 7공주식당이다. 1996년 초에 「아침을 달린다」라는 맛집 기행 프로그램을 촬영하기 위해 이 집을 찾은 적이 있다. 당시 초짜 PD였던 필자는 아이템을 찾기 위해 동분서주하고 있었다. 그러다 광양 불고기와 여수의 새로운 맛집, 두 아이템을 묶어 촬영하기로 했다. 여수 시청에 전화를 했다. 무턱대고 여수에서 가장 맛있는 음식이 뭐냐고 물었다. "해산물 한정식과 회"라는 대답이 돌아왔다. "너무 일반적인데 다른 것 없나요?" "그럼 장어탕이죠, 교동 시장 근처에 7공주식당이라고 있어요." 그렇게 찾아낸 식당, 시청 직원의 추천만 믿고 용감하게 진행해 보기로 했다.

요즘은 맛집에 대한 정보가 무한대로 넘쳐 난다. 그래서 오히려 혼란스럽다. 이렇게 인터넷에 의존하기 시작한 지 기껏해야 이십 년 남짓이다. 그전에는 무조건 발로 뛰고 직접 확인했다. 도서관을 찾아가 문헌을 찾아보고 현지 사람들의 말에 의지했다. 그러다 보니 방송에서 내보내는 정보도 그 나름대로 가치가 컸다. 정보 전달 프로그램의 시청률이나 시청자 반응이 대단했다. 지금은 정보 전달만으로는 시청자의 호응을 얻기 어렵다. 정보 전달을 넘어 재미를 더한 '먹방'(음식 먹는 방송을 가리키는 속칭)이 대세다. 정보 전달은 사라지고 먹는 행위 자체를 감각적으로 전달하는 데 집중한다.

재미있는 것은 영국을 비롯해 선진국 대부분이 주요 시간대에 요리 과정을 직접 보여 주는 프로그램을 편성한다는 점이다. 반면 KBS, MBC, SBS 같은 우리나라 지상파방송에서 요리사가 나와 직접

여수에서 대표적으로 유명한 장어탕 맛집, 자매식당과 상아식당.

　음식을 만드는 프로그램은 찾아보기 힘들다. 물론 EBS나 케이블방송에서 볼 수 있기는 하지만 말이다. 단순히 요리 정보만을 다루는 프로그램을 즐겨 보는 사람들이 다수가 아니기 때문일 것이다.
　예나 지금이나 식당 주인들은 보통 방송국 사람들을 환영하는데 7공주식당 주인아주머니는 별로 좋아하지 않았던 기억이다. 겨우 설득해서 찾아가 보았다. 아직 진짜 맛있는 음식이 뭔지 알지 못하는 젊은 PD가 찾아오니 주인아주머니는 속으로 '네가 맛을 알아?'라고 했을 것 같다.
　지금 기억에도 처음 맛본 장어탕은 맛이 좋았다. 최근에 안 사실이지만 7공주식당은 여수의 다른 장어탕집과는 조금 맛이 다르다. 장어탕에 후추를 듬뿍 뿌려 장어의 느끼한 맛을 잡아 주고 깔끔한 맛을 더한다. 다른 집보다 전체적으로 맛이 달다. 인위적인 단맛은 아니고 숙주나물, 양배추 등의 식재료가 단맛을 낸다. 장어탕의 느끼한 맛을 꺼리거나 젊은 사람들에게는 7공주식당 장어탕이 부담이 덜하고 더 맛있을 것 같다.

우거지 통장어탕을 맛있게 먹는 법

여수 국동항에 가면 장어탕 횟집 거리가 있다. 대표적으로 자매식당과 상아식당이 유명하다. 두 곳 중에서 어디가 더 맛있는가를 두고 동료들끼리 말다툼을 벌이기도 했다. 두 식당에 얽힌 소문도 많다. 어느 식당 주인은 여수 사람이 아니라서 여수의 맛이라고 할 수 없다는 주장도 있다. 실제로 식당 주인들에게 물어보니 그냥 손맛 차이라고 한다. 손님 취향에 따라 평가가 달라지는 거라고. 두 곳에서 모두 먹어 보았지만 어느 한쪽을 택하기 힘들 정도로 둘 다 맛있다.

주메뉴는 우거지 통장어탕과 장어구이. 장어구이에는 소금구이와 양념구이가 있다. 장어 살이 통통하게 올라 식감이 고급스럽고 맛나다. 소금구이와 양념구이, 마치 짜장면과 짬뽕처럼 무엇을 시킬까 고민하게 된다. 일행이 많다면 둘 다 시켜서 나눠 먹어 보기를 권한다. 장어 뼈를 넣어 오랫동안 끓인 된장국이 함께 나오는데 맛이 깊고 진하다.

소금구이는 장어와 최고의 궁합을 자랑하는 마늘과 함께 노릇하게 구워져서 나온다. 보양식으로 유명한 장어와 마늘의 만남, 『동의

보감』에서도 두 음식의 궁합을 인정했을 정도다. 간장에 살짝 찍어서 마늘과 쌈장을 넣어 쌈 싸서 먹으면 좋다. 장어 머리까지 구워져서 나오는데 입에 넣고 오물오물 씹으면 별미 중의 별미다. 징그럽다 하지 말고 한번 도전해 보면 새로운 맛을 즐길 수 있다.

  양념구이는 채소에 싸지 말고 그냥 먹어야 양념 자체의 달달하고 매콤한 맛과 장어의 통통한 살을 제대로 즐길 수 있었다. 양념구이는 장어를 뼈와 가시를 추려 낸 상태에서 한 번 구워내고 이후에 양념장을 골고루 발라 다시 구운 것이다. 이때 양념장은 고추장을 비롯해 마늘, 생강, 술 등을 혼합하여 만드는데 매실을 비롯해 식당마다 고유의 비법 재료를 첨가한다. 장어는 단연 소금구이가 맛있다는 미식가

여수 국동항에 가면 장어탕 횟집 거리가 있다.

도 많지만 장어의 담백한 맛에 양념의 달콤 매콤한 맛이 어우러지는 것도 썩 괜찮다.

장어구이와 된장국만으로도 충분한 호사지만 이곳의 하이라이트는 장어탕이다. 우거지 통장어탕이 1인분에 1만 3000원. 통장어를 크게 잘라서 껍질째 끓인다. 우거지의 시원한 맛과 장어의 깊고 달고 담백한 맛이 어우러진다. 자매식당에서는 손님들이 먹기 좋게 통으로 나오는 장어를 직접 짓이겨 준다. 이 장어탕에 반드시 들어가야 하는 것, 바로 청양고추다. 다소 느끼할 수 있는 장어탕에 청양고추를 조금 넣으면 칼칼해지고 감칠맛까지 더하게 된다.

밑반찬도 깔끔하다. 여수 10미(味)에 꼽히는 돌산 갓김치를 맛볼

상아식당에서는 주 요리만큼이나 훌륭한 멍게 젓이 나온다.(왼쪽)
청양고추를 넣은 장어탕은 최고의 해장 음식이다.

수 있다. 주요리만큼이나 훌륭한 멍게 젓도 나온다. 이 멍게 젓만 있어도 밥 한 공기는 뚝딱이다. 멍게 젓을 따끈한 쌀밥 위에 올려 먹으면 입안에 바다의 맛이 돌며 미소가 절로 떠오른다. 서울에 싸 가고 싶을 정도로 맛있다.

여수 장어탕, 전국구 예능 「1박 2일」에 등장하다

여수의 장어는 정말 대단하다. 여름철 여수에 머문다면 장어만으로 성찬을 즐길 수 있다. 저녁에는 갯장어 샤브샤브에 술을 한잔하고, 다음 날 아침에는 청양고추를 넣은 장어탕으로 해장을 한다. 얼큰한 장어탕을 먹으면 이마에 땀이 송글송글 맺히며 몸은 물론 마음까지 풀리는 듯하다. 실제로 여수 엑스포 방송단에서 일했던 동기 PD는 여수의 그 어떤 음식보다 장어에 반해 버렸다. 그러면서 서울의 어느 남도 식당을 가도 여수에서 먹은 맛이 나지 않는다며 아쉬워한다.

여수에 가면 반드시 장어탕 횟집 거리를 찾는다. 시간이 맞지 않아 그 자리에서 못 먹는 경우에는 포장해서 서울로 가져온다. 얼마 전 부모님께도 여수 장어탕을 가져다 드렸다. 평소 느끼하고 징그럽다고 장어탕을 즐기지 않던 부모님이 청양고추를 솔솔 뿌린 장어탕 맛에 흠뻑 빠졌다. 부모님이나 주변 어른들에게 보약 지어 드리는 셈 치고 여수 장어탕을 선물해 보라.

동료 PD들에게도 여수 장어탕을 홍보하고 다녔다. 어느 날 「해피 선데이—1박 2일」을 하는 후배에게서 연락이 왔다. "여수 어디 가면 좋아요?" "응, 일단 장어탕 먹으러 가. ○○식당 맛있어." 지금 그 식당에 가 보면 「1박 2일」 팀이 왔다 간 사진이 남아 있다. 주인아주머니는 알려나? 필자가 홍보하고 소개해 준 것을. 바로 옆 식당에도 연예인들 몇 명을 데리고 가서 벽에 사인도 했으니 섭섭해하지 말길 바란다.

● 서용하

여수 여행 팁

여수의 풍경 길

여수에 가면 넘실거리는 비단 바다가 보이는 길을 꼭 걸어 봐야 한다. 바다가 보이지 않는 길은 여수의 '풍경 길'이 아니다. 100미터 내외의 짧은 시야에 빽빽한 건물과 숲, 인파가 가득한 길은 물리도록 걸어 봤을 것이다. 싱싱한 해산물로 배를 채웠으면 다음 끼니까지 남는 시간에 멀리서 불어오는 해풍을 맞으며 걸어 보자. 여수라는 이름을 처음 붙인 고려인의 경이로운 심정을 느끼게 될 것이다.

여수가 시작된 곳, 종고산 자락

여수시는 행정구역상 남북으로 80킬로미터, 동서로 30킬로미터에 달한다. 여수반도, 한려수도의 바다와 섬을 다 포함해서다. 남서쪽으로 60킬로미터 떨어진 거문도까지 넣으면 훨씬 넓어진다. 육지만 따지면 여수 시청을 중심으로 동서 횡단 거리만 15킬로미터, 남북 종단 거리는 8킬로미터나 될 만큼 넓다.

    여수가 처음부터 이렇게 크지는 않았다. 여수 시가지는 동쪽부터 마래산, 종고산, 장군산, 구봉산, 고락산, 망마산 등 200~300미터 높이의 낮은 산과 산 사이의 자락에 펼쳐져 있다. 종고산 자락에서 시작된 도

시는 근대 이후 발전을 거듭하며 계속 확장 중이다. 여수의 옛 지도를 보면 원래 중심지가 어디였는지 알 수 있다. 1899년 편찬된 『전라남도 여수군읍지』에서는 종고산 아래 관아와 향교를 중심으로 주변의 목장(牧場), 고진(古鎭), 석보(石堡) 등의 위치를 표시해 놓았다.

종과 북의 산 종고산(鐘鼓山). 전라 좌수영의 핵심 진남관의 배후 산이다. 이순신의 승전 소식을 듣고 온 산이 종소리와 북소리를 냈다고 하니 과연 진남관을 품을 만한 자격이 있다. 종고산을 에워싸고 도는 종고산길이 여수 풍경 길의 줄기 길(幹線)이다. 여기에 서면 2012 여수 엑스포 단지와 오동도가 푸른 비단 자락 위에 출렁이는 풍경을 볼 수 있다.

그 첫걸음을 흰 고래로부터 시작하자. 위성 지도에서 종고산 동북쪽을 보면 흰 조롱박 모양 건물이 박혀 있다. 여수엑스포역이나 시내에서 택시를 타고 '흰 고래 교회' 앞에 내려 달라고 하자. 본래 이름은 좋은 우리 교회. 가까이서 보면 영락없이 머리가 큰 흰 고래다. 1997년 콘크리트 사출 방식으로 지은 건물인데 일제강점기에 신사참배를 거부했던 재건 교단 소유다. 고래라니, 해양 도시 여수와 딱 어울린다. 1층 문을 열고 들어가자 작고 아담한 예배당이 나온다. 방석이 깔려 있고 앉은뱅이 의

자가 놓인 바닥. 서울의 큰 교회보다 훨씬 푸근한 느낌이다.

    고래를 뒤로하고 종고산길 차도를 따라 걸으면 호수 같은 여수 앞바다가 눈을 시원하게 틔워 준다. 왼쪽부터 2012년 엑스포가 열렸던 시설 단지, 기다란 방파제, 정겨운 느낌의 오동도, 랜드마크가 된 엠블호텔 여수, 빨래집게 두 개에 매달린 것처럼 생긴 돌산 대교가 파노라마로 펼쳐진다. 태양이 종고산 뒤편으로 기울어지는 오후 늦게, 사그라지는 햇빛을 받고 풍경의 색채가 더 진해지고 깊어진다. 종고산길은 몇 백 미터짜리 전망대인 셈이다.

바닷바람을 맞고 큰 집과 산

비탈에 다닥다닥 달라붙은 옛집들도 정겹다. 푸르고 검은 모조 기와지붕, 수돗물을 저장하는 녹색 물탱크, 누렇게 변한 벽돌 담, 울퉁불퉁 가파른 층층 계단의 고샅길, 집과 집 사이 공터에 푸르른 상추와 파, 미나리 밭. 가끔가다 밀려오는 바닷바람을 맞으며 걷는 길이 상쾌하다.

    쭉 뻗은 차도가 지루하면 한 단 아래 비탈길로 엇나가도 좋다. 45도가 넘는 급경사 동산 4길, 7길이 아래로 향한다. 웬만한 엔진의 자동차는 헐떡대며 올라야 할 정도다. 어깨가 닿을 것 같은 좁은 골목길도 불쑥 들어가 볼 만하다. 진한 파란색으로 칠한 철 대문, 담벼락 밑의 항아리 화분, 빨랫줄에 매달려 흩날리는 옷가지들. 오후의 비스듬한 햇살이 비칠 때 드리우는 지붕과 담장의 그림자가 인상적이다.

    다시 종고산길로 올라와 동산4길을 지나 좀 더 가면 백련사와 종고산 정상으로 향하는 등산로가 나온다. 한두 시간 여유가 있으면 이 길로 올라가 보자. 나무 계단으로 정비가 잘되어 있다. 그렇다고 만만한 산은 아니다. 높이가 220미터밖에 안 되는 낮은 산이지만 제법 가파르다. 정상에 올라서서 여수 시내 전체를 내려다보겠다는 기대는 일찌감치 접자. 나무가 높이 자라 시야를 가려서 전망이 좋지 않다. 하지만 소나무 가지 사이로 보이는 여수의 바다 자락이 아쉬움을 달래 준다.

    산을 둘러싼 산책길을 따라가다 보면 올라왔던 길과는 다른 엉뚱한 쪽으로 내려갈 수도 있다. 어차피 산자락을 타고 내려오면 진남관과 여수 연안 여객 터미널이 보이는 곳이 나온다. 너무 당황하지 말자. 지도에서 봤을 때 종고산의 왼쪽 하단으로 내려오면 군자길과 만난다. 군자길에서 9~11시 방향으로 보면 장군도와 돌산 대교, 여수 중앙동 일대의 구도심이 펼쳐진다.

    '흰 고래 교회'서부터 시작해 종고산길이 군자길과 만나는 곳까지 870미터, 군자길 초입부터 여수 향교 뒤편까지 490미터를 걸으면 여수 시내를 일별할 수 있다. 이 둘레길의 아래쪽, 그러니까 종고산을 끼고 도는 지름이 더 긴 길이 진남로. 진남관 후면을 지나는 도로다. 종고산길, 군자길, 진남로만 알면 여수 풍경 길은 다 익힌 셈이다.

전라 좌수영의 흔적

진남관 뒤편 진남로를 따라 서쪽으로 30~40미터만 가면 선녀보살, 김보살 등이 적힌 간판이 눈에 띈다. 서울 미아리고개에서나 봄 직한 점집

들이다. 다시 50미터를 더 가면 풍화루(風化樓)라는 현판이 걸린 높은 누각이 나온다. 여수 향교다. 동쪽 진남관이 중앙에서 파견된 관리가 머무는 동헌이었다면, 서쪽 향교는 지방 양반 세력의 근거지였다. 다른 지역에 비해 여수 향교는 비교적 늦은 시기에 세워졌다. 1726년 여수 현이 폐지되고 순천부에 복속됐다가 대한제국 광무 1년(1897년)에 여수 군으로 독립하면서 향교를 설치한 것이다.

국보 304호인 진남관은 여수 풍경 길의 중심이다. 뒤에 종고산을 든든하게 두고 여수 앞바다를 호령하는 우람한 장수의 모습. 주변 아파트와 학교 건물에 묻혀 있긴 하지만, 여전히 바다 멀리에서도 눈에 확 들어올 정도로 위용을 자랑한다. 전라 좌수영이 있던 곳에 1599년 처음 세워졌다가 1718년 중건한 목조건물. 정면 열다섯 칸, 측면 다섯 칸이고, 둘레 2.5미터의 거대한 나무 기둥 예순여덟 개가 팔작지붕을 받치고 있다. 뻥 뚫린 대청마루에 앉으면 바닷바람이 불어와 더 시원하게 느껴진다. 어깨를 나란히 한 자줏빛 기둥들이 늠름한 호위 무사처럼 나를 둘러싼다. 마음이 든든하다. 가끔가다 인근 무술 체육관 단원들이 도복을 입고 훈련을 하러 오기도 한다. 치고받는 모습에 푹 빠져 있노라면 꼭 조선 시

대로 돌아간 듯 착각을 하게 된다.

　진남관의 왼편 담을 끼고 동헌길을 따라 내려오면 차도 반대편으로 넘어가는 구름다리가 있다. 이 좌수영 다리를 건너면 지은 지 얼마 안 된 팔각정이 있다. 나무에 가리긴 하지만 거기서 진남관의 오른쪽 모습을 볼 수 있다. 여수제일 교회 주차장을 지나 비탈길을 오른다. 이 길을 걷는 재미는 충무공과 임진왜란 관련 벽화를 보는 것. 짐을 싸서 피란 가는 백성들, 전쟁을 준비하는 군사들, 적의 총탄에 맞아 쓰러진 이순신 장군의 모습이 담벼락에 그려져 있다. 여수 엑스포를 맞아 조성했는데 지역 화가들의 질박한 솜씨가 골목길과 잘 어울린다.

　벽화 길 끝에 이순신 장군이 수군 훈련을 독려하고 작전 계획을 짰던 고소대가 자리 잡고 있다. 몇 백 년 된 나무가 버티고 서 있는 마당에는 동백나무가 여러 그루 자라고 있다. 늦겨울부터 빨간 꽃이 핀다. 마당 한구석 비각 안에 좌수영 대첩비와 타루비가 모셔져 있다. 눈물을 흘린다는 뜻의 '타루'. 충무공이 세상을 뜬 지 육 년 후 그를 기리는 부하들이 세웠다고 한다.

　고소대 계단을 내려오면 담벼락에서 파란색 글러브를 끼고 웃통을

벗은 남자가 미소를 짓고 있다. 어디서 본 듯한 인상이다. 누굴까? 오른쪽으로 난 길 옆에 해답이 있다. 사연을 설명하는 표지판과 그 뒤로 체육관이 있다. 1966년 한국 최초로 WBA 주니어 미들급 세계 챔피언이 된 프로 권투 선수 김기수를 기념하는 곳. 단 위에 멋진 사각 링이 있고 예비 복서 여남은 명이 샌드백을 두드리는 영화 「록키」의 한 장면을 상상하면 안 된다. 시골 가게집 같은 작은 규모다. 그래도 여기서 세계를 제패한 챔피언이 나왔다. 여수는 그 외에도 같은 급 챔피언 유제두 선수를 배출한 권투의 고장이다. 왜군을 물리친 무사들의 후예답다고 할까.

　체육관을 떠나 여수 등기소를 오른편에 끼고 동문로로 간다. 우회전하면 헌책방이 하나 있다. 아마 시립 도서관을 빼면 여수에서 가장 책이 많은 곳일지도 모른다. 형설(螢雪)책방. 반딧불과 눈빛으로 책을 읽는다는 고사에서 따온 이름이다. 서가 사이의 좁은 통로 좌우로 천장까지 책이 꽉 차 있다. 역사, 지리, 철학, 경제, 경영 등으로 주인이 책을 잘 분류해 두었다. 여행지에서 우연히 들른 고서점에서 뜻밖의 작가나 작품을 만날지 모른다. 의외의 즐거움을 얻고 싶다면 한번 들러 봄 직하다.

책방을 나와 동문로 왼쪽으로 차도를 따라 350미터쯤 걸으면 중앙동 교차로가 나오고 이순신 장군 동상 뒷모습이 보인다. 그 앞은 이순신 광장이다. 모형 거북선도 세워져 있다. 안에 들어가면 임진왜란 당시에 전투가 벌어지던 상황을 재현해 놓았다. 왜군을 향해 대포를 발사하고 노를 젓는 수군들의 표정이 볼 만하다. 거북선 입구에선 코앞이 여수 바다다.

흰 고래 교회부터 시작해 종고산길과 군자길을 거쳐 진남관, 여수향교, 고소대, 헌책방, 이순신 광장으로 이어지는 여수 옛길은 약 3킬로미터. 여수 시가지와 바다가 어울리는 풍경을 천천히 음미하고 사진을 찍으면서 걸으면 넉넉잡고 두 시간가량 걸린다. 물론 중간에 종고산 정상까지 올라갔다 오면 한 시간을 더해야 한다. 여수의 참된 멋을 아는 데 이 길만큼 풍성하고 알찬 걷기 여정은 없다. ●손현철

여수 10미(味) 중 으뜸, 서대 회

여수에 가면 꼭 맛보아야 하는 10미(味)가 있다. 서대 회, 게장 백반, 한정식, 굴구이, 장어, 군평선이, 하모, 생선회, 갓김치, 꽃게탕(여수시 홈페이지 기재 순)이 그것이다. 이 가운데 여수에서만 맛볼 수 있는 음식은 서대 회, 군평선이, 하모, 갓김치 정도다. 10미를 채우기 위해 한정식이나 생선회, 꽃게탕 같은 메뉴가 견강부회로 들어간 느낌이다. 삼치가 빠진 것은 다소 의아하다. 어쨌든 여수 10미 중 첫 번째로 손꼽히는 음식이 바로 서대 회다. 여수 사람들 대부분이 찾아오는 손님에게 예를 갖추어 서대 회를 대접한다.

신발 밑창을 닮은 물고기 가족들

여수에서 나오는 참서대의 학명은 Cynoglossus joyneri로 가자미목

참서댓과에 속한다. 영어로는 red tongue sole이고, 일본어로는 赤舌鮃(아카시타비라메), 牛の舌(우시노시타)로 불린다. 신발 모양이라 슬리퍼와 연관되어 불린다니 이탈리아 식당에서 쉽게 볼 수 있는 치아바타 빵이 떠오른다. 치아바타는 이탈리아어로 슬리퍼를 뜻한다.

한국에서도 서대의 모양을 보고 이름을 붙였다. 『자산어보』에 크기는 손바닥만 하고 길이는 소 혀만 하다고 해서 우설접(牛舌鰈)으로 기록되어 있으며, 설어(舌魚)라고도 불렀다. 서대는 설어가 변화된 것일 수도 있고, 전라도에서 '혀'를 '세'라고 하는 것에서 파생된 것일 수도 있다. 힘줄을 심줄이라고 부르는 ㅎ→ㅅ 변형은 우리말에서 흔하게 볼 수 있다. 여수 시장을 돌아다니다 보면 서대 말린 것을 자주 볼 수 있다. 납작하고 편편한 것이 흡사 신발 밑창 같다. 그래서 조선 시대에는 가죽신 바닥을 닮았다고 해서 혜대어(鞋帶魚)라고도 불렀다. 물론 『자산어보』에서는 서대와 혜대어를 구분해 놓았고, 혜대어는 장접(長鰈), 지금의 참서대에 해당한다고 한다.

일반적으로 좌광우도라고 하여 넙치류는 눈이 왼쪽으로, 도다리는 눈이 오른쪽으로 몰려 있다고 설명한다. 서대도 종류에 따라 눈의 위치가 다르다. 서대아목 어류는 눈의 위치에 따라 참서댓과와 납서댓과로 나뉘며, 참서댓과는 눈이 왼쪽으로 몰려 있고 참서대, 개서대, 흑대기 등이 이에 속하며 납서댓과는 눈이 오른쪽에 위치하고 납서대, 노랑각시서대, 궁제기서대 등이 이에 속한다.

위 분류에는 포함되어 있지 않지만 용서대와 박대도 참서댓과에 속한다. 용서대는 구멍이 뚫린 측선 비늘 세 줄이 몸을 가로지르고 있어 영어로 threelined tongue sole로 불리며, 일본어로는 コウライアカ

여수 시장에서는 말린 서대를 자주 볼 수 있다.
납작하고 편편한 것이 흡사 신발 밑창 같다.

シタビラメ(고우라이아카시타비라메)라 한다. 조림용으로는 크고 살이 많은 용서대가 제일 맛있어서 예로부터 여수에서 즐겨 먹었으나, 요즘은 귀한 생선이 되었다. 용서대는 두 눈 사이에 측선이 없고 참서대는 한 줄, 개서대는 두 줄이 있어서 구분된다.

　박대는 양 눈 사이 간격이 매우 좁다. 박대가 어렸을 때 어미에게 눈을 많이 흘겨서 그러하다는 말이 전해진다. 이 때문에 "어머니에게 눈 흘기면 박대 눈 된다."라는 속담이 생겨났다고 한다. 박대는 서해안 특산품으로 특히 군산을 대표하는 향토 수산물이다. 군산 시내에서는 박대 정식을 판다는 표지판을 흔히 볼 수 있다. 박대는 참서댓과 생선 가운데 크기가 가장 크다. 다 자라면 40~60센티미터에 이른다.

흑대기는 『자산어보』에서 돌장어라 명명했는데 배와 등에 검은 점이 있고 진한 노린내가 난다고 기록되어 있다. 흑대기에 검은 반점이 있어서 검은 서대라는 뜻으로 흑대기라는 이름이 붙지 않았을까 추측해 본다. 이 수많은 종류의 서대들을 정확하게 알아보기는 쉽지 않다. 특히 어린 박대와 참서대를 구분하기가 어렵다.

남도 지방 최고의 여름 별미

서대는 한국 서남해, 일본 남해, 동중국해 등지에 서식하며 수심 70미터 이내의 내만이나 연안의 얕은 바다, 특히 개펄과 모래가 섞인 바닥에 주로 산다. 태어날 때부터 눈이 한쪽으로 몰려 있는 것은 아니다. 1.6센티미터 길이 정도로 자라면 오른쪽 눈이 왼쪽으로 이동하는 변태를 마치고 바닥에 붙어살기 시작한다. 서대의 영양 성분은 가자미와 비슷하지만 지방이나 당질 함량이 적어서 더 담백하다. 단백질이 풍부하고 다른 어류에 비해 수용성비타민 함량이 높으며 그중 비타민 B1, B2가 많다. 칼륨과 인이 풍부해 혈압을 낮추는 효과도 있다.

서대와 관련한 식담(食談)도 많다. "5 농, 6 숭이요, 5·6 서에 준 사철이라."라는 말이 있다. 농어는 5월, 숭어는 6월, 서대는 5월과 6월, 준치는 사철 맛이 좋다는 뜻이다. 여수를 중심으로 한 남해안에선 최고의 여름 별미 가운데 하나로 서대를 친다. 남도 사람들은 "서대가 엎드려 있는 개펄도 맛있다."라고 표현할 정도다. 남도 지방 제사나 행사의 상차림에 빠지지 않는 생선이기도 하다.

1999년 어획량을 기준으로 지역별 서대 생산량을 보면 전라남도가 545톤으로 전체의 65퍼센트가량을 차지하여 비중이 가장 컸다. 서대가 전남, 특히 여수를 중심으로 소비되는 것도 높은 생산량과 밀접한 연관이 있다. 전남에서 서대가 가장 활발하게 잡히는 시기는 5~6월, 가을철인 9~11월로 분석된다.(수산업협동조합중앙회 수산경제연구원, 2000)

둥글둥글 새콤달콤한 맛을 만드는 막걸리 식초의 마술

서대 회의 새콤달콤한 맛을 떠올리는 것만으로 입안에 침이 고이기 시작한다. 서대 회는 서대를 가늘게 썰어 막걸리 식초와 고추장 양념에 무친 음식으로, 비린내가 적고 담백한 맛이 빼어나다. 발효한 막걸리 식초를 사용한다는 점이 독특하다. 막걸리 식초는 일반 양조 식초와 달리 주정 냄새가 살아 있으며, 맛이 부드럽고 풍부한 편이다. 좀 더 둥글둥글한 맛이라고 할까. 유산균 식초에 속하기 때문에 건강에도 좋다. 왜 막걸리 식초를 사용하느냐는 질문에 청해식당 주인 배일석 씨는 합성 식초를 사용하면 독해서 먹을 수가 없다고 말한다. 또한 막걸리 식초로 서대 회를 무치면 달콤새콤한 맛이 더 커지고 더운 날씨에도 쉽게 상하지 않는다고 한다.

여수 좌수영 음식 문화 거리에 있는 여러 식당에서는 막걸리 식초를 발효시키는 과정을 직접 볼 수 있게 커다란 생수 통에 막걸리를 담아 두기도 했다. 막걸리에 식초씨(식초를 걸러 내고 난 후에 남은 찌꺼기) 혹은 식초 모균(초산균)을 넣어서 햇빛이 들지 않고 바람이 잘 통하는 곳에 보관하면 자연스럽게 발효되어 막걸리 식초가 만들어진다. 초산균은 알코올을 먹고 초산인 아세트산을 배출하는데 이 아세트산이 신맛을 낸다. 식초씨를 얼마나 넣느냐에 따라 두세 달 만에 완성되기도 하고 여섯 달 이상 걸리기도 한다.

화학적으로 만든 합성 식초와 달리 쌀이나 밀이 원료인 막걸리 식초는 만드는 과정에서 다양한 유기산이 생성된다. 초산뿐만 아니라 유산, 글루콘산, 구연산, 사과산, 호박산, 주석산 등이 만들어지고, 칠십여 가지의 유기산이 포함된 막걸리 식초도 있다. 유산은 떫은맛, 구연산은 무거운 맛을 내고 이들이 섞여서 복잡한 신맛을 낸다. 막걸리 식초가 합성 식초보다 맛이 풍부한 이유다. 특히 쌀막걸리 식초에는 글루탐산, 아르기닌, 아스파트산 등 다양한 아미노산이 들어 있어 은근한 단맛이 나고 맛이 부드럽다. 반면 합성 식초는 맛이나 냄새 모두 양조 식초보다 떨어진다. 합성 식초는 빙초산을 희석하여 만들며, 빙초산은 순도 99퍼센트의 화학약품으로 석유 성분을 합성한 결과물이다. 많은 나라에서 빙초산을 식품이 아니라 독극물로 분류하여 식초라고 표시할 수 없게 하고 있다.(안용근, 2001)

식초는 술이 발효하여 만들어지므로 식초의 역사는 술의 역사만큼이나 길다. 영어로 식초를 뜻하는 vinegar는 프랑스어로 포도주를 뜻하는 vin(영어로 wine)과 시다를 뜻하는 naigre(영어로 sour)가 합쳐진 vinaigre에서 나왔다. 클레오파트라가 건강과 미용을 위해 식초를 사용한 것이나, 영양이 손실되지 않는 초절임 양배추 덕분에 오랜 항해가 가능해져서 콜럼버스가 신대륙을 발견했다는 사실도 널리 알려져 있다. 식초를 뜻하는 한자 酢는 술 그릇을 의미하는 酉와 거듭하다는 의미인 '乍'가 합쳐진 형성 문자다. 즉 술이 날을 거듭하여 만들어진 것이라는 의미다. 우리나라에서는 삼국시대 이전부터 식초를 만들어 왔으며, 간장, 된장, 고추장 등과 마찬가지로 식초를 담그는 일도 한 해의 중대사로 생각하여 길일을 택했다.

여수로 시집 온 여자들은 먼저 막걸리 식초를 만드는 법부터 배웠다. 애써 만든 막걸리 식초는 부뚜막 위에 올려놓고 신주 단지 모시듯 했는데, 막걸리 식초 맛이 변하기라도 하는 날에는 시어머니의 불호령이 떨어졌기 때문이다. 그토록 막걸리 식초를 정성껏 관리한 것은 바로 서대 회를 위해서였다.

식초에는 방부와 살균 효능이 있어서 생선회와 잘 어울린다. 생선회를 초고추장에 찍어 먹는 것도 기생충을 죽이는 조상의 지혜라고 할 수 있다. 또한 생선에 식초를 더하면 단백질의 응고를 촉진한다. 무엇보다도 식초는 미각과 후각을 자극하고 뇌의 식욕 중추에 작용하여 식욕을 돋우며, 침샘을 자극하여 소화를 돕는다.

일상생활에서 쉽게 구할 수 있는 막걸리를 삭힌 식초와, 서대 회를 결합한 것은 창의적인 아이디어이자 뛰어난 발명이다. 최근 고유의 식용 식초인 막걸리 식초가 점점 사라지고 있다. 어쩌면 여수 서대 회는 사라져 가는 막걸리 식초를 지키는 마지막 보루가 아닐까.

진정한 서대 회 맛집을 찾아 나선 기나긴 여정

서대 회를 맛보기 위해 여수에서 유명한 한식당을 찾았다. 여수에서 처음 서대 회를 시작했다는 집인데 예전 건물이 좁아져서인지 다른 곳으로 확장 이전한 상태였다. 막상 직접 맛을 보니 실망스러웠다. 서대회에 막걸리 식초를 사용했는지 의문이 들 만큼 신맛이 지나치게 튀었으며 맛의 균형이 무너져 있었다. 서대 회무침을 시켰는데 회가 대체 어디에 있는지 찾아야 할 정도로 무채의 양이 많았다. 서대 한 마리를 다 발라도 살이 그리 많지 않은 것은 알지만 과하게 회의 양이 적었다. 한마디로 서대 회의 참맛을 느끼기에 부족했다. 함께 나온 밥은 떡이 된 듯 붙었고 찰기도 느껴지지 않았다. 갈치구이도 이상하기는 마찬가지였다. 우리는 결국 음식을 남기고 자리를 떴다. 이 집이 '서대 회의 원조'로 여행자들의 필수 방문 코스처럼 여겨지는 현실이 안타까웠다. 배낭여행을 온 듯한 젊은이들은 서대 회를 맛본 뒤 그다지 큰 감동이 없는 표정을 지어 보였다. 여수의 맛을 대표하기에는 부족한 곳이라는 생각이 들었다.

    그다음에 여수에 갔을 때는 좌수영 음식 문화 거리의 식당에서 서대 회를 먹었다. 원조 식당이라는 곳보다는 나았다. 맛이 날카롭지 않고 둥글둥글했다. 다소 매운 것이 흠이었다. 회의 양이 적고 무와 채소가 지나치게 많은 것도 여전히 실망스러웠다.

    이런 아쉬움을 단번에 날려 준 곳이 여수 연안 여객 터미널 앞 구백식당이다. 여수 대표 식당이니 좀 다르겠지 하는 기대 반, 매스컴에 많이 소개된 식당 특유의 거품은 아닐까 하는 의심 반, 반신반의하며 음식을 시켰다. 군평선이구이를 시켰다가 벽에 붙은 상장들을 들여다보고는 곧바로 서대 회로 바꿨다. 서대 회로 1997, 1998년 남해안 생선 요리 축제 경진 대회에서 최우수상을 타고, 남도 전통 음식 보존 계승 발전 및 음식 관광 상품 개발을 위해 전라남도가 지정한 남도 음

서대 회무침은 비린내가 적고 담백한 맛이 빼어나다.

식 명가로 뽑힌 곳이었기 때문이다. 전라남도와 여수시가 서대 회로는 최고의 맛집으로 지정한 곳이 구백식당인 셈이었다.

따순 밥과 진한 된장국이 담긴 냉면기, 여섯 가지 밑반찬이 조금씩 담긴 반찬기가 네모난 은색 쟁반에 놓여 나왔다. 메인 요리인 서대 회는 깻잎과 상추로 덮고 그 위에 참깨를 듬뿍 뿌려 내놓았다. 깻잎을 들어 올리자 붉은색 서대 회가 모습을 드러냈다. 한두 점 집어 입에 넣었다. 약간 비릿했지만 서대 회 특유의 씹는 맛과 고소함이 살아 있었다. 양념이 흥건하지 않고 회에 적당히 배어 있었고 맛도 조화로웠다. 밥을 조금 퍼서 서대 회를 얹어 음미하듯 먹었다. 서대 회의 양이 상상을 초월할 정도로 푸짐했다. 1인분을 시켰는데 2인분은 되는 듯했다.

서대 회 아래에 채소가 깔려 있고 그 아래에 다시 서대 회가 있었다. 서대 회와 채소가 겹겹이 놓인 2층 구조였다. 서대 회가 너무 매콤하다 싶을 때 함께 나온 진한 토장 시래깃국을 먹으면 금세 중화되어, 전체적인 조합도 훌륭했다.

식사 도중에 젊은 여자가 들어와서는 앞치마를 둘렀다. 구백식당 사장의 며느리였다. 그녀는 '사장님'이라 부르는 시어머니의 경영 철학을 전해 주었다. 좋은 재료를 아낌없이 써야 맛이 난다며, 고춧가루 등 모든 식재료는 국산을 사용한다는 것이었다. 그리고 서대 회 1인분에 서대를 두세 마리나 넣는다고 했다. 그런데도 음식 값을 내렸으면 하는 여수 시청의 바람에 부응하여 1만 2000원이던 서대 회 가격을 1만 1000원으로 인하했다고 했다.

밥 한 공기를 다 먹었는데도 서대 회가 절반이나 남았다. 배는 불렀지만 밥 한 공기를 추가했다. 냉면 그릇에 밥을 넣고 서대 회를 건져 올리고 참기름을 휘휘 뿌렸다. 고소한 냄새가 폴폴 났다. 서대 회 비빔밥이 새로운 식욕을 자극했다. 비빔밥을 다 먹고는 숟가락에 참기름을 따라 보았다. 100퍼센트 국산답게 국물이 말갛고 향기가 고소했다. 이 정도라면 괜찮은 서대 횟집임에 틀림없다는 확신이 들었다.

그동안 먹었던 여러 식당의 서대 회가 머리를 스쳐 지나갔다. 터미널 앞 식당은 피해야 한다는 것이 통념이다. 뜨내기 손님에게 정성을 보이지 않을 거라는 예상 때문이다. 하지만 여수 연안 여객 터미널 앞에는 괜찮은 서대 횟집이 있다. 먼 뱃길을 떠나거나 섬에서 돌아오는 사람들의 속과 마음을 든든하게 채워 줄 치유의 식당이 있다.

2014년 봄에 다시 여수에 갔다가 또 다른 서대 회 맛집을 발견

구백식당은 전라남도와 여수시가 지정한 최고의 서대 회 맛집이다.

했다. 좌수영 음식 문화 거리를 둘러보다가 국산 재료만 사용한다는 옥이네톡쏘는돌산갓김치에서 김치를 구입했다. 후덕한 주인과 이야기를 나누다가 서대 회 맛집 정보를 득하였다. 좌수영 음식 문화 거리에 있는 청해식당이 서대 회로는 최고라는 것이었다. 내친 김에 오후 4시쯤 식당에 들렀다. 단체 손님들이 식사를 마치고 막 나가는 중이었고 사장 부부가 뒷정리를 하고 있었다. 식사 때를 넘긴 1인 손님이건만 반갑게 맞아 주었다.

　서대 회 1인분을 시켰다. 여러 가지 건어물 반찬이 나오고, 위에 참기름을 뿌린 밥 한 공기가 냉면 그릇에 담겨 나왔다. 꽃게 다리를 넣어 끓인 진한 된장국이 뚝배기에 담겨 나오고, 산더미처럼 쌓인 서대

반건조한 서대를 구워 먹을 수도 있고 양념에 조려 먹을 수도 있다.

회무침이 나왔다. 서대 회는 먹어도 먹어도 줄지 않았다. 서대 회 1인분에 서대 너덧 마리를 넣는다고 했다. 다른 식당의 2인분에 해당하는 양이었다. 맛도 흡족한 수준이었다. 서대 회를 좋아해서 푸짐하게 맛보고 싶은 사람에게는 청해식당을 추천한다. 아직도 필자가 찾지 못한 서대 회 맛집이 분명 있을 터, 여수 여행 고수들의 조언을 기대한다.

서대 회만 맛있나? 구이와 조림도 맛있다!

서대는 회로만 먹는 것이 아니다. 반건조한 서대를 구워 먹을 수도 있고 조려 먹을 수도 있다. 2013년 여름 여수 여행에서 서대구이와 조림을 맛보려 했다. 맛있는 식당 정보가 마땅히 없었던 터라 여수 수산 시장의 밥집 나리네에 가서 부탁해 보았다. 나리 엄마인 듯한 주인아주머니가 식당 앞 건어물 가게에서 반건조 서대 몇 마리를 사 와서 요리를 해 주었다. 갈치조림과 비슷한 양념에 서대를 조려 주어서 밥을 몇 그릇이나 비웠다. 갈치조림처럼 단맛이 나지는 않았으나 비린 맛이 다소 덜했다. 서대 특유의 단백질 맛이 고소하게 느껴졌다. 서대 살이 적다지만 그날 우리는 서대조림을 다 먹지 못하고 남기고 말았다. 진덤진덤한 조림 양념이 잘 밴 쫀득한 서대조림은 별미였다. 서대는 회부터 구이, 조림, 찜까지 다양한 방법으로 먹을 수 있는 여수의 대표 생선임에 틀림없다.

　서대 회, 서대조림, 서대구이를 맛보며 여수 사람들이 식재료를 대하는 태도를 느낄 수 있었다. 서대는 여수뿐만 아니라 우리나라 서남해안에서 잡힌다. 하지만 서대를 회, 구이, 조림으로 다양하게 맛보는 곳은 여수뿐이다. 여수 사람들은 음식 재료를 다양한 방법으로 조리하여 색다른 음식을 만들어 먹어 온 것이다. 이것이 화려한 남도 음식 문화의 한 사례일지도 모른다. 마이클 폴란은 『요리를 욕망하다』(김현정 옮김, 에코리브르, 2014)에서 요리의 네 가지 기둥이 물, 불, 공기, 흙이라고 말했다. 서대 회는 물기 있는 음식이고, 서대구이는 공기로 반건조한 서대를 불로 조리한 음식이며, 서대조림은 공기로 반건조한 서대를 물과 불을 써서 조리한 음식이다. 식재료를 날것 그대로만 먹기보다 다양한 방법으로 조리하여 먹는 것이 요리의 묘미가 아닐까? 여수의 서대가 요리가 무엇인지 보여 주고 있다. ●홍경수

바다의 푸아그라, 삼치 선어 회

누구나 어릴 때 맡아 본 비린내를 기억할 것이다. 그 어떤 냄새보다 비린내는 강렬하다. 도시에서만 자란 이들에게는 특히 더한데, 잠자던 후각을 확 뒤집어서 원시의 생생함을 일깨운다고나 할까. 어머니가 김장을 담글 때 녹슨 드럼통에서 한 대접 퍼 두었던 새우젓, 어린 코를 강렬하게 자극했던 그 냄새가 아직도 생생하다. 연탄불 위에서 바삭바삭 껍질이 일어나며 익어 가던 고등어 냄새, 여름철 여행길에 들른 어촌 부둣가, 경매에도 오르지 못하고 선창에 버려져 상해 가던 잡고기의 쾨쾨한 비린내를 잊지 못한다.

삼치구이는 주머니 사정이 좋지 않은 대학생에게 좋은 안줏거리가 돼 주었다.

가난한 대학생의 든든한 안줏거리, 삼치구이의 추억

항구도시 인천에서 태어났기에 어릴 적 밥상에는 생선 반찬이 자주 올랐다. 석쇠에 잘 구운 조기를 젓가락으로 헤집으면 김이 확 솟는 흰 살이 그렇게 반가웠다. 운이 좋으면 알을 배서 아랫배가 두툼한 놈이 내 차지가 될 때가 있었다. 한참 놀다가 들어와 알만 쏙 꺼내 먹고 남겨 둔 조기를 뒤집어 먹을라치면 비린내가 역해서 젓가락을 내려놓은 적이 많았다. 식었을 때 비린내는 고등어가 조기보다 더 심했다. 임연수어도 만만치 않았다. 뜨거울 때가 아니면 생선은 쳐다보지도 말자. 비위가 약했던 필자는 그렇게 마음먹었다.

그러다가 삼치를 처음 먹어 보게 됐다. 고등학교 3학년, 대입학력고사를 마치고 원하던 대학에 붙고 난 뒤였다. 인천 구도심의 허름한 선술집 골목. 합격을 축하해 준 선배는 이제 예비 대학생이 됐으니 공식적으로 막걸리 한 잔 들이켤 자격이 있다면서 술과 안주를 시켰다. 구수한 기름 냄새를 풍기면서 노릇하고 두툼한 생선구이 몇 토막이 나왔다. 낑낑대며 잔가시를 발라내 밥숟가락에 얹어 먹던 꽁치, 갈치, 고등어와는 차원이 달랐다. 아직 김이 모락모락 솟아오르는 생선 토막이 제법 큼직했다. 젓가락으로 뭉텅 뜯어내 입에 넣어도 될 정도로 살점도 풍성했다. 가시도 이쑤시개처럼 길고 굵었다. 눈에 선하니 발라내기도 쉬웠다. 익숙하지 않은 막걸리를 한 모금 마시고 입에 넣은 그 생선 살점은 그렇게 달디 달 수가 없었다. 술보다 안주발을 더 열심히 세워도 커다란 살집은 장정들의 젓가락질을 넉넉히 견뎌 냈다.

한참 선배의 얘기를 듣다가 무심코 식은 생선 살점을 입으로 가져가며 또 한 번 놀랐다. 비린내가 거의 나지 않았다. 식은 고등어를 뜯으려다 포기했던 기억과 비교됐다. 그 뒤로 대학 시절 내내 그 생선, 삼치를 좋아하게 됐다. 삼치는 주머니 사정이 좋지 않은 대학생에게 좋은 안줏거리가 돼 주었다. 하지만 대학을 졸업하고 직장인이 된 후 참치 회 등 다양한 해산물을 접하면서 삼치에 대한 좋은 기억은 자연스럽게 뒷전으로 밀렸다. 여수에 여행 오기 전까진 말이다.

삼치가 서민의 생선이 된 이유

치 자 붙은 생선 치고 맛없는 놈이 없단다. 삭힐수록 입맛을 끄는 썩어

서민의 밥상에 반찬으로 오르던 생선 치고 덩치가 삼치만 한 놈이 드물다.

도 준치, 연탄불에 구수하게 구워 먹는 저녁 반찬 꽁치, 무와 함께 졸여 먹는 갈치, 회의 맛을 가르쳐 준 넙치(광어), 볶아 먹고 국물도 내는 멸치, 꾸덕꾸덕 말려 먹는 술안주 쥐치. 그리고 여수에서 회로 먹는 삼치가 있다.

  삼치는 농어목 고등엇과 물고기로 크기는 고등어보다 훨씬 크다. 서민의 밥상에 반찬으로 오르던 생선 치고 덩치가 삼치만 한 놈이 드물다. 꽁치나 조기는 한 마리 통째로 구워서 식탁에 올리는 반면 삼치는 그 큰 몸을 여러 토막 내서 굽거나 졸여야 한다. 길이가 1미터는 돼야 삼치라는 이름이 부끄럽지 않다. 크기가 작은 삼치는 아예 이름도 다르다. 전라도에선 작은 놈을 '고시'라고 부른다.

치 자가 붙어 맛있다는 건 알겠는데, 왜 하필 이름이 삼치일까? 그 유래가 궁금했다. 서유구의 『전어지』를 찾아보니, 삼치를 설명한 대목이 재미있다. 우리 옛 기록에 등장하는 물고기 중 삼치처럼 특정 계층의 호불호가 분명히 밝혀진 물고기도 없다.

> 삼치 또는 마어(麻魚)
> 북쪽 사람들은 마어라 부르며 남쪽 사람들은 망어(䰶魚)라고 부른다. 어가에서는 즐겨 먹으나 사대부 집안에선 부엌에 잘 들이지 않는다. 그 이름을 싫어하기 때문이다.
>
> ─서유구, 『전어지』 중에서

麻는 전통 옷감 삼베의 원료인 일년생 식물 '삼'을 뜻한다. 삼의 줄기 껍질을 말려서 찢어 내면 실이 되고 그 실로 옷감을 짜면 삼베가 된다. 초상이 나면 상주가 입는 거칠고 누런 옷이 삼베옷이다. 삼치의 '삼'은 麻의 우리말 뜻을 읽은 훈독인 셈이다. 왜 식물인 삼에 빗대서 이 물고기의 이름을 붙였을까? 한참 머리를 갸웃거리며 그 연관성을 짐작해 보았으나 알 도리가 없었다.

그러다가 식물도감의 삼과 어류도감의 삼치 사진을 함께 보고 둘이 비슷하게 생겼음을 알아차렸다. 삼치와 삼 잎사귀는 그 윤곽만 놓고 보면 아주 유사하다. 삼치는 조기나 고등어 같은 생선보다 몸통이 훨씬 더 길쭉하고 호리호리하다. 삼 잎사귀도 삼치 몸통처럼 아주 갸름하다. 가늘고 뾰족하다 하여 피침형(披針形, 식물학 용어로 바늘처럼 생겼다는 뜻) 잎이다. 그러니까 물고기가 삼 잎처럼 생겼다 하여 삼치라 하지 않았을까? 이건 문헌의 뒷받침이 없는 필자의 순수한 추리다. 참고만 하시라.

망어라는 말은 어디서 나왔을까? 망어는 마어 발음을 쉽게 하려고 ㅇ 음소를 추가한 것이다. 그런데 어라, 뜻이 좋지 않은 亡, 亽 자와 음이 같다. 까다로운 사대부들은 먹기를 꺼렸고 아래 상것들은 쾌재를 불렀다. 맛있는 삼치를 맛볼 차례가 돌아왔으니 말이다. 그 이름 덕분에 삼치는 서민의 음식이 될 수 있었다.

한·중·일 세 나라의 삼치 먹는 법

일본에서는 삼치를 鰆이라 쓰고 사와라라고 읽는다. 물고기 어(魚)에 봄 춘(春) 자를 쓴 게 재미있다. 아닌 게 아니라 간사이 지방 사람들에게 삼치는 봄을 알리는 물고기다. 일본에서 삼치가 주로 잡히는 어장은 혼슈, 시코쿠, 규슈로 둘러싸인 세토 내해다. 남쪽 바다에서 겨울을 보낸 삼치 떼가 봄이 되면 잔잔한 내해 연안으로 몰려든다. 산란을 하기 위해서다. 삼치가 찾아오는 봄이면 미식가들의 얼굴엔 홍매화같이 발그레한 화색이 돈다.

삼치는 해산물 위주인 일본 식단에서도 기본 재료에 속한다. 특히 간사이 지방이 그런데, 조림과 찜은 물론이고 회, 초밥 등 다양한 방식으로 먹는다. 굽는 방식은 지역마다 천차만별이다. 생선구이가 기본 밥반찬이라서 그럴 것이다. 소금구이는 기본 중의 기본이고, 교토산 된장을 발라 구운 것, 유자즙과 간장에 담갔다 굽는 유안야키, 간장·술·미림 등 양념을 넣고 수분이 다 사라질 때까지 졸이는 이리야키 등이 있다. 간사이 지방에서도 오카야마 현이 삼치 소비의 1번지인데, "삼치의 시세는 오카야마에서 정해진다."라는 말이 있을 정도다.

중국에서는 삼치를 바유(鲅鱼), 마이지아오유(马鲛鱼), 얀유(燕魚)라고 부른다. 겨울에 남해 거문도, 제주도 바다에 머물던 삼치 떼는 6~8월이 되면 알을 낳기 위해 산둥 성 부근의 서해, 산둥반도 북쪽 내해인 보하이 만까지 북상한다. 보하이 만은 중국의 수도 베이징과 가깝고 고대 연나라 영토와 인접한 바다이다. 베이징의 옛 이름도 연경(燕京)이다. 삼치는 옛 연나라 인근에서 잡히기 때문에 연나라 물고기, 얀유(燕魚)로 불리는 것이다.

서해권 중국인은 삼치를 어떻게 먹었을까? 국내에서 구할 수 있는 문헌을 확인해 보면 한국, 일본과 사뭇 다름을 알 수 있다. 중국 전토를 여행하며 각지의 민속과 풍습, 요리를 기록한 치우환싱의 증언을 들어 보자. 그는 산둥반도 룽청 시 다유다오에서 한 어부의 푸짐한 저녁 대접을 받았다.

(어부) 송 씨의 아내와 며느리들은 제각각 마당에서 생선을 저미며 소를 만들어 만두를 빚으랴 부엌에서 음식을 만들랴 부산했다. (……) 잠시 후 요리 여덟 접시와 탕 한 그릇이 밥상에 올랐다. 삶은 삼치에서 홍소어단(紅燒魚團), 해파리냉채에서 조개탕까지 모두가 이곳에서 나는 것으로 말 그대로 해산진미였다. (……) 주식은 삼치 살을 넣은 만두이다. 돼지고기를 넣은 만두와 비교하여 맛이 한결 좋다. 함께 갔던 사진기자 노 군이 너스레를 떨었다. "이걸 먹어 보니 다른 만두는 먹고 싶은 생각

도 없네요."

——치우환싱, 남종진 옮김, 『중국 풍속 기행』

(프리미엄북스, 2000) 중에서

해산물을 좋아하는 사람은 읽는 것만으로도 입에 군침이 도는 상차림이다. 홍소어단, 즉 홍샤오러우뒤안은 산사나무 열매인 산사자(山査子, 아가위)와 간장, 술을 넣고 오랜 시간 졸인 어묵을 말한다. 중국에는 우리의 소고기 장조림에 해당하는 돼지고기 장조림 홍샤오러우(紅燒肉)가 있다. 홍샤오러우뒤안은 고기(肉) 대신 물고기로 만든 조림이다. 산사 열매 색깔이 붉기 때문에 국물이 졸아들면서 고기나 어묵이 붉게 물든다. 그래서 '홍소'다.

치우환싱이 대접받은 상차림의 대표는 삼치다. 삶아서 내놓고, 살을 저며서 만두로 만들어 내놓았다. 삼치 살은 부드럽고 잘 부서지기 때문에 다져서 소를 만들기 쉽다. 씹히는 질감도 돼지고기보다 훨씬 부드럽고 맛도 담백하다. 쌀밥이나 면이 아니라 삼치 만두가 주식이니 밀가루 만두피로 탄수화물을, 삼치 살로 단백질을 보충하는 식단이다. 바닷가 사람다운 현명한 선택이랄까.

산둥 지역의 삼치 요리는 서울의 화교 음식 거리에서 맛볼 수 있다. 한국의 화교는 거의 산둥 성 출신이란 건 잘 알려진 사실. 연남동의 오래된 중식당 홍복, 구가원 등에서는 메뉴에 삼치 만두를 올린다. 두꺼운 만두피를 갈라 속을 보면 큼직큼직하게 썬 부추의 풍성한 녹색과 삼치의 살색이 묘하게 어우러져 있다. 부추의 비율이 높아 삼치 맛이 잘 느껴지지 않는 게 아쉽다. 하지만 어쩌랴. 원조 산둥 성 삼치

화교 음식 거리인 서울 연남동 등에 가면 산둥 성 삼치 만두를 맛볼 수 있다.

만두를 당장 맛볼 수 없는 처지인 것을.

　우리 조상들은 삼치를 어떻게 먹었을까? 구이와 조림은 기본일 것이고 뭔가 색다른 요리법은 없었을까? KBS에서 방영하는 「한국인의 밥상」 '대물이 돌아왔다! 거문도 삼치' 편을 보고 의문이 풀렸다. 우리나라에도 중국이나 일본에 못지않은 삼치 요리법이 있는 걸 알고 흐뭇해졌다.

　여수에서 배로 두 시간 반 걸리는 거문도. 오래전 주변 바다에 삼치가 머무는 겨울 내내 어선들이 넘실댔다. 일본으로 수출할 만큼 엄청난 물량이 잡혔다. 인근 주민들은 1970년대의 삼치 호황을 행복하게 누렸다. 삼치가 넘치니 요리법도 다양해졌다.

싱싱한 삼치를 회로 먹는 것은 기본. 봄이면 섬에 지천으로 널린 쑥을 넣고 삼칫국을 끓인다. 전날 약주를 과하게 한 남편이 간을 해독할 수 있도록 엉겅퀴를 넣고 삼치 해장국을 준비한다. 굽는 방식도 일본과는 다르다. 한 달간 꾸덕꾸덕하게 말린 삼치에 양념장을 발라 숯불에 굽는다. 산둥 성처럼 만두도 빚는다. 삼치 살을 다져서 두부, 쑥과 버무려 완자까지 부친다. 그야말로 삼치의 성찬이다.

더 놀라운 건 삼치로 김치까지 담근다는 것이다. 어린 삼치를 토막 내고 푹 끓여 육수를 만든다. 거기에 찹쌀가루를 넣고 풀을 쑨 뒤 파, 마늘, 고춧가루 양념, 무채를 섞어 김치 속을 만든다. 천일염으로 절인 희멀끔한 배추 줄기에 걸쭉한 김치 속을 척척 쑤셔 넣는다. 그렇게 며칠을 묵히면 삼치 진국이 배어 들어간 김치가 익는다. 한 잎 쭉 찢어 입에 넣는 장면을 상상해 보라. 어떤 다른 반찬이 필요하겠는가? 이런 김치를 담가 먹는 건 삼치를 옆에 끼고 사는 섬사람들만의 특권이다.

방송을 보고 나서 부러운 마음에 며칠간 입맛을 다셨다. 거문도까지 갈 엄두는 안 나고 또 간다 한들 여염집에서 해 먹는 삼치 김치를 어디서 맛볼 수 있을지도 감감했다. 그 대안이 여수였다. 그래, 여수에 가 보자. 삼치 회라도 먹어 보자.

입안에서 살살 녹는 삼치 선어 회

함께 내려간 동생 가족과 유명한 선어 횟집에 자리를 잡고 주문을 했다. 한 접시에 6만 원 하는 선어 회에는 철에 따라 자연산 광어, 병어가

여수 시장에서는 거대하고 싱싱한 삼치를 직접 볼 수 있다.

함께 오른다. 그 가운데 주연은 단연 삼치. 주방에는 돌산도 끝 임포항에서 잡힌 삼치가 얼음 포장 속에 누워 있다. 반쯤 냉동된 삼치는 분명 죽었건만 속살은 잠시 가수면(假睡眠) 상태다. 솜씨 좋은 주방 칼잡이가 1미터도 넘는 큰 놈을 등뼈를 중심으로 수평으로 반 가른다. 이등분된 몸통을 다시 반으로 길게 자른 뒤 사선으로 칼질한다. 광어야 워낙 납작한 놈이라 살을 얇게 뜰 수밖에 없다. 반면 삼치는 몸집이 제법 커서 삼각형으로 알맞게 자르면 접시에 세워 놓을 수도 있다.

자연산 광어회와 함께 삼치 회가 접시에 수북이 담겨 나왔다. 제일 눈에 띄는 건 색상이다. 연한 주황색의 연어 살, 붉은 참치 살과 달리 삼치 살은 은은한 연분홍빛이다. 지방이 많은 배 쪽으로 갈수록 분홍빛이 진해진다. 살점과 살점 사이의 결이 굵고 그 사이도 넓어서 시원시원해 보인다. 삼치 뱃살 한 점을 집어 입안에 넣어 봤다. 아직 냉기가 남아 있다. 서양식 얼음과자 셔벗을 한입 베어 물었을 때처럼 혀와 입 안벽이 살짝 얼얼하다. 잠시 후 혀 위에서 체온에 데워진 뱃살의 지방이 풀리기 시작한다. 고소하게 녹아내리는 살 조각. 미지근하게 달궈진 프라이팬 위에서 용해되는 버터 같다. 프랑스에 갔을 때 먹어 본 세계 3대 진미 중 하나인 푸아그라 같다. 거위 지방간인 푸아그라는 동물성 비린내가 잔향처럼 남는다. 삼치 뱃살은 생미역에서 연하게 풍기는 바다 향기를 낸다. 참치 대뱃살(오토로)이 너무 기름져 입안에서 허무하게 녹아 버린다면 삼치 뱃살은 육질의 근성을 잃지 않으면서 부드럽게 혀 위에서 저항한다. 낚싯줄을 당기자마자 바로 투항해서 끌려오는 물고기보다 여러 번 파닥이며 제법 뻐근한 손맛을 보게 해 주는 물고기가 더 맛난 것처럼 말이다. 거문도엔 못 갔지만, 그 문턱에 발을 걸친 기분이랄까. 중국산 냉동 삼치구이만 먹어 본 미각이 제대로 호강한 날이었다.

맛 좋은 삼치의 비밀, 동족 포식으로 축적된 지방

삼치에는 어쩌다 그렇게 맛 좋은 지방이 쌓였을까? 고등엇과인 삼치의 먹이사슬을 보면 그 이유를 추측할 수 있다. 물고기는 동족 포식을 많이 하는 편이다. 산란하여 부화하는 알이 기본 수십만 개에 달하니 개체 수를 조절하고 생존 개체의 영양분을 확보하기 위한 진화론적 선택이라고 한다. 삼치 400여 마리의 위를 분석한 결과를 보니 어린 삼치는 자기보다 작은 동족을 먹이로 한 경우가 많았다.(박주면, 2006) 몸이 커진 삼치의 주 먹이는 고등어. 같은 과인 고등어를 유별나게 맛있게 먹어 치운다. 고등어는 삼치보다 몸집이 작으니 먹잇감이 될 수밖에 없다. 울창한 나무들만 없다 뿐이지 바다도 일종의 정글이니 약육강식의 법칙이 엄연히 살아 있다. 고등어도 억울하달 수 없다. 고등어는 주로 멸치를 잡아먹는다. 맛이 좋기로 소문난 멸치―고등어―삼치로 이어지는 먹이사슬. 그 맨 꼭대기에 삼치가 있으니 삼치 뱃살이 살살 녹을 수밖에.

여수에서 삼치 회를 맛본 뒤 이십여 년 전 삼치구이 맛이 생각나 인천에 내려갔다. 삼치구이 선술집이 있던 구도심의 비탈 골목길은 어느새 재개발이 돼서 고층 건물이 들어섰다. 그 대신 동인천역 건너편 전동에 삼치 거리가 생겼다. 삼치구이를 시켰다. 한 접시에 6000원. 기름에 튀긴 삼치 세 토막이 올라왔다. 아직도 가격은 헐한 편이다. 그

비싼 삼치를 이렇게 많이? 아직도 냉동 중국산일까? 주인에게 물어보니 뉴질랜드산을 쓴다고 한다. 서민들 주머니 사정에 맞추려면 수입품을 쓸 수밖에 없단다. 역시 우리 바다에서 나온 삼치는 여전히 귀한 몸이군. 여수에서 맛본 삼치 회 맛이 입안에서 맴돌았다. 입맛은 참 냉정하다. 구이로 처음 만난 삼치의 맛은 아름다운 추억으로만 남았다. 바다의 푸아그라 맛을 알아 버린 입맛은 차원이 달라져 있었다. 그게 다 여수의 삼치 탓이다.

삼치 선어 회, 어디서 먹을까?

여수에서 삼치 선어 회로 유명한 집은 여럿 있다. 그중에서도 주인 할머니의 밑반찬과 양념장이 일품인 민들레집이 추천 1순위. 봉산동 게장 골목에 있다. 삼치, 민어, 병어를 한 접시에 내놓는다. 성의 없이 대충 썰어 올려놓은 것 같지만 한 점 입에 넣으면 생각이 달라진다. 장인만이 가진 회 숙성 솜씨다. 양파와 고추를 썰어 넣은 양념간장, 쌈장 모두 훌륭하다. 처음엔 회의 육질을 즐기다가 양념장에 찍어 먹길 권한다. 단점은 독립 공간이 없다는 것. 확 트인 온돌방, 다닥다닥 붙은 밥상에 앉아 옆자리에서 들려오는 시끄러운 소리를 감수해야 한다. 단골손님들로 늘 왁자지껄하다. 두 명이서 4만 원짜리 선어 회 소(小) 자를 시키면 삼치, 민어, 병어를 조금씩 맛볼 수 있다. 예약 필수.

구봉산 자락에 자리 잡은 동해선어는 전망이 좋다. 지은 지 얼마 안 된 2층 건물이라 독립 공간도 있다. 주인이 부리는 배에서 직접 잡은 삼치를 내놓는다. 두껍게 썬 삼치의 빛깔, 담겨 나오는 모양이 좋

삼치 선어 회 맛집 추천 1순위는 민들레집이다.
삼치, 민어, 병어를 한 접시에 내놓고 쌈장과 양념간장도 훌륭하다.

다. 맛도 훌륭하다. 가격은 민들레집보다 센 편. 차분한 분위기를 원하면 가 볼 만하다.

    회든 구이든 삼치를 원 없이 먹고 집에도 싸 갈 생각이라면 중앙동 이순신 광장 바로 옆에 있는 중앙 선어 시장으로 갈 것. 도매와 전국 택배 판매를 주로 하는 큼직한 가게들이 늘어서 있다. 집집마다 큼직한 삼치를 얼음에 재어 놓고 판다. 1미터가 넘는 큰 놈을 실한 가격에 살 수 있다. 한 마리 사면 적당한 크기로 토막 내서 아이스박스에 포장해 준다. 추천받은 근처 식당에 가져가서 회를 뜨거나 구워서 먹고 남는 것은 싸 간다. ●손현철

바다의 꿀, 여수 굴

 같은 음식인데도 식재료의 생산지, 요리 방식에 따라 경쟁 구도가 짜이는 경우가 있다. 두 지역이 서로 우리 것이 더 맛있다고 자랑한다. 전북 전주 비빔밥 대 경남 진주 비빔밥, 경남 언양 불고기 대 전남 광양 불고기, 전남 나주 영산포 홍어 대 목포 홍어가 그렇다. 같은 식재료임에도 자연환경에 따라 맛이 달라진다는 주장도 있다.
 대표적인 예가 전남 여수의 굴과 경남 통영의 굴이다. 두 지역에서 나오는 양을 합치면 우리나라 양식 굴의 총량이 될 정도로 여수와 통영은 굴 생산에서 쌍벽을 이룬다. 물론 생산량으로만 따지면 통영이 70퍼센트를 차지해 압도적인 우위다. 그래서일까, 십여 년 전부터 수도권에 많이 생긴 굴 국밥, 굴밥 집들은 맛의 보증수표처럼 통영 굴을 쓴다고 메뉴판에 표시했다. 아예 식당 이름에 '통영'을 넣은 집도 꽤 된다. 여수 굴을 쓴다고 간판을 내건 집을 본 기억은 없다. 그런데 굴 맛

산더미처럼 쌓여 있는 각굴.
전남 여수와 경남 통영은 대표적인 굴 생산지 라이벌이다.

을 좀 안다는 사람들은 여수 굴이 낫다고 한다. 과연 그럴까? 경상도 사람들은 굴을 '꿀'이라고 발음한다. 여수가 경남 남해와 바로 바다 건너 이웃이라 그런지 필자가 만나 본 여수 굴 양식장 사람들도 굴을 '꿀'이라 말했다. 바다의 꿀, 여수 굴은 무엇이 특별하단 말인가?

겨울에 피는 꽃, 굴

여름 여수에 가면 꼭 갯장어(하모)를 먹고, 겨울에 가면 굴과 삼치를 맛봐야 한다. 여수를 찾는 이들을 위한 미식 공식이다. 굴은 겨울 식품으로 추울수록 진가를 발휘한다. 서구에선 월(月) 이름에 R 자가 있는 서늘하거나 추운 달에만 굴을 먹어야 한다는 묵계가 있다. 기온이 높은 5월(May), 6월(June), 7월(July), 8월(August)에는 침이 목구멍에 딱 걸리더라도 굴 쪽엔 눈길도 주지 말란다. 그럴 만한 합리적인 이유가 있다. 굴은 따듯해지면 산란하기 시작하고 그 살이 쉽게 상한다. 식중독으로 고생할 확률이 높아진다.

요즘에야 의료 기술이 발달해 그런 일이 없지만 예전엔 여름에 굴을 잘못 먹고 비명횡사한 이들이 많았다. 『조선왕조실록』에 그 끔찍한 사례가 생생하게 기록돼 있다. 때는 1492년 음력 4월 28일 늦봄, 지금의 경남 사천 해안가 지역에서 굴(石花)을 잘못 먹고 무려 스물네 명이나 황천길로 갔다. 한두 명도 아니고 스물넷이나 죽은 것이 얼마나 끔찍하고 황당했던지, 이 사건을 보고한 경상도 관찰사는 '별안간 참혹하게 죽는다.'라는 뜻인 "폭사(暴死)"라는 단어를 사용한다. 사건의 원인에 대해 이런저런 설이 분분했던 모양인데, 한 신하가 복어(河豚)를 범인으로 지목했다. 복어가 굴 껍데기에 독이 든 알을 낳았을 것이라는 추측이다. 『조선왕조실록』이 그 후 진전된 내용을 언급하지 않아 사고의 원인은 미궁에 빠졌지만, 어쨌든 여름 굴은 삼가야 할 음식임엔 두말이 필요 없다.

카사노바는 왜 그리 굴에 집착했는가

한반도의 굴 식용 역사는 아주 오래됐다. 굴이 해양 단백질을 보급하는 데 차지하는 비중도 컸다. 부산 동삼동의 신석기시대 패총에서 마

굴은 고대부터 현재까지 꾸준히 사랑받아 온 식재료다.

흔 두 가지 어패류 흔적이 발굴됐는데 그중 굴과 홍합 껍데기가 가장 많았다. 일본의 패총도 구성 비율이 비슷하다. 굴이 압도적으로 많다. 굴이 조수 간만의 차로 자주 노출되고 쉽게 채취할 수 있었기 때문이다. 굴은 선사시대부터 해안가 주민들에게 인기 있는 즉석식품이었다. 바위에 붙은 놈을 껍데기만 까서 먹으면 됐으니 말이다. 짭조름하게 간까지 더할 나위 없이 좋았다.

다른 지역의 인류도 굴 맛을 일찍부터 알았다. 우윳빛 윤기가 나고 신선한 과육처럼 입안에서 터지는, 짭짤한 미나리 향까지 나는 바다의 별미에 누가 저항할 수 있었겠는가. 고대 인류는 자연산 굴을 채취하는 것에 그치지 않고 양식까지 했다. 기원전 5세기 그리스 학자

크세노크라테스는 바다로 흘러가는 강어귀가 굴 양식에 제일 좋다고 기록했다. 로마인들도 지중해에서 굴의 유생을 가져다 강이나 호수에서 양식했다. 당시 로마의 식민지였던 영국의 굴이 크게 인기를 끌어서 배로 실어다 먹을 정도였으니 양식을 마다할 이유가 없었다. 로마 최초의 굴 양식업자는 그 이름까지 알려졌다. 로마의 백과사전에 해당하는 『박물지』를 쓴 학자 플리니우스는 세르주스 오라타라는 자가 큰돈을 벌려고 굴 양식을 시작했다고 증언한다.

굴을 사랑한 사람 중 제일 유명한 이는 18세기 이탈리아의 작가이자 바람둥이인 카사노바다. 굴에 대한 그의 집착을 문헌학적으로 조사해 보면 재미있다. 한 작품에서 특정 단어를 사용한 횟수를 세어 보면 작가의 주된 관심사가 무엇인지 정량적으로 파악할 수 있다. 영국의 대문호 셰익스피어를 비교의 기준점으로 삼아 보자. A4 용지로 5700쪽에 달하는 셰익스피어의 전(全) 작품에서 굴(oyster)이라는 단어는 여덟 번밖에 나오지 않는다. 그것도 비유 대상으로 등장할 뿐 굴을 먹는 행위를 묘사한 적은 없다. 반면 3600쪽이 넘는 카사노바의 자서전에는 굴이 정확하게 쉰 번이나 등장한다. 카사노바는 주로 저녁에 잠자리를 함께할 여성들과 굴을 엄청나게 먹어 댔다. 둘이서 쉰 개는 기본이고 셋이서 백 개를 금방 넘겼다. 주로 샴페인, 펀치(술과 과일 주스를 섞어 만든 음료)와 함께 굴을 날로 먹었는데 그중 가장 인상적인 장면은 이렇다.

우리(카사노바와 그의 정부)는 펀치를 만들고 관능적인 연인들의 방식으로 굴을 먹으며 즐겼다. 그녀의 혀 위에 굴을 올려놓은 뒤 내가 빨아 삼키고 내 혀 위의 굴은 그녀가 먹는다. 육감적인 독자여, 한번 해 보시라. 이것이 바로 신들의 넥타(그리스의 신들이 마셨다는 음료)이다.

— 카사노바, 『카사노바 자서전』(구텐베르크 프로젝트) 중에서

*괄호 안 내용은 필자 주

이렇게 같이 굴을 먹고 난 뒤 두 사람이 보다 실제적인 쾌락을 즐겼음은 물론이다. 카사노바뿐만 아니라 많은 유럽인은 굴이 남성의 성적 능력을 강화해 준다고 믿었다. 굴의 영양 성분을 분석해 보면 타당성이 있는 주장이다. 굴이 많이 함유한 대표적인 영양소가 아연이다. 굴의 아연 함량은 100그램당 750밀리그램으로 소고기보다 열세 배, 돼지고기보다 스물아홉 배나 많다.(Benjamin Caballero ed. Encyclopedia of Human Nutrition, 2005) 아연은 인체 내 DNA 합성, 단백질 합성, 세포 분할과 성장에 중요한 역할을 하는 영양소다. 학자들에 따르면 아동기 때 신체에 아연 공급이 부족하면 생식기능이 발달하지 못하고 신장이 1미터 이상 자라지 않는 크리티니즘(난쟁이 병)이 생기는 것으로 밝혀졌다. 아연은 수정된 인간 배아의 분열과 성장에도 큰 역할을 한다. 임신부에게 아연이 부족하면 기형아 출산, 조산의 위험이 높아진다. 무엇보다도 아연은 남성 생식기능에 필수적이다. 남성의 정자 형성 과정은 아연에 크게 의존한다. 칼륨, 칼슘과 함께 정액을 구성하는 주요한 무기질이기도 하다. 카사노바가 왜 그렇게 굴에 집착했는지 이해가 간다. 유럽에서 굴은 난봉꾼들의 필수 식품이었던 것이다.

자연산에서 양식 굴로, 순식간에 훑어보는 굴의 역사

요즘 흔히 먹는 굴 국밥이나 굴전에 들어가는 굴, 일식집과 뷔페에서 껍데기째 나오는 생굴은 모두 종류가 같은 양식 굴이다. 이 알이 굵고 큼직한 놈을 참굴이라 부른다. 그 외에도 전 세계적으로 굴과 아래에 수십 종류가 더 있다. 한반도 해안가엔 참굴 말고도 가시굴, 갓굴, 토굴 등 여러 종이 서식한다.

간만의 차가 큰 서해안 지역에선 바위에 달라붙은 알이 잔 굴을 채취해서 먹는다. 알이 어리고 작다 해서 어리굴이라 한다. 충남 서산, 천북, 간월도 등에서 고춧가루를 넣고 담근 어리굴젓이 유명하다.

아시아인들이 주로 먹는 양식 참굴은 학명으로는 Crassostrea gigas, 영어로는 Pacific oyster(태평양 굴)이다. 라틴어 학명에 거대하다는 뜻인 gigas가 붙은 걸 보면 다른 굴보다 큰 종이라는 걸 짐작할 수 있다. 유럽과 미국에서는 학명이 Crassostrea virginica이고 일반적으로 대서양 굴 또는 버지니아 굴이라 부르는 놈을 주로 먹는다. 미국 동부 버지니아 주 해안을 중심으로 캐나다, 미국, 남미의 동남 대서양이 주 서식지다. 태평양 굴은 15센티미터까지 자라는 반면 대서양 굴은 평균 크기가 8센티미터이다. 태평양과 대서양의 굴 크기를 비교해보면 아시아 사람들이 먹을 복이 있는 셈이다.

우리 조상들은 굴을 석화(石花)라 했고 중국에서는 모려(牡蠣)라고 불렀다. 왜 하필 석화, 즉 돌꽃이었을까? 두 가지 설이 있다. 굴의 유생이 바닷가 바위에 정착해 작은 껍데기를 만들기 시작할 때 멀리서 보면 꼭 바위에 꽃이 핀 것 같다고 해서 돌꽃이라 했다는 설이 첫

째다. 성숙한 굴의 위 껍데기(우각(右殼))를 깨고 알을 발라내면 바위에는 속이 하얗게 빛나는 아래 껍데기(좌각(左殼))만 남는다. 햇살이 비칠 때 다닥다닥 붙어 있는 이 껍데기들을 멀리서 보면 꼭 꽃이 피어 있는 것 같다. 그래서 석화라 했을 거라는 설이 둘째다. 『동의보감』 같은 우리 옛 문헌에도 중국식 모려라는 표현이 나오긴 하지만 석화를 더 많이 사용했다. 중국에서는 석회암 동굴에 기암괴석처럼 자란 종유석을 가리킬 때 석화라는 말을 쓴다. 굴에 붙인 이름만 놓고 보자면 우리 조상들이 훨씬 운치를 알았던 것 같다.

    1123년 고려에 사신으로 왔던 송나라의 서긍은 『고려도경』에 "굴과 조개는 썰물 때 사람들이 열심히 주워도 없어지지 않을 정도로

여수에서는 가리비나 굴 껍데기를 매달어 바닷물에 내려놓는 수하식으로 양식을 한다.

많다."라고 기록했다. 카사노바처럼 여색을 밝혔던 조선 연산군 역시 굴을 좋아했던 모양이다. 왕의 환심을 사려고 신하가 굴을 구해다 바치는 일까지 있었을 정도다. 피비린내가 진동했던 무오사화의 단초를 제공하고 연산군의 총애를 받았던 간신 유자광은 왕의 마음을 계속 잡아 두려고 굴과 전복을 구해서 바쳤다. 왕에게 국정의 잘못을 간했던 사간원 관리들에게 유자광의 그런 행동이 곱게 보일 리 없었다.

기미년 1월 13일에 사간원 정언 윤은보가 "요사이 유자광이 석화, 생복(生鰒) 따위 물건을 사사로이 바쳐서 임금의 은총을 굳히기를 바라니, 그 간사함이 아주 심합니다. 먼저 자광의 아첨한 죄를 다스려서 간신이 총애를 굳히려는 생각을 징계하소서."라고 아뢰었다.

—『조선왕조실록』 연산군 11년(1505년) 2월 8일 기사 중에서

조선 시대 사람들이 자연산 굴만 먹었던 것은 아니다. 초보적인 수준의 굴 양식도 행해졌다. 『조선왕조실록』을 보면 굴을 따는 막(石花幕)에 세금을 물린 것을 알 수 있다. 자연 상태의 굴 유생은 바닷가의 큰 바위나 돌에 붙어 성장한다. 이것을 안 어촌 사람들이 조수 간만의 차가 있는 갯벌에 대나무, 돌멩이, 굴 껍데기 등을 깔아 놓고 굴 유생을 붙여 키웠다.

한반도에서 굴 양식은 1960년대 말부터 본격적으로 시작됐다. 수심이 낮고 조수 간만의 차가 큰 서해안에서는 유생이 달라붙을 돌을 양식장 바닥에 설치하는 바닥식(투석식)으로 양식을 한다. 조수 간만의 차가 작고 비교적 깊은 수심이 유지되는 남해안에서는 단단한 밧줄에다 가리비나 굴 껍데기를 매달고 바닷물에 내려놓는 방식을 사용한다. '아래로 드린다'고 해서 이를 수하(垂下)식이라 한다. 국내 굴 생산량의 대부분을 차지하는 통영과 여수에서 이 방식을 쓴다.

2009년 기준 국내 양식 굴 생산량은 24만 톤으로, 350만 톤을 생산한 중국에 이어 세계 2위를 차지했다. 일본, 미국, 프랑스를 제치고 굴 생산 대국으로 우뚝 선 것이다. 우리가 주로 먹는 참굴 생산량은 중국보다 앞서서 단연 1위다.

중국은 300만 톤이 넘는 굴을 양식해서 어떻게 활용할까? 다양한 요리에 활용되지만, 많은 양이 식품 공장에서 굴 소스를 만드는 데

쓰인다. 중국의 굴 소스 생산량은 세계적이다. 슈퍼마켓에 가면 우리에게 익숙한 이금기 표 말고도 다양한 중국산 굴 소스가 즐비하다. 20세기 초 남부 광둥 성에서 개발된 굴 소스는 안 들어가는 중국 요리가 없는 기본 조미료이다. 일본 요리에 곤부, 즉 다시마 추출물이 빠지지 않는 것처럼 말이다.

왜 굴 소스가 맛을 내는 데 쓰일까? 굴에 감칠맛을 내는 글루탐산이 가장 많이 함유되어 있기 때문이다. 글루탐산은 조미료의 기본 물질인 글루타민산나트륨, 즉 MSG의 한 성분이다. 인류가 고대부터 굴에 매료된 화학적인 이유가 있었던 것이다.

여수 굴은 왜 유난히 맛이 깊고 진할까?

그럼 17번 국도를 타고 '꿀밭'으로 가 보자. 17번 국도는 여수반도를 대각선으로 관통하여 돌산 대교의 주탑 밑을 지난다. A 자로 멋지게 상승하는 돌산 대교 주탑은 여수의 대표적인 볼거리다. 십 분쯤 달리면 돌산읍 우두리를 지나 평사리가 나온다. 도로 표지판에 적힌 지명이 심상치 않다. 이름하여 안굴전. 안쪽에 있는 굴 밭이란 말인가? 길 양쪽의 가막만은 잔잔한 호수 같다. 여기가 여수 굴 양식장이 몰려 있는 곳이다.

얕은 바다에 철봉 같은 구조물이 몇 열 종대로 박혀 있다. 썰물 때에 맞춰 가면 밧줄로 엮어 놓은 굴 껍데기가 주렁주렁 매달린 것을 잘 볼 수 있다. 찰랑이는 파도를 밟으며 카메라 줌렌즈로 당겨 보니 꺼칠꺼칠한 굴 껍데기가 생생하다. 열어 보지 않아도 속 알맹이가 실할 것 같다.

길 주변으로 '생굴 작업장', '굴 어장막' 간판을 단 푸른 지붕 패널 건물들이 늘어서 있다. 여기서 결정해야 한다. 가스 불로 데운 철판에 직화로 구운 굴을 먹으려면 안굴전으로 좌회전해야 하고, 바닥에 물을 자작하게 깔아 쪄 낸 굴을 먹으려면 평사리, 금봉리까지 내려가야 한다. 겉살이 노릇하게 익고 살짝 바삭한 걸 좋아하면 직화 구이, 굴 본연의 맛을 살려 촉촉하고 물컹한 걸 좋아하면 찜을 택하면 된다.

다큐멘터리 PD의 직업 본능이 발동했는지, 먹기에 앞서 실제 굴을 어떻게 수확하고 처리하는지 보고 싶었다. 아는 분에게서 소개받은 굴 양식업자를 찾아갔다. 문을 열고 들어가니 쪼시개(조새, 쇠로 만든 갈고리. 굴을 따거나 까는 데에 쓰인다.)로 위 껍데기를 찍고 떼어 내는 소리가 요란하다. 이렇게 양식과 판매를 함께 하는 소규모 양식장에 가면 바로 깐 굴을 맛보고 싸게 살 수도 있다.

작업 중인 아주머니가 방금 깐 굴 한 점을 건네주었다. 입안에 꽉 찰 정도로 알이 굵다. 탄력 있게 물컹 씹히는 육질이 인상적이다. 두세 입 갈라서 씹자 미나리 향이 섞인 듯한 강한 굴 냄새가 콧속 깊숙이 올라온다. 서울 시장에서 물이 가득 찬 비닐봉지에 담겨 팔리는 굴과는 비교가 안 될 정도로 진한 맛이다. 수도권에 올라오는 굴의 대부분은 통영산이다. 그럼 이런 강렬함은 여수산 굴에서만 맛볼 수 있단 말인가?

여수나 통영 모두 수하식으로 굴을 키우는데 맛의 차이가 있다는 주장이 과연 타당할까? 가두리 양식장에서 키우는 광어나 우럭은 사료의 질에 따라 영양 상태와 맛이 달라진다. 반면 양식 굴은 밧줄에

여수시 돌산읍 평사리 안굴전에 굴 양식장이 몰려 있다.

매단 껍데기에 굴 유생을 붙인 후 바다에 담가 놓기만 하고 따로 사료를 주지 않는다. 어디서 차이가 생기는 것일까? 굴도 포도주처럼 포도가 자라는 기후와 토양, 즉 테르와르(terroir)에 따라 맛과 품질이 달라지는 것일까?

여수에서는 여수반도와 돌산도, 금오도 등으로 둘러싸인 잔잔한 내해인 가막만에서 대부분 굴 양식이 이뤄진다. 통영 역시 고성반도와 한려수도의 섬으로 둘러싸인 한산만이 주 양식장이다. 하지만 지도를 자세히 들여다보면 해양 환경 차이를 확연하게 알 수 있다. 통영 한산만은 남해 쪽으로 훨씬 트여 있다. 여수 가막만은 오밀조밀한 섬으로 에워싸여 있어 마치 호수처럼 보인다.

2012년 국립수산과학원이 펴낸 『굴 수하식 양식 표준 지침서』를 보면 대표적인 굴 양식장인 두 만의 차이를 해양과학적으로 조사한 결과가 나온다. 과학 영농을 위해 어떤 땅의 생산력(지력(地力))을 따질 때 그 토양에 포함된 무기질, 유기질 영양 성분을 분석하는 것처럼 수산학자들도 바다의 기초 생산력을 조사한다. 이때 가장 중요한 요소가 바다에 포함된 식물성플랑크톤 양이다. 식물성플랑크톤은 해양생태계의 먹이사슬에서 맨 아래층을 형성하는 기초 생산자로, 태양광을 이용해 바다의 무기물질을 유기질로 전환한다. 각 바다의 연간 기초 생산력을 보면, 통영 거제·한산만이 222, 서해 경기만이 320, 여수 가막만이 334로 가장 높았다. 굴이 섭취할 영양 성분이 여수 가막만에 가장 많다는 뜻이다.

게다가 가막만은 간조 수심이 8미터, 만조 수심이 12미터로 한산만보다 얕고 조수 간만의 차도 더 크다. 갯벌도 더 발달해서 굴의 먹이가 되는 미생물이 번성하기에 유리한 지형 조건이다. 이로써 객관적인 조건의 차이를 확인한 셈이다.

서식 환경을 비교한 수치만 보고 여수 굴의 손을 들어 줄 만큼 무모하지는 않다. 여건이 된다면 이런 제안을 해 볼까 한다. 미식가뿐 아니라 일반인도 수긍할 만한 방식으로 굴 맛을 평가하는 거다. 포도주 블라인드 시음처럼. 내로라하는 미식가들이 눈을 가린 채 여수와 통영 굴을 먹어 본다. 다른 나라 굴도 참가시키고 국가 대표 카사노바들을 특별 시식자로 앉힌다. 재미있는 이벤트가 될 것 같지 않은가?

야생의 맛 직화 구이 vs. 부드러운 맛 찜

통영의 대표적인 굴 요리가 굴 국밥이라면 여수의 대표 선수는 굴구이다. 필자가 여수 굴구이를 처음 만난 것은 2007년 겨울. 취재 차 여수에 내려갔다가 돌산도에 위치한 어느 굴 양식업자의 작업장을 방문하게 됐다. 한쪽에는 낮에 딴 굴이 산더미처럼, 또 다른 쪽엔 굴을 포장할 스티로폼 박스가 차곡하게 쌓여 있었다. 소파가 놓인 휴게실에서는 갈탄 쇠 난로가 찬 공기를 데워 주었다. 해가 일찍 넘어가 저녁이 되자 주인은 일하다 말고 굴을 한 삽 퍼서 난로 위에 올리는 게 아닌가. 얼마 지나지 않아 구수한 냄새가 나면서 굴 껍데기가 달아오르고 육수가 흘러나와 지글거리기 시작했다. 그날 밤, 굴구이가 그렇게 맛있는 줄 태어나서 처음으로 알았다.

대규모 기업적 양식을 하는 통영과 달리 여수의 굴 양식은 소규모다. 굴을 까는 일도 아주머니 서너 명이 앉아서 한다. 통영에는 컨베이어 벨트가 돌아가는 대규모 박신장(굴 껍질을 까는 작업장)이 따로 있다. 그래서인지 여수의 굴 양식장은 분위기가 더 가족적이다. 작업장에서 굴구이를 해 먹기도 하고 손님에게 내놓기도 한다.

안굴전 직화 구이촌에 가면 소규모 굴 양식장들이 직접 운영하는 식당들이 몰려 있다. 굴구이 대·중·소 자 중 하나를 골라 시키면 한 쟁반 푸짐하게 굴이 껍데기째 나온다. 껍데기를 까지 않은 굴을 여기선 '각굴'이라 부른다. 살만 쏙 빼내면 '알굴', 뚜껑만 떼 내면 '하프셀'이다. 한 줄에 가스 구멍이 서른 개 정도 난 파이프가 두 개, 그 위에 석쇠가 있다. 거기에 각굴을 얹고 불을 켠다. 화력이 엄청나다.

겉살이 노릇하게 익고 살짝 바삭한 걸 좋아하면 굴 직화 구이(왼쪽).
굴 본연의 맛을 살려 촉촉하고 물컹한 걸 좋아하면 찜을 택하면 된다.

삼사 분 있으면 굳게 다물었던 굴의 입이 슬쩍 열린다. 보통 조개 구이에 나오는 바지락, 동죽, 백합처럼 호들갑스럽게 쩍 벌어지는 장면을 기대하면 안 된다. 굴 껍데기는 묵직하다. 그만큼 진중하게 입을 연다. 작업용 실장갑을 끼고 뜨거운 국물이 새어 나가지 않게 조심스럽게 크게 벌려 준다. 입으로 호호 불어서 수저에 국물을 받아 맛을 본다. 아, 이런 육수도 있구나. 살짝 그을린 굴의 불 맛이 살아 있다. 살점을 떼어 내 입에 넣는다. 뜨거운 물에 찐 굴과는 달리 살 표면이 살짝 말라 있어 식감이 더 좋다. 토스트 기기에 살짝 구운 식빵이 말랑한 식빵보다 입에 착 감기는 이유와 비슷하다.

문제는 십 분이 지나도 입을 안 벌리는 놈들이 많다는 것. 이때부터 굴구이를 먹는 진정한 재미가 살아난다. 구이 판 옆에는 장갑과 함께 받은 작은 칼이 있다. 뜨거운 각굴을 비스듬히 들고 이 칼로 굴 껍데기가 맞물린 면을 아주 세게 여러 번 내려친다. 그러면 가느다란 틈이 벌어진다. 거기에 칼을 밀어 넣고 지렛대원리를 이용해 굴의 앙다문 입을 벌린다. 굴 껍데기를 두드리다 보면 꼭 옛적 해변의 패총 옆에서 굴을 먹던 고대인이 된 느낌이 든다. 다소 수고스럽긴 하지만 먹기 전에 사전 준비 활동이 덧붙으면 음식 맛이 더 깊어진다.

17번 국도를 따라 돌산도 안쪽으로 더 들어가면 굴찜 집들이 많다. 식탁 배치, 가스 불 구조는 직화 구이집과 비슷하다. 가스 불 위에 석쇠 대신 물이 살짝 담긴 사각 철통을 얹는 것이 다르다. 껍데기째 굴을 찐다고 생각하면 된다. 굴 껍데기가 끓는 물에 닿으면서 굴에서 우려져 나온 국물이 희석되는 반면, 증기를 쏘인 살점은 직화로 구운 것보다 더 연하다. 이런 맛이 입에 더 잘 맞는 사람도 많다.

굴을 꿀이라 하니 이런 비유가 가능할지도 모른다. 직화 구이는 산에서 바로 딴 석청을 먹는 것 같다. 벌집의 밀랍이 완전히 제거되지 않아 치아 사이에 걸리적거리는 느낌이 있지만 맛은 강렬하다. 찜은 잘 걸러 낸 벌꿀 같다. 입안에서 더 부드럽게 부서지고 풍부한 맛이 퍼져 나간다. 껍데기 가루가 살에 붙은 야생의 맛을 즐기고 싶다면 직화 구이를, 좀 더 점잖게 즐기고 싶다면 찜을, 카사노바의 입맛을 따라가고 싶다면 생굴을! 그 어느 경우라도 여수 굴은 독자를 실망시키지 않을 것이다. ●손현철

이순신 장군이 반한 여수 향토 음식, 군평선이구이

군평선이는 농어목 하스돔과의 바닷물고기다. 여수에서만 맛볼 수 있는 독특한 향토 음식으로 여수에 가면 꼭 먹어 봐야 한다. 국어사전에는 '군평서니'로 등재되어 있지만 관련 기관이나 도감에서는 '군평선이'로 쓰며 여수에서는 '금풍생이'나 '금풍쉥이'로 불린다.(생이를 쉥이로 부르는 것은 여수 인근 고흥 지방의 독특한 발음이다. 고등학교 때 고흥이 고향인 생물 선생님이 우렁생이(멍게)를 우렁쉥이라고 발음했던 기억이 난다.) 여기서는 어류도감의 표기 방식인 군평선이로 통일한다.

    군평선이는 이름도 다양하다. 등지느러미 가시가 빗살이 굵고 성긴 빗처럼 생겼고 두껍고 단단하다고 해서 얼게빗등어리(전남 벌교), 챈빗등이, 딱때기(전남 법성포), 딱돔, 쌕쌕이(전남 고흥), 꽃돔, 꾸돔(경남 통영) 등으로 불린다. 지역마다 부르는 이름이 다르기는 하지만 색깔이 예쁘다는 뜻에서 생긴 꽃돔 말고는 모두 빗처럼 생긴 모양새나 딱

군평선이는 여수에서만 맛볼 수 있는 향토 음식이다.

딱하고 억세다는 느낌을 형상화한 말들이다. 영어권에서는 불만에 찬 입 모양이라 하여 툴툴거리는 소리라는 뜻의 grunt로 불린다. 일본에서는 해산물의 보고인 세토 내해 지명을 따서 세토다이라 부른다.

군평선이는 세토 내해를 중심으로 한 일본 남쪽 지방과 한국 남서해안, 동중국해, 대만 인근 바다 등에서 서식한다. 몸은 27센티미터 안팎으로 길고 납작하다. 극조(棘條, 단단하고 끝이 날카로운 등지느러미살)의 세 번째 가시가 가장 크고 강하다. 황갈색 몸통에 너비가 넓은 암갈색 가로띠 여섯 개가 있다. 갯벌에 무리 지어 서식하며 저서성(바다 밑바닥에서 기어 다니거나 고착하는 특성) 무척추동물을 먹고 산다. 4~8월에 연안에 산란하고 봄부터 가을까지 잡힌다.

경남 해안에서도 군평선이가 잡히지만 뼈가 억세고 살점이 없어 별로 인기가 없는 반면, 여수에서는 향토 음식의 대표 주자로 손꼽히며 큰 인기를 얻고 있다. 같은 생선 다른 반응, 여기에는 스토리텔링의 비밀이 숨어 있다.

스토리텔링을 한다면 군평선이처럼

음식에도 스토리텔링이 중요한 시대. 군평선이처럼 스토리텔링 덕을 많이 본 생선도 드물 것이다. 군평선이는 이순신 장군이 전라 좌수사로 여수에 있을 때 붙은 이름이라고 한다. 이순신이 식사할 때 생선구이가 나왔는데, 정말 맛있어서 시중드는 관기 평선에게 생선의 이름을 물었다. 평선이 모른다고 대답하자, 이순신은 그럼 이제부터 관기의 이름을 따서 평선이라 부르라 했다. 그런데 거기에 수군의 '군' 또는 구워서 먹을 때 맛있다고 '군'이 붙어서 군평선이가 되었다는 이야기가 전해진다. 역사적 근거는 없지만 그 덕분에 군평선이는 역사성을 띠게 되었고, 이순신 장군의 유적이 많은 여수의 대표 생선으로 부상했다. 관광객들이 군평선이를 챙겨 먹는 것도 맛있어서라기보다 여수에서 꼭 먹어 봐야 하는 음식으로 자리매김했기 때문일 터이다.

한 시인은 군평선이의 유래에 대한 이야기를 시로 풀어냈다.

> 장졸들 틈에서 정신없이 밥을 먹던 장군이 문득 행동을 멈추고는 한 생선을 가리키며 무엇이냐고 묻습니다 그 이름을 모르는 이들은 눈만 끔뻑이며 서로의 얼굴만 쳐다볼 뿐입니다

낯선 생선을 앞에 두고 일순간 정적이 흐르는 밥상 한 여인이 들어와서는 낯선 생선을 한 접시 더 두고 갑니다 많이들 드시와요 하며 여인이 물러나려고 하자 장군이 그녀의 이름을 묻습니다—평선이라 하옵니다 평, 선, 이옵니다—네 이마가 참으로 반질반질하고 넓으니 여기 장졸들과 곳곳에 상처 입어 널브러진 민초들의 깊은 시름을 가히 받아 낼 만하다 입술은 도톰하여 오갈 데 없는 아우성들을 능히 품어 내겠고 눈동자가 넓동그랗고 맑으니 피로 얼룩진 입맛들을 고이 감싸 안을 수 있겠다 가만 보니 너와 이 생선이 흡사하다 눈, 입, 이마, 어떤 격정에도 중심을 잃지 않을 가시 같은 기개가 매우 그렇다 평선이라고 했느냐 이 낯선 생선을 오늘부터 평선이로 부르고 함부로 여기지 말아라

— 오성인, 「군평선이」, 《열린시학》 제18권 제4호(2013년 12월호) 중에서

    이마가 반질반질 넓어서 민초들의 시름을 받아 낼 만하고, 입술은 도톰하여 아우성을 품어 내고, 눈동자가 넓동그랗고 맑아 피로 얼룩진 입맛들을 감싸 안을 수 있는 평선이의 모습이 생선 군평선이와 닮았다는 시인의 묘사가 새롭게 와 닿는다.
    군평선이에는 샛서방고기라는 이름도 붙었는데, 하도 맛있어서 본남편에게는 주지 않고 샛서방(남편이 있는 여자가 남편 몰래 관계하는 남자, 정부(情夫), 밀부)에게 준다는 말에서 나왔다. 군평선이는 정말 그만큼 맛있을까?

군평선이구이에서는 독특한 감칠맛이 느껴진다.

바다 향과 모래 맛의 절묘한 조화

군평선이구이를 파는 식당에서는 외지인들의 기대와 실망이 교차한다. 여수에서 꼭 먹어 봐야 할 음식이라는데 시켜 놓고 보면 1인분에 한 마리밖에 안 주고 먹다 보면 살도 얼마 없으면서 값은 1만 3000원을 호가한다! 도대체 무슨 맛으로 이렇게 가성비 낮은 음식을 먹는단 말인가라는 의문이 들 수 있다.

군평선이는 구이, 찜, 조림 등으로 먹기는 하지만 좀처럼 횟감으로는 사용하지 않는다. 잡히자마자 죽는 데다가 뼈가 굵고 살이 얼마 없어서 포 뜨기도 어렵기 때문이다. 매운탕이나 찌개로도 잘 먹지 않고 주로 소금구이로 먹는다.

군평선이구이를 직접 먹어 보았다. 크기가 생각보다 작고, 더군다나 해체하기까지 하면 먹을 살이 많지 않다. 깊은 물속에 살며 자신을 보호하기 위해서인지 뼈가 매우 억세고 날카롭다. 그래서 군평선이구이를 먹을 때는 무척 조심해야 한다. 입안이 찔릴 수도 있고 뼈를 잘못 삼켜 큰일이 날 수도 있다. 살이 적어 안타깝지만, 먹다 보면 다른 물고기에서는 맛볼 수 없는 독특한 감칠맛이 느껴진다. 자극적이지 않으면서도 계속 잡아끄는 힘이 있다. 구석기시대 아버지가 바다에 가서 겨우 잡아 온 물고기를 꼬챙이에 꽂아서 돌려 가며 구운 생선 같다고 할까. 묘하게 원시의 기억을 떠올리게 하는 맛이다.

일본 호사가들은 군평선이에서 미묘한 바다 향이 느껴진다고 말하는데, 바로 거기서 군평선이의 독특한 풍미가 나온다. 과학적으로 바다 향은 부영양화된 해수에 미생물이 번식한 뒤 죽어서 모래가 되면서 나는 냄새 또는 그 해수의 냄새이다. 그것의 모체는 다시마 등 해조류에서 나오는 요오드나, 김 냄새의 주성분인 디메틸설파이드 등의 성분이다. 바닷바람을 쐬거나 바다 향을 맡으며 걸으면 신경이 예민해지는 것이 억제되고 느긋해진다고 한다. 이런 점을 떠올리며 군평선이를 먹어 보자. 묘한 바다 향과 모래 맛이 함께 느껴질 것이다.

두툼하며 쫀득쫀득한 껍질도 맛있지만, 절대 내장을 버려서는 안 된다. 다른 생선과 달리 군평선이의 내장은 까무잡잡하다. 잘 익은 내장을 먹으면 굉장히 고소한 맛이 인상적이다. 일부 지역에서 군평선이를 깨돔이라고 부르는 것도 내장의 고소한 맛 때문 아닐까 유추해 본다. 굵고 날카로운 뼈와 가시도 버리지 말고 맨손으로 들고 거기에 붙은 살을 입으로 발라 먹어야 한다. 그 살을 발라 먹을 때만 느낄 수 있는 맛이 있기 때문이다. 다 먹고 나서 마지막으로 손가락에 묻은 군평선이를 쪽 빨아 먹는 세러모니를 잊지 말라. 이 맛을 뭐라고 할까? 원시시대 수렵 채취한 생선 맛이 이랬을 것 같다. 시인 김영애는 군평선이의 미묘한 맛을 시 한 편의 무게로 쳐 주었다. 시와도 바꿀 만큼 맛있는 생선이 바로 군평선이라는 것이다.

시 한 편 쓴다는 일이
물고기 이름에 환장하여 미치는 일일까
금풍생이 살점 떼어서
무릎 꿇고 앉아 샛서방 입에 넣어 주면
오직 맛으로만 먹는다는 황홀

시 한 편 쓴다는 일이
가시 다 발라내고 나면
입에 들어갈 무엇도 별로 없건만은
샛서방질에나 족할 특별한 맛으로
탁월한 미각을 지닌
누군가를 홀릴 수 있어야 하리

— 김영애, 「금풍생이」, 박찬일,
『박찬일의 시간이 있는 아침』(토담미디어, 2009)에서 재인용

시인은 시 한 편 쓴다는 일이 "물고기 이름에 환장하여 미치는

일"이며, "샛서방질에나 족할 특별한 맛으로 탁월한 미각을 지닌 누군가를 홀릴 수 있는" 군평선이만 한 맛이 있어야 한다고 강조한다.

『난중일기』에 남아 있는 맛의 기록들

군평선이를 먹다가 이순신의 『난중일기』에 관련 기록이 남아 있나 뒤져 보았다. 음식에 대한 기록은 미미한 수준이다. 전쟁 중에 음식에 대한 글을 자세히 쓰기 어려웠을 것이며, 더구나 그런 기록을 남긴다는 것은 점잖지 않은 일로 여겨졌을 터이다. 하지만 짧은 문장으로나마 이순신 장군이 여수에서 어떤 음식을 먹었는지 알 수 있긴 하다.

　『난중일기』는 그가 '소찬을 즐겨 먹었다.' 하는 사실을 알려 준다. 정유년(1597년) 12월 5일 일기에서는 도원수의 군관이 가져온 유지의 내용을 소개하는데, 임금은, "전진(최전방)에서 용맹이 없으면 효가 아니고, 전진에서 용감하다는 것은 소찬이나 먹어서 기력이 노곤한 자가 능히 할 수 있는 일이 아니니, 고정된 법만을 지키지 말고 뜻을 깊이 깨달아서 소찬 먹기를 그만두고, 방편을 따르도록 하라며 유지와 함께 고기반찬을 하사하셨는데, 마음은 더욱 비통하였다."라는 대목이 눈에 띈다.

　계사년(1593년) 8월 5일 일기에는 "이완이 술에 취하여 내 배에 머물렀다. 쇠고기를 얻어다가 배에 나누어 보냈다."라는 내용이 있고, 같은 해 3월 8일 일기에는 "한산도로 돌아와 아침밥을 먹고 나니, 광양 현감, 낙안 군수, 방답첨사 등이 왔다. 방답첨사와 광양 현감은 술과 안주를 많이 준비해 왔고, 어란포 만호 정담수도 쇠고기로 만든 도림(桃林, 주나라 무왕이 소를 방목했던 지명으로 도림은 소와 관련된, 즉 쇠고기로 만든 음식을 뜻한다.) 몇 가지를 보내왔다."라고 기록되어 있다. 병신년(1596년) 1월 8일 일기에는 "입춘인데도 날씨가 몹시 차가워서 마치 한겨울처럼 매섭다. 아침에 우우후와 방답첨사를 불러 약식을 같이 먹었다."라고 쓰여 있다.

이렇듯 『난중일기』에는 일상적인 음식, 특히 쇠고기가 자주 등장한다. 역사적 기록에 근거할 때, 이순신은 검박한 소찬을 즐겼으며 그나마 고기반찬 중에서는 쇠고기로 만든 음식을 자주 먹었다고 판단할 수 있겠다. 해산물은 늘 접할 수 있어서 따로 기록하지 않은 것 아닐까 추측해 볼 따름이다. 당시 생선은 구이로 많이 먹었을 테니, 그 구이 중에 필시 군평선이가 있었으리라.

군평선이구이, 어디에서 먹을까?

여수의 향토 식당은 대부분 서대 회와 군평선이구이를 함께 내놓는다. 군평선이구이를 잘하는 집은 많지만 연안 여객 터미널 앞 구백식당이 여수에서 처음 군평선이구이를 내놓은 집이다. 미식 기행을 하다 보니 원조 집이라고 해서 최초의 그 맛을 여전히 지키고 있는 것은 아니요, 역사가 짧다 해서 맛이 깊지 않은 것도 아니라는 것을 알게 되었다.

구백식당 손춘심 사장은 1984년부터 군평선이구이를 팔기 시작했다. 군평선이가 비싸서 좀처럼 반찬으로 내놓기 어려웠던 때다. 당시에는 백반 한 상이 800원가량으로, 조기구이를 곁들이면 1000원을 받았다고 한다. 부산 출신의 솜씨 좋은 손 사장 어머니가 술안주로 군

군평선이 본연의 맛을 살리기 위해 양념을 얹지 않는 식당들도 있다.

평선이구이를 내놓았고 옆에서 밥을 먹던 손님이 왜 우리는 군평선이를 안 주냐고 하여 식사 메뉴로 내놓게 되었다. 원래 철물점을 운영하던 손 사장은 일 년 반 정도만 음식점을 하려고 했다가 장사가 잘되어 본격적으로 가게를 사서 요식업에 뛰어들었다.

다른 집과 달리 구백식당에서는 군평선이구이에 양념간장과 굵은 대파를 잔뜩 올려 내놓는다. 전라도에서는 생선에 양념간장을 얹어 먹곤 한다. 생선을 구워서 그냥 내놓는 것은 얌전하지 않다고 생각하는 오래된 인식 때문이다. 조기를 구워도 홍고추를 실처럼 잘라서 고명으로 올리고 깨를 올리기도 한다. 군평선이구이 양념 역시 그런 정성이 들어간 결과라고 볼 수 있다.

군평선이구이를 맛있게 먹고 손춘심 사장에게 물었다. "군평선이구이는 무슨 맛으로 먹나요?" 사장은 오히려 무슨 맛이 나더냐고 되물어 왔다. 고소하고 담백한 감칠맛이라고 답하자, 바로 그 맛 때문에 먹는다고 대답해 주었다. "군평선이 위에 양념간장과 대파를 올리는데 왜지요?" "맛있으라고 올려놓지요." "내장도 다 먹는 것이지요?"라고 묻자 그렇다는 대답이 왔다.

오래된 요리 방식은 관습과도 같아서 정작 그것을 행하는 사람은 의미를 이해하기 어렵다. 드라마「대장금」의 명대사 "홍시 맛이 나서 홍시 맛이 난다고 말씀드린 것이온데, 왜 홍시 맛이 나냐고 물으시면……."을 군평선이에 적용해 보자. 맛있어서 구워 먹고, 맛있으라고 양념하고, 맛있어서 내장까지 먹는다는 것이다. 친절하지는 않지만 명료한 답 속에 군평선이구이 맛의 본질이 담겨 있다.

구백식당과 비슷한 시기에 생긴 복춘식당도 군평선이구이를 내놓는다. 여기는 소금을 쳐서 굽고 따로 양념을 얹지 않는다. 복춘식당은 아귀탕으로도 유명한 집이다. 마찬가지로 여수 좌수영 음식 문화 거리에 있는 광장미가도 양념을 얹지 않은 군평선이구이를 비롯해 채소로 국물을 낸 장어탕 등 맛있는 향토 음식을 내놓는다. 광장미가의 김상문 대표는 외지에서 온 손님 가운데 군평선이 본연의 맛을 느끼고 싶어 하는 손님이 많아서 양념을 얹지 않고 따로 내놓는다고 말했다. 양념을 발라 먹을지 그냥 먹을지 자신의 입맛대로 선택할 일이지만 개인적으로는 양념과 파가 올려져 있는 구백식당 군평선이구이의 맛이 강렬해서인지 더 기억에 남는다. ●홍경수

여수 여행 팁

여수 밤바다

정말이지 지독하게 더웠다. 2012년 5월에 시작되어 8월까지 한여름에 열린 여수 엑스포. 강렬한 남도의 태양, 찜통 같은 습기, 가만있어도 흐르는 땀. 숨 쉬기도 어려웠다. 바닷가라 바람이 시원할 거라 생각했지만 더 더웠다. 이런 날씨에 방송을 준비하려니 힘들고 짜증 나고. 함께하는 스태프들도 지쳐 갔다.

힘들 때마다 그나마 위안이 되는 것이 저녁의 '치맥'(치킨과 맥주를 합쳐서 부르는 말). 엑스포 종사자와 자원봉사자 숙소 앞에 임시로 설치된 야간 호프집이 있었다. 치킨과 과일 안주밖에 없었지만 뜨거운 여름밤에 세계 각국 젊은이들이 만들어 내는 에너지가 좋았다. 각국을 대표하여 엑스포에 참가한 젊은 사람들과 테이블을 바꿔 가며 파티를 즐겼다. 시원한 바닷바람, 엑스포의 멋진 야경이 더해져 더없이 낭만적이었다.

엑스포에는 미인들이 많다. 도우미 요원과 각국 대표 사절단, 장내 아나운서. 그리고 그들을 찾아다니는 젊은 남자들. 사랑을 찾는 불나방에게는 국적이 없다. 숙소 근처 놀이터와 벤치 이곳저곳에서 연애 작전을 펼치고 그 자리는 야간 호프집까지 이어진다. 인종과 종교, 지역을 초월하

여 젊은이들이 서로에게 던지는 큐피드의 화살로 매일 밤이 달아올랐다.

너와 함께 걷고 싶다, 여수 밤바다

어떤 선배가 그랬다. 여수는 밤의 도시라고. 여수의 밤은 모든 것을 아름답게 만든다고. 버스커 버스커의 「여수 밤바다」라는 노래가 떠오른다. 여수에서는 그 노래가 매일 울려 퍼졌다. 엑스포장의 환한 불빛이 바다에 흔들릴 때 사람들은 음악에 사랑에 분위기에 취했다.

여수 밤바다
이 조명에 담긴 아름다운 얘기가 있어
네게 들려주고파 전화를 걸어 뭐하고 있냐고
나는 지금 여수 밤바다 여수 밤바다

아 아 아 아 아 아 아

너와 함께 걷고 싶다

이 바다를 너와 함께 걷고 싶어
이 거리를 너와 함께 걷고 싶다
이 바다를 너와 함께 걷고 싶어

—버스커 버스커, 「여수 밤바다」 중에서

여수의 밤 풍경은 예술이다. 엑스포 종사자 숙소 아파트에서 바라본 엑스포장의 경관, 엠블호텔여수, 저 멀리 오동도까지의 모습. 돌산 대교를 건너며 바라보는 장군도와 여수 시내 모습. 그리고 이순신 광장에서 보는 돌산 대교의 모습. 여수 밤바다를 바라보고 있노라면 묘하다. 혼자 있으면 외로워진다. 너와 함께 걷고 싶다. 그래서 전화를 건다. 그렇게 만드는 야경이다. 필자가 한국에서 만나 본 최고의 야경.

그 야경을 바라보는 것만으로도 좋지만 엑스포의 젊은이들은 누군가에게 이야기한다. 같이 걷자고. 그런 작업(?)을 옆에서 지켜보는 것도 흥미진진했다. 때로는 이들과 얽힌 소문이 장난이 아니었다. 스페인관의 아름다운 아가씨가 어제 누구와 만나더라⋯⋯. 어제 숙소에 들어오지 않았다더라⋯⋯. 각국 국제관에서는 밤마다 돌아가면서 클럽 파티를 했다. 클럽 파티는 엑스포 폐장 후에 시작한다. 새벽 2시면 절정인데 각 나라 맥주를 마시고 음식을 맛보며 춤을 춘다. 그런 클럽을 쫓아다니느라 아침이면 눈이 벌건 친구들이 많았다. 밤새 놀다가 아침 8시 새로운 관람객을 환영하는 장내 아나운서의 목소리에 눈을 부비며 아침을 시작하는 것이다.

밤의 도시 여수 엑스포의 열정, 하지만 필자에겐 언감생심. 그때 내 나이를 실감했다. 아무도 경계하지 않고 관심 두지 않는 40대 중반. 유감스럽게도 필자는 구경꾼일 뿐이었다. 후배들도 스태프들도 밤의 도시를 즐기러 나갈 때, 필자에겐 제안조차 하지 않았다. 여수 엑스포에 십 년 전에만 왔어도.

「여수 밤바다」의 배경은 만성리 검은모래 해변으로 알려져 있다. 여수에는 해수욕장이 별로 없다. 큰 모래사장이 드물기 때문이다. 엑스포장에서 가까운 만성리 검은모래 해수욕장 정도가 유명한데, 그나마 경포대나 해운대 같은 해수욕장에 비하면 크기가 작고 모래도 거칠다. 그래도 밤바다를 보며 레일 바이크를 타는 것은 추천할 만하다. 바다를 옆에 두고 사랑하는 사람과 레일 바이크를 타면 아름다운 풍광에 푹 빠져 허벅지 통증도 잊히는 듯하다. 만성리 해변으로 가는 길은 하나밖에 없는데 작고 오래된 터널을 지나야 한다. 일제강점기에 만들어진 터널이라는데 통과하다가 깜짝 놀랐다. 차선이 하나다 보니 자칫 한눈을 팔면 반대편에서 오는 차와 정면으로 부딪힐 수 있다. 터널 입구에 신호라도 표시해 두면 안전하지 않을까. 최근 여수 기름 유출 사고 후유증으로 만성리 해변이 다소 침체되어 있는 것이 안타깝다.

밤바다를 부르는 곳

헤밍웨이라는 카페가 있다. 여수에서 알 만한 사람은 다 아는 유명한 곳이다. 카페에 앉으면 돌산 대교와 이순신 광장 풍경이 한눈에 들어온다.

여수 최고의 야경을 감상할 수 있는 카페라고 해서 이름이 알려졌다. 분위기는 다소 촌스럽다. 1980년대 카페 같다고 할까.

　오랫동안 여수에서 방송하는 동안 서울의 지인들이 그리웠다. 그나마 많은 선후배들이 필자를 보러 여수를 찾아 주어 고마웠다. 사실 여수에 맛있는 음식이 많다고 필자가 엄청나게 꼬드겨서 먼 길을 마다 않고 온 것이었다. 그때마다 마치 여수 사람이라도 된 것처럼 호들갑을 떨며 음식 자랑에 나섰다. 갯장어 샤브샤브, 장어탕, 해삼 물회, 돌게장…… 맛있다고 소문나고 실제로 먹어 보고 맛있다고 느낀 집들에 데려갔다. 음식을 먹은 지인들이 "오, 맛있다."라고 하면 왠지 모를 뿌듯함이 몰려왔다. 여수에 혼자 내려온 외로운 필자에게 힐링이 되었다. 그런 행복감 덕분에 음식이 더 맛있었다.

　여수 밤바다를 그대와 함께한다면 무엇이 부러울까. 음식도 그렇고 술도 그렇고 누구와 먹고 마시는가가 가장 중요하다. 음식 맛을 결정하는 중요한 재료는 바로 앞에 앉아 있는 누군가일 것이다. 그런 누군가와 함께 있는 행복감에 2차로 항상 찾았던 곳이 헤밍웨이다. 돌산 대교의 조명이 서서히 색깔을 바꿔 가면 바다의 풍경도 바뀐다. 낭만이 있는 곳에 어찌 술이 없으랴. 헤밍웨이 옆에는 횟집들이 있다. 회를 배달시킨다. 카페에서 야경과 회를 안주 삼아 술 한잔한다. 술이 달다. 술이 얼큰하게 취하면 좋아하는 사람과 어깨를 감싸고 돌산 대교를 걸어서 건너 보자. 헤밍웨이에서 돌산 공원 방향으로 갈 때는 장군도와 여수 시내가 아름답게 보이고 돌산 공원에서 헤밍웨이로 돌아올 때는 조명을 밝힌 채 먼 바다에 떠 가는 배들이 보인다. 아름다운 여수 바다 야경에 마음껏 취해 보자. ●서용하

여수의 묘미

해삼 물회

갑오징어 통찜

알굴 백반 정식

인절미

삼합

통만두와 군만두

야채빵

닭 회

커피

사내 식당 정식

여수에서 더욱 특별해지는 맛

PD 생활을 하면서 전국 각지에 수없이 출장을 다녀 보았다. 일 년의 절반 정도는 지방에서 보낼 정도다. 때때로 역마살이 낀 것이 아닐까 생각할 정도로 이리저리 돌아다닌다. 방송을 통해 인연을 맺었던 법정 스님이 「유희삼매(遊戱三昧)」라는 글을 준 적이 있다. 그 뜻을 새겨 보면 한곳에 머물며 정체된 인생을 살지 말라, 항상 구름처럼 돌아다니며 신선한 삶을 살라는 말씀인 듯하다. 정말 PD라는 직업에 맞는 말씀이고 지혜라고 생각하며 가슴속에 새기고 있다.

그렇게 구름처럼, 나그네처럼 이곳저곳을 다니다가도 어떤 곳에 잠시 머물고 싶을 때가 있다. 방금 지나왔어도 다시 가 보고 싶은 곳이 있다. 그곳에 가고 싶다고 마음에 울림을 주는 곳, 여수는 바로 그런 곳이다.

여수의 날씨는 쾌적하다. 연간 100일 이상 화창하다. 연평균 기

지친 일상의 신산함을 여수 바다에 흘려보내고 남녘의 풍광에 마음을 맡긴다.

온은 14.3도, 평균 일조시간은 2372시간으로 따뜻하다. 여름에는 시원하고 겨울에는 쾌적하다. 이처럼 온화한 날씨 속에 여수의 바다 향기는 항상 그윽하다. 항구도시에서 흔하게 풍기는 비릿하고 짠 내음이 전혀 없다. 유인도 51개와 무인도 269개 등 총 317개 섬이 연꽃처럼 내려앉아 있어 넓은 바다에 꽃이 피어난 듯한 아름다움을 보여 준다.

 지친 일상의 신산함을 여수 바다에 흘려보내고 남녘의 풍광에 마음을 맡긴다. 빛바랜 사진 속 연인처럼 사람들은 그렇게 여수에서 낭만에 취해 간다. 돌산 대교, 장군섬, 여수항이 만들어 내는 멋진 풍경, 평화로운 바다와 섬을 바라보면 온화한 여유를 느낄 수 있다. 여수에서 맛보는 모든 음식이 다른 곳과 같은 듯 같지 않은 이유가 바로 이런 낭만과 여유에 있지 않을까. 마치 이탈리아 나폴리 해변에 앉아 카푸치노와 키안티 와인을 마시듯.

돌산 대교 야경을 바라보며 마시는 커피, 시장 한쪽에서 맛보는 포장마차의 소주 한 잔…… 일상적으로 즐길 수 있는 음식이지만 유독 여수라는 도시와 어우러져 특별한 맛을 낸다. 넉넉한 바다와 자연에 낭만과 여유라는 양념이 첨가되어 여수만의 맛이 탄생하는 것이다. ●서용하

해삼과 갑오징어,
입안에서 춤추는 여수 바다의 맛

필자가 만났던 여수 최고의 음식은 뭘까? 단연 해삼 물회다. 여수 해삼 물회가 인터넷에서 유명하지도 않고 인구에 회자되는 맛집이 있는 것도 아니다. 하지만 내 선택에 자신 있다. 싱싱한 해삼을 씹을 때마다 느껴지는 오묘한 식감, 입안에서 여수의 여름 바다가 춤추는 듯하다.

그 맛에 빠지다, 신선하고 상큼한 해삼 물회

2012년 여름, 그해 여름은 지독히 더웠다. 엑스포 전시관은 오동도를 정면으로 바라보며 바닷가에 서 있지만 바닷바람이 사라진 자리를 이글거리는 태양이 대신하며 모든 것이 익어 갔다. 사우나처럼 습기마저 높았다. 방송을 준비하느라 이리저리 왔다 갔다 하다 보면 옷이 땀으로 흠뻑 젖었다. 엄청나게 몰려드는 인파로 엑스포 전시관은 사우나

새콤달콤한 국물에 입안에서 오도독 부서지는 해삼을 먹노라면
바닷속으로 다이빙하는 기분이다.

를 방불케 했다. 멀리서 구경 온 할아버지, 할머니 들의 건강이 걱정스러울 지경이었다.

    정신이 혼미해져 쓰러질 지경이 되면 점심시간이 다가온다. 누구라고 할 것도 없이 이런 말이 들려온다. "우리 해삼 물회 먹으러 가요!" 그렇다. 더위에 지친 몸에 차갑게 스며드는 시원한 해삼 물회 한 사발. 새콤달콤한 국물에 입안에서 오도독 부서지는 해삼을 먹고 있노라면 바닷속으로 다이빙하는 기분이다. 시원한 바닷물에 가슴이 뻥 뚫리듯 해삼을 씹을 때마다 감칠맛이 그만이다.

    여수의 해삼 물회 가게는 여수 토박이 김정민 씨에게 소개를 받왔다. 엑스포 유치를 위해 발 벗고 나섰고 엑스포 기간 동안에는 홍보를 위해 「여수 아가씨」라는 노래를 들고 나와 가수로 정식 데뷔까지 한 열성적인 여수 사람이다. 젊어서는 권투 선수를 했고 여수 시의회 의장까지 지냈다. 여수를 소개하는 리포터로 김정민 씨를 캐스팅하면서 알게 되었는데 어느 날 이렇게 물어보았다. "여수 맛집 좀 소개해 주세요." "저희 형이 횟집을 하는데 한번 가 보세요." 그곳은 그야말로 보통 횟집이었다. 서울에서도 먹을 수 있는 광어회 등을 조금 저렴하게 맛볼 수 있다는 것이 그나마 장점이었다. 그래도 단체로 회식할 때 경비 절약을 위해 자주 갔다. "그 집 말고 또 없어요? 여수만의 독특한 맛집?" 몇 차례 졸라서 어렵게 한 집을 추천받았다. 그곳이 바로 해삼 물회를 하는 곳이었다.

엑스포 전시관에서 사십 분 정도를 운전해 가야 하는 가게였다. 거북선 대교를 건너 돌산 대교를 넘어 시내를 통과해 선소 유적지를 지나면 디오션 리조트를 만난다. 디오션 리조트에서 조금만 더 가면 한적한 해변에 자리한 송림마차횟집에 도착한다.

먼저 뼈꼬시(여수에서 횟감용 작은 생선을 뼈와 함께 얇게 썰어 낸 음식)를 시켰다. 아무래도 회가 좋지 않을까 싶었다. 뼈꼬시 상차림이 훌륭했다. 신선한 회와 정갈한 반찬들. 눈앞에 펼쳐진 여수 바다 풍광을 벗 삼아 시원한 생선 미역국을 먹으면 위로를 받는 느낌이었다.

이어서 추천받은 해삼 물회를 시켰다. 아주머니가 커다란 대접 하나를 내놓았다. 얼음이 둥둥 떠 있는 빨간 국물에 가득한 해삼. 싱싱해 보인다. 채소들도 신선하다. 한술 떠서 입에 넣어 본다. 상큼한 식초 맛이 입안에 퍼진다. 깊은 맛이다. 놀라웠다. 함께 간 사람들끼리

서로 눈빛을 주고받았다. 공감한다는 표정. 며칠 전 마신 술이 그제야 해장되는 느낌이었다. 산뜻한 해삼 물회 덕분에 몸이 떠오르는 것 같았다. 푸짐하게 들어 있는 해삼을 집어 든다. 내장이 흘러나온다. 일본에서는 이 해삼 내장도 정말 비싸다. 내장만 따로 빨아 먹는다. 고소하다. 오도독 씹히는 해삼. 신선하고 상큼하다. 미각과 후각과 청각과 시각을 두루 만족시킨다.

제주 홍해삼 vs. 여수 흑해삼

우리나라에서는 주로 제주도 연안을 비롯한 남해에서 해삼이 나온다. 제주 해삼은 붉은빛을 띤다고 하여 홍해삼, 홍삼이라고 한다. 맛이 부드럽고 가격도 비싸다. 여수 해삼은 흑(黑)해삼이다. 백(白)해삼도 가끔 잡히는데 희귀종으로 매우 귀하다. 여수 흑해삼은 제주 홍해삼에 비해 가격은 조금 떨어지지만 그래도 맛이 좋아 예전에는 중국에 수출도 했다.

    제주에서는 해삼을 주로 해녀들이 캔다. 반면 여수에서는 해녀들이 채취하는 양은 일부이고 최근 잠수부가 캐거나 통발을 이용하는 경우가 늘어나고 있다. 잠수기 어업이 활성화하면서 남획이 이루어지다 보니 해삼의 개체 수가 줄어드는 상황이다.

    해삼은 양식도 가능하다. 전 세계 최대의 해삼 소비국인 중국에서는 오래전부터 해삼을 양식으로 생산해 오고 있지만 우리는 최근에야 성공했다. 게다가 아직 양식 해삼 크기가 작아 다소 아쉽다. 우리나라에서는 전복, 해삼 등을 함께 양식하는 복합 양식이 대부분이다.

생산량이 소비량을 쫓아가지 못해 해삼 가격은 점점 오르고 요즘에는 중국에서 건해삼을 수입하기도 한다.

여수 해삼 물회에는 뭔가 특별한 게 있다

여수 해삼 물회 맛의 비밀은 무엇일까. 우선 식초다. 송림마차횟집 문을 열고 들어가면 복도에 길게 줄지어 있는 생수 통이 보인다. 주인아주머니가 직접 담근 막걸리 식초다. 막걸리 식초는 일 년 내내 떨어뜨리지 않는다. 왜 막걸리 식초를 쓰냐고 물으니 맛이 다르지 않느냐는 반문이 돌아온다. 마트에서 파는 합성 식초로는 깊은 맛을 낼 수 없다고 한다. 막걸리 식초는 빙초산의 강한 신맛이 있으면서도 끝 맛이 부드럽다.

    생수 통에 누룩과 찹쌀밥을 지어 넣은 뒤 막걸리를 붓고 이십 일간 발효한다. 막걸리를 삭히는 동안 통 입구를 솔잎으로 얼기설기 막아 놓는다. 막걸리가 썩지 않고 숨을 쉬면서 알맞게 식초로 변하도록 하기 위해서다. 식초에서 솔잎 향이 나며 풍미를 더하는 것 같다. 주인아주머니의 어머니 때부터 이렇게 막걸리 식초를 만들어 왔다고 한다.

    막걸리 식초는 이 집만의 비법은 아니다. 여수의 많은 식당들이 막걸리 식초를 쓴다. 목포에서 참기름을 사용하는 것처럼, 그래서 목포의 맛에서 참기름을 빼놓을 수 없는 것처럼 말이다. 서대 회를 양념에 버무릴 때도 여수 사람들은 막걸리 식초를 넣는다. 막걸리 식초야말로 여수의 깊은 맛을 결정짓는 조미료 아닐까.

해삼 물회 맛의 비밀은 주인아주머니가 직접 담근 막걸리 식초다.

두 번째 비밀은 바로 해삼이다. 송림마차횟집에서는 여수 해녀들이 잡아 오는 해삼만 쓴다. 해녀라고 하면 주로 제주도를 떠올리지만 남해안 지역에도 해녀들이 꽤 많이 남아 있다. 다만 제주도 해녀가 2000명이 넘는 반면 전라남도 지역 해녀는 300명 정도밖에 안 된다.(전남여성플라자 2013년 조사) 최근에 여수, 고흥, 신안, 완도 해녀들이 생활고를 겪고 있는 것으로 알려졌다. 제주 해녀는 유네스코 문화유산 등재를 시도하는 등 국가적·지역적 관심을 많이 받고 의료를 비롯한 복지 혜택도 누리는 반면 전남 해녀는 철저하게 소외되어 있다. 더구나 해삼, 멍게, 전복 등 어패류 남획으로 수입도 줄고 있는 것이 안타까운 현실이다.

이런 상황에서 여수 해녀들에게 해삼을 의지하다 보면 문제가 생긴다. 한창 여름인 7월부터 가을까지는 해녀들이 채취하는 해삼을 구할 수가 없다. 2012년 7월 초에 송림마차횟집을 찾아갔더니 해삼이 없다고 겨울에나 오라고 했다. 그 황당함이란. "저희 8월 말이면 서울 가는데……." 그해 여름, 해삼 물회와의 짧지만 강렬했던 만남은 그렇게 아쉽게 끝이 났다. 못내 미련이 남아 2013년에 여수로 여행 갔을 때 송림마차횟집을 다시 찾았다.

해삼 물회를 먹기에는 여름보다 겨울이 좋다. 해삼이 겨울에 제철이라 살이 통통하게 오르고 맛도 좋다. 송림마차횟집 주인아주머니도 겨울에 오라고 권한다. 추운 겨울에 시원한 해삼 물회를 먹고 나오면 정말 춥다. 이가 떨릴 정도로. 그래도 계속 먹고 싶은 것이 해삼 물회의 마력이다.

즐겁고 맛있게 밥을 먹어야 일도 잘된다

방송사 PD처럼 출장이 많은 직업도 별로 없을 것이다. 특히 다큐멘터리 PD는 이곳저곳을 정말 많이 돌아다닌다. 국내는 물론이고 해외에도 자주 나간다. 일 년 가운데 절반을 외지에 나가 있는 경우도 있다. 출장을 갈 때는 잘 먹고 잘 자는 것이 중요하다. 집 떠나 지내다 보면 잠자는 것, 먹는 것이 모두 불편하고 그러다 몸도 마음도 지치기 마련이다. 에너지 충만하게 일도 열심히 하고 씩씩하게 지내기 위해서는 편안한 잠자리와 맛집이 필수다.

일단 출장을 가면 현지에서 묵을 숙소를 찾기 위해 이곳저곳을 찾아다닌다. 큰 도시면 호텔을 이용하지만 소도시나 시골에서는 주로 펜션이나 민박에서 잔다. 소도시 환락가에 우두커니 서 있는 러브호텔보다는 한적한 민박이 훨씬 깨끗하고 편안하다.

 회사 마크가 붙어 있는 취재 차량을 타고 소도시 모텔촌을 다니며 방을 구하는 것이 개인적으로는 정말 싫다. 이십 년 가까이 출장을 다녔는데도 도저히 익숙해지지를 않는다. 모텔 방 천장에 거울이 붙어 있는 경우도 있었고 화장실 벽이 유리로 되어 있는 경우도 있었다. 옆방에서 들려오는 거북한 소리며 창문 밖에서 번쩍거리는 조명등. 처음에 이런 모텔에서 잘 때는 적응이 안 돼서 잠을 거의 자지 못했다. 촬영 팀 여러 명이 동시에 묵을 만한 민박을 구하기도 쉽지 않은 일이라 예전이나 지금이나 만족스러운 잠자리를 찾는 것이 여간 어렵지 않다.

 그럭저럭 잠자리를 찾고 나면 바로 맛집을 찾아 나선다. 힘든 촬영을 마치고 스태프들과 함께하는 저녁 식사 자리 분위기가 일정 전반에 걸쳐서 영향을 준다. 돈 아끼겠다고, 귀찮다고 맛집 찾는 수고를 도외시하면 스태프들과 관계도 데면데면해지고 일도 잘 안 풀릴 수 있다.

 음식을 고르는 데 있어서 맛도 중요하고 식재료도 중요하고 가격도 중요하다. 하지만 그보다 누구와 먹느냐가 더 중요할 수도 있다. 2008년에 방송된 「인사이트 아시아 — 누들 로드」라는 프로그램이 있다. 밀가루 국수(noodle)를 통해서 본 동·서양 문화, 문명 교류의 역사를 다큐멘터리로 만든 것이다. 그 방송을 보면 국수는 매개체일 뿐 그 음식을 나누어 먹는 사람들이 문화를 만들었음을 알 수 있다. 사람들을 통해서 문화가 전해지고 그런 교류를 통해서 문명이 완성되는 것이다. 결국 맛있는 음식을 앞에 두고 함께 미소 지을 사람의 존재가 중요하다.

> 제가 신경내과 의사이기 때문에 주변에 마음의 상처가 낫지 않아 괴로워하는 사람을 많이 알고 있습니다. 저는 치료를 하면서 환자에게 넌지시 물어봅니다. "평소에 누구와 식사를 하시나요?" 중요한 것은 무엇을 먹느냐보다 누구와 먹느냐입니다. 편안한 마음이라는 토양이 있어야 영양분도 효과적으로 섭취할 수 있습니다. 사람이 다른 사람에게 상처를 주지만 그 마음의 상처를 낫게 하는 것도 역시 사람밖에 없습니다.
>
> ─ 가모시타 이치로, 신병철 옮김,
> 『관계로부터 편안해지는 법』(리수, 2010) 중에서

소박한 포차 식당에서 만난 일품 요리, 갑오징어 통찜

사실 여수의 음식 값은 절대로 싸지 않다. 유명한 식당들은 그 이름값을 한다고 가격이 서울보다 더 비싼 수준이다. 그래서 잘 알아보고 다녀야 한다. 여수 토박이들 사이에서 입소문이 난 숨은 맛집을 찾아가야 한다. 이름값에 연연하지 않고 맛있는 음식과 함께 후한 정도 나누어 주는 그런 집 말이다.

여수 국동에 섬마을이야기포차라는 곳이 있다. 다섯 평 정도나 될까, 입식 탁자 네 개, 좌식 상 두 개가 들어가는 한 칸짜리 작은 집이다. 가게가 좁다 보니 주방이 드러나 있고 주인장이 직접 요리를 하

통통한 갑오징어는 여수에서 발견한 새로운 맛이다.

면서 손님과 의사소통한다. 포차라는 이름처럼 포장마차 분위기가 난다. 이곳에서는 주문을 할 필요가 없다. 그냥 "오늘 좋은 것 주세요." 하면 된다. 주로 제철 안주만 내놓다 보니 음식 종류가 한정되어 있다. 하지만 다른 곳에 비해 저렴해서 술 한잔에 맛있는 안주를 가볍게 즐길 수 있다.

 어느 날 섬마을이야기포차에서 두툼한 갈치구이와 갑오징어 통찜이 나온 적이 있다. 여수 갈치는 워낙 유명하다. 우선 갈치의 두께가 남다르다. 김이 모락모락 나는 갈치 껍질을 살짝 걷어 내면 하얀 살이 올라온다. 그 살을 집어 입속에 넣으면 그 부드러운 맛이 그만이다.

 그런데 갑오징어는 생소했다. 이전에 먹어 본 적이 없었고 어떻게 생긴지조차 알지 못했다. 처음 먹어 본 통통한 갑오징어는 식감이 일반 오징어와는 전혀 달랐다. 쫄깃쫄깃하고 차진 맛이었다. "와, 맛있다." 여수에서 발견한 새로운 맛이었다. 갑오징어 먹물도 함께 먹으니 고소한 맛이 일품이었다. 소주 한 잔에 초장 찍은 갑오징어 통찜 한 점. 하얀 쌀밥에 얹어 먹는 짭조름한 갈치구이. 여수에서만 맛볼 수 있는 환상의 조화였다.

대경도 해상 펜션에서 즐기는 바다낚시의 재미

갑오징어는 4~5월 봄부터 여름까지가 제철이다. 5월 산란을 끝낸 대물 갑오징어가 가장 좋다. 봄철 여수 어느 곳을 가도 갑오징어가 보이는데 여수 수산 시장이나 교동 시장에서 생물 갑오징어를 쉽게 구할 수 있다. 보통 한 마리에 1만 원에서 1만 5000원 정도 한다. 일반 오징어에 비하면 엄청나게 비싼 가격이다. 너무 비싸다고 했더니 시장 아주머니가 갑오징어를 일반 오징어와 비교하면 안 된다고 한다. 포항 문어와 비교해 보라고. 경상도에서 제사상에 문어를 올리는 것처럼 여수에서는 갑오징어를 올릴 정도로 귀하게 대접하는 음식이라는 것이다. 그래도 조금 비싸다는 생각을 지우기는 힘들었다.

여수에서는 낚시로 갑오징어를 잡는 모습을 쉽게 볼 수 있다. 사실 여수는 바다낚시를 즐기는 사람들에게 천국과도 같은 곳이다. 여수 해상 공원 주변에서 바다를 향해 낚싯대를 늘여 놓은 사람들을 많이 볼 수 있다. 평소 바다낚시를 즐기는 사람들은 배를 타고 조금 멀리 나가 주변 섬에 가기도 한다. 가족이 함께 낚시를 즐기려면 해상 펜션을 이용해도 좋다.

　해상 펜션은 여수의 묘미를 즐길 수 있는 또 다른 좋은 방법이다. 특히 여수 국동항에서 500미터 거리에 있는 대경도 해상 펜션이 유명하다. 여름철 갯장어로 유명한 대경도 주변을 보면 반구 모양의 하얀 건물들이 바다 위에 떠 있다. 바다 한가운데 떠 있는 이글루 모양이다. 바다낚시를 즐기는 애호가들에게 인기가 높다.

　대경도는 삼면이 내륙으로 둘러싸여 여름철 태풍이 오지 않는다고 한다. 마치 호수 속 섬처럼 파도도 없고 조용하다. 바닷물이 수정같이 맑고 투명하다는 의미에서 거울을 뜻하는 한자 鏡을 사용하여 대경도(大鏡島)라 부르며 인근의 작은 섬은 소경도(小鏡島)라고 부른다. 행정구역상으로는 여수시 경호(鏡湖)동인데 그 또한 거울 같은 호수라는 뜻이다.

　그래서인지 전라남도에서 이곳을 관광지로 개발하기로 했고 엄청난 돈을 투자했다고 한다. 지금은 큰 골프장이 들어서 있다. 국동항에서 보면 푸른 숲이 듬성듬성 보이는데 골프장 때문이다. 대경도 골프장 개발이 적절했는지를 두고 아직도 논란이 진행 중이다.

　섬으로 들어가기 위해서는 여수시 국동의 선착장에서 선박을 이용해야 한다. 선착장에서 대경도 마을이 보일 정도로 가깝다. 요금은 성인 기준 왕복 1500원이다. 보통 갯장어를 먹기 위해 대경도를 방문하곤 했는데 배를 타고 가다 보면 바다 위에 줄지어 늘어선 하얀 해상 펜션이 보인다. 대경도 선착장에서 직진하면 작은 언덕을 만나고 이 언덕을 넘으면 U자 모양 지형에 아기자기한 마을이 들어서 있다. 마을 규모가 그리 크지 않아 정박해 있는 어선들도 많지는 않다. 마을

앞길을 지나다 보면 펜션형 낚시터 관리 사무소가 있다.

바로 이것이 대경도 해상 펜션이다. 바다 한가운데에 펜션 여섯 개 동이 일정한 간격을 두고 떠 있다. 실내는 원룸이며 주방과 욕실이 갖추어져 있어 간소하면서도 편리한 구조이다. 창문 밖으로 여수 앞바다가 보이는 낭만적인 펜션이다. 낚시와 휴식을 겸할 수 있는 매력적인 곳으로 주로 연인이나 가족 동반 여행자들이 많이 찾는다. 갑오징어, 노래미, 볼락, 우럭 등이 주로 잡히며 가을에는 감성돔도 잘 잡힌다. 이 해양 펜션을 예약해도 좋고 어촌 체험 마을에서 운영하는 다양한 해상 펜션을 이용해도 좋다. 단, 인터넷으로 예약하는 것을 잊지 말 것.

바다 위에서 잘게 채 썬 갑오징어를 넣고 라면을 끓이면 그 맛이 일품이다. 갑오징어의 달착지근하고 시원한 맛이 라면 국물의 풍미를 더하고 쫄깃한 식감이 면발과 어우러진다. 즉석에서 회로 먹어도 맛이 좋지만 갑오징어가 조금 못생기다 보니 막 군침이 돌진 않는다. 함께 잡힌 볼락은 삼겹살과 함께 구워 먹어도 맛있다. 낚시에 관심 없는 사람이라도 해상 펜션에서 낚시를 즐기며 갑오징어를 맛본다면 그 재미에 푹 빠져들 것이다. •서용하

여수 맛의 보고(寶庫), 시장 나들이

서울에서 출발해 버스로 네 시간 십 분이 소요된다고 했는데 예정보다 이십여 분 빨리 여수 종합 버스 터미널에 도착했다. 직선에 가까운 순천완주 고속도로가 생긴 결과다. KTX로 세 시간 삼십 분가량 걸린다는 걸 감안하면 굳이 용산역까지 갈 이유가 없다. 아침을 거른 탓인지 무척 시장했다. 우선 중앙동 시장 골목으로 향했다.

중앙동에는 여수를 대표하는 시장들이 몰려 있다. 여수 수산 시장과 교동 시장. 여수 수산 시장에는 싱싱한 수산물을 직접 먹어 볼 수 있는 식당들이 있다. 바로 그 앞에 교동 시장. 여수의 대표적인 재래 시장, 풍물 시장이다. 두 시장이 길 하나를 두고 마주 보고 있으니까 한꺼번에 다 볼 수 있다.

여수 수산 시장, 즉석에서 요리해 먹는 싱싱한 해산물

좌판이 주를 이루는 교동 시장과 달리 여수 수산 시장은 깨끗하게 정돈되어 있다. 주 품목은 활어와 건어물. 여수에서 싱싱한 생선회를 맛보려는 사람들이 즐겨 찾는다. 서울 노량진 수산 시장이나 가락 시장처럼 가게에서 회를 구입하면 근처에 먹을 수 있는 곳이 따로 마련되어 있다.

우선 수산 시장 나리네로 향했다. 몇 차례의 여수 여행으로 인연을 맺은 집이다. 지난번에는 나리네에 가서 서대조림을 해 달라고 부탁했더랬다. 상냥한 주인아주머니는 말린 서대를 사 와서 즉석에서 조림을 해 주었다. 얼마나 맛있었는지 뜨거운 무를 호호 불어 가며 허겁지겁 먹은 기억이 새롭다. 고춧가루를 얹은 서대와 두툼한 무의 조화가 칼칼하고 달짝지근했다.

이번에는 나리네에 손님이 너무 많았다. 나리네 옆 개미집 휘장을 들추고 들어섰다. 굴을 사 와서 먹을 수 있냐고 묻자 주인은 좋다고 했다. 시장 입구에서 굴 반 바가지를 5000원에 샀다. 주인아주머니에게 굴을 건네자 물에 씻어서 초장과 함께 내주었다. 곧이어 5000원짜리 시장 백반이 나오자 DIY(Do It Yourself) 생굴 정식이 완성되었다. 큰 냉면 사발에 따뜻한 밥과 시래깃국이 나오고 생선구이 한 토막과 봄동 한 무더기, 콩나물무침, 파래무침, 갓김치, 김장 김치, 무김치, 멸치 젓갈, 막장 등이 한 상 가득 나왔다. 날굴을 먹기 시작했다. 차갑고 물컹한 굴을 입안에 넣자 비릿한 맛이 느껴졌다. 비릿한 맛이 강하면 초장에 찍어서 먹는다. 먹어도 먹어도 줄지 않는 굴. 이십 년 전에 거

교동 시장에서는 싱싱한 수산물을 저렴하게 구입할 수 있다.

제도에서 여수로 시집온 주인아주머니는 이제 여수 맛에 길들여져 여수 음식을 내놓고 있다. 대마도 가는 길에 부산항에서 먹었던 시락국(시래깃국의 경상도 사투리)이 아마 이런 맛이었다. 그때는 달랑 밥과 시락국만 나왔다. 그에 비하면 개미집 백반은 시락국 정식이라고 할 만하다.

식사를 하고 있는데 옆에 수산물 좌판을 벌여 놓은 아주머니 두 명이 밥을 먹으러 왔다. 이곳은 시장 상인들의 구내식당인 셈이었다. 주인아주머니는 그들 곁에 바짝 붙어 앉아서 설날에 있을 시장 사물놀이 잔치에 필요한 농악대를 어떻게 섭외할지 이야기를 나눴다. 그러다 어떤 아저씨가 들어와서 묻지도 않고 쌀통에 쌀을 쏟아 담고는 돈

시장에서 알굴 5000원어치를 사서 5000원짜리 백반을 곁들이면 훌륭한 생굴 정식이 완성된다.

을 받아 갔다. 전남 보성산 쌀이었다. 좋은 쌀을 쓴다고 말을 거들자 주인아주머니는 시장 사람들 입맛이 까다롭다고 대꾸했다. 좋은 재료에 민감한 사람들이니 그럴 것 같았다. 게다가 이곳은 맛의 고장 여수가 아닌가.

 개미집 주인아주머니도 그렇고 여수에는 경상도에서 이주해 온 사람들이 꽤 많다. 지리적으로 가깝고 여수 화학 공장과 광양 제철소가 울산이나 포항의 공장과 관련이 깊기 때문일 것이다. 전남 목포 북항 자매집이던가. 부산 출신 주인의 손맛이 대단했다. 여수에서 호남과 영남이 활발하게 교류하고 있고, 특히 음식이 두 지역을 혼융하는

데 이바지하는 듯하다. 호남 출신으로 부산에 사는 사람들도 분명히 현지화된 호남의 맛을 선보이고 있을 것이다.

교동 시장 먹거리, 명물 인절미 리어카부터 우무 냉국까지

여수 수산 시장에서 길을 건너 교동 시장으로 향한다. 좌판과 노점이 350미터 가까이 길게 늘어서 있다. 여수 바다에서 건져 올린 싱싱한 삼치, 문어, 군평선이, 갈치, 새조개, 굴 등 온갖 해산물부터 해풍에 말린 건어물까지 바다에서 나온 물건들이 그득하다. 바다에서 나는 것은 없는 것 빼고 다 있다.

    시장 골목을 거슬러 올라가다 보면 다양한 풍물도 볼 수 있다. 어느 아주머니가 끌고 나온 떡 리어카를 만났다. 작은 리어카를 다 덮는 두꺼운 나무 도마 위에 인절미를 올려놓고 잘라서 팔고 있었다. 리어카 손잡이 쪽에서는 스테인리스 주전자가 김을 뿜고 있었다. 떡을 1000원어치 주문했더니 떡 다섯 조각과 함께, 맛보라며 주전자에서 식혜를 한 컵 따라 준다. 주인아주머니는 자랑 반 쑥스러움 반, 리어카가 독특해서 방송에도 많이 소개되었다고 연신 읊조렸다.

    시장 초입에는 강정을 만드는 작은 공장이 있다. 네 명이 한 팀을 이루는데, 튀긴 찹쌀가루에 물엿을 묻히고 판판하게 고른 다음 칼로 잘라 네모난 강정을 만들어 냈다. 여주인은 계속해서 맛을 보며 시식하라고 사설을 늘어놓듯 말했다. 많은 사람들이 강정에 손을 댔고, 일부는 8000원짜리 큰 봉지를 사 들고 시장 안으로 향했다. 백화점 지하 식품관 시식 코너는 장터의 오랜 전통을 현대적으로 살린 것이 아닐

교동 시장 명물 인절미 리어카에서 따뜻한 인심을 만난다.

까. 서양에서는 시식 문화를 좀처럼 보기 어렵다. 시장 나들이는 그래서 즐겁다. 수중에 돈 한 푼 없어도 누구나 간식거리를 맛볼 수 있고 물건을 사면 덤으로 이것저것 얹어 주는 인심이 있다. 시장은 열심히 사는 사람들의 삶이 고스란히 드러나는 장소이자 활력의 근원지이다.

  교동 시장에서 콩물도 볼 수 있는데, 신기한 구경을 하듯 시장을 다니는 서울 사람에겐 콩물 자체가 생소하다. 서울에서도 여름철에 콩국수는 흔하지만 콩물이라고 따로 파는 곳은 별로 없다. 목포 유달콩물에서 콩물 가게를 처음 보았다. 바쁜 어부들이 새벽에 배 타기 전에 콩물 한 잔으로 요기를 했다고 한다. 순박한 주인이 정성을 다해 물에 불린 콩을 꼼꼼하게 갈아 만든 콩물을 마시면 아침 식사로 그만이다. 요즘 유행하는 다이어트 식품으로 이보다 더 좋은 것이 있을까. 콩물로 식물성 단백질을 충분히 섭취하고 바나나나 고구마를 하나 정도 먹는 것으로 탄수화물을 더해 주면 운동 전후의 훌륭한 건강식이 된다.

콩물 좌판 바로 옆에는 투명한 묵처럼 생긴 우무가 있다. 우무는 해초인 우뭇가사리를 끓여 체에 누르고 거른 다음 차지게 굳힌 묵 같은 음식이다. 주변에서 흔히 볼 수 있고 가끔 먹기도 하지만 정작 이름은 모르는 경우가 꽤 있다. 우무를 입안에 넣고 씹으니 우뭇가사리 맛이 느껴졌다. 목포와 달리 여수에서는 여름철에 밀가루 국수 대신 우무만 넣은 우무 냉국을 먹는 경우도 많이 있다고 한다.

재래시장에 가면 우무를 갖은 양념으로 버무린 우무 냉채를 계절에 관계없이 먹을 수 있다. 음식 문화 평론가 윤덕노가 쓴 칼럼에서는 "조선 시대에 우무는 여름철이면 궁중의 임금님께 진상을 했던 남해안 특산물이었으며 여름철 별미였다.『홍길동전』을 쓴 허균은 전국의 유명 음식을 적은 「도문대작」이라는 글에서 바닷가에서 나는 해초에 우모(牛毛)라는 것이 있는데 열을 가하면 녹기 때문에 그 성질을 이용해 묵으로 만든다고 했다. 또 『세종실록지리지』에는 우무를 남해안 지방의 특산물이라고 적었다."라고 소개했다. 해마다 여름이면 남해안에서 나오는 우뭇가사리로 우무를 만들어 궁궐에 진상하며 가늘게 썰어 초장을 쳐서 냉탕으로 만들어 마시면 더위를 씻고 갈증도 덜어낼 수 있다고 했다.(《동아일보》, 2011년 6월 30일)

최근에 우무는 낮은 칼로리 덕분에 다이어트 식품으로 알려져 수요가 늘고 있다. 단당류 탄수화물 덩어리인 밀가루 국수 대신 콩물

교동 시장에서는 호박시루떡을 쉽게 찾을 수 있다.

에 담가 먹는다면 고단백 저칼로리 건강식품이 될 것이다. 연예인들이 방송에 출연해 다이어트 식품으로 곤약을 추천하는 장면을 여러 번 보았는데, 우무를 그 대안으로 추천할 만하다는 생각이다.

오후 1~2시면 썰렁해지는 교동 시장. 그렇다고 여수 재래시장을 둘러보고 싶은 관광객들이 걱정할 필요는 없다. 교동 시장 건너편에 서 시장이 있다. 새벽 3시부터 장사하는 교동 시장 좌판 아주머니들이 철수하는 오후 2시 이후에는 길 건너편의 서 시장이 활기차다.

교동 시장 포장마차촌, 여수 삼합을 안주 삼아 술 한잔

해가 지면 교동 시장은 또 다른 모습으로 변신한다. 시장 안쪽은 사람 구경조차 할 수 없고 고양이가 주인 행세를 한다. 을씨년스러워서 걸어 다니기 무서울 정도다. 하지만 연등천변을 따라 조금만 가면 줄지어 선 포장마차들을 만날 수 있다. 한두 군데가 아니라 50여 미터나 늘어서 있을 정도로 규모가 큰 포장마차촌이다.

바닷가에 놀러 온 사람들은 시원한 바다 앞에서 청명한 바람을 맞으며 싱싱한 해산물을 먹기를 바란다. 그래서 해안가에는 횟집이 바글바글 들어선다. 비슷하게 생긴 식당 건물들이 바다를 향해 창을 내고 서 있다. 횟집 안으로 들어가면 좌식 상과 입식 탁자가 줄지어 놓여 있고 모두 비닐이 덮여 있다. 너무 전형적이다. 개인적으로 이런 곳에서는 음식을 먹고 싶지 않다. 잠시 왔다 가는 관광객만을 위한 식당이라는 생각이 든다.

오히려 해안가 포장마차가 창의적이다. 다른 곳에는 없는 새로운 안주를 만나는 경우도 있다. 가볍게 소주 한잔 기울이고 싶은 낭만 유랑객에게 해안가 포장마차는 더없이 근사한 장소다. 인상에 남았던 곳은 경남 통영 마리나 리조트 앞 포장마차촌이다. 2001년 여름에 통영 앞바다에서 여름 특집 「도전! 골든벨」을 촬영했다. 파도치는 바다 위에 거대한 튜브를 띄워 놓고 통영고등학교와 해양소년단 학생들과 함께 녹화를 진행했다. 학생들이 튜브 위에 떠 있다가 문제를 맞추지 못하면 바닷속으로 풍덩 빠지는 형식이었다. 뜨거운 태양 아래 힘들게 녹화를 마치고 당시 MC였던 김홍성, 손미나 아나운서, 작가들과 회식을 했다. 2차 장소로 방파제 앞에 길게 줄지어 있던 포장마차 중 한 곳으로 향했다. 해삼, 멍게, 개불을 비롯한 해산물과 각종 뼈째회(세고시)가 풍성했다. 당시의 즐겁고 맛있는 기억이 아름다운 추억으로 남아 있다. 이런 포장마차에서 주의할 점, 과음이다. 분위기에 먼저 취해 바다를 마시듯 술을 마실 수 있다.

교동 시장 포장마차촌은 통영의 그것보다 더 오래된 것 같다. 정확한 역사를 아는 사람을 만나기는 힘들었지만 아주 오래전부터 여수 사람들이 즐겨 찾았다고 한다. 그전에 이순신 광장 근처에 있는 포장마차촌을 가 보았다. 여수 엑스포가 한창일 때 주변을 지나다가 돌산대교 야경이 보이는 포장마차들이 운치 있어 보여 기억해 두었다. 안주 종류는 통영 포장마차촌과 비슷했다. 문제는 가격이었다. 평균적인 포장마차 가격보다 훨씬 비쌌다. 아마도 야경 값이 포함되어 있나 보다. 택시 기사들이 "여수 사람들은 저기 안 가요. 우리는 교동 시장 연등천변에 있는 포장마차 가지."라고 했다. 이순신 광장 포장마차촌은 상설이 아니라 엑스포나 거북선 축제 등 일 년에 몇 번 시에서 허가해 줄 때만 열린다고 했다. 한철 장사이니 가격이 비싸고 만족도가 떨어지는 것이 당연했다. 택시 기사의 말을 듣고 2차로는 교동 시장 포장마차촌으로 향했다.

교동 시장 포장마차는 메뉴가 조금 다르다. 군평선이구이, 볼락구이부터 일반 해산물까지 다 있지만, 유독 특이한 메뉴가 있다. 바로 삼합. 보통 삼합이라고 하면 목포 지역에서 홍어, 삼겹살, 묵은 김치를 함께 먹는 것을 말한다. 포장마차에서 홍어를 판다는 말인가. 상당히 많은 손님들이 삼합을 주문하기에 옆에서 유심히 지켜보았다. 플라스

교동 시장 포장마차촌에서는 삼겹살, 김치, 각종 해산물과 채소를 두루 넣어 굽는 삼합 안주가 인기다.

틱 탁자 위에 불판을 놓고 그 위에 김치, 삼겹살을 올린다. 그다음이 재미있는데 관자, 새우, 낙지 등 해산물을 넣는다. 김치와 돼지고기는 같은데 홍어 대신 해산물과 채소를 굽는 것이다. 해산물 제육 두루치기라고 할까. 교동 시장 포장마차촌에서 유명한 안주였다.

 여수 바닷가 사람들은 예전부터 두루치기를 많이 해 먹었다고 한다. 어부들이 항구나 어판장 근처에서 간편하게 이것저것 섞어서 볶아 먹던 것이 유래이다. 3만 원에서 3만 5000원을 받는데 두 명이 먹으면 많고 세 명이 먹으면 조금 부족하다. 한꺼번에 굽다 보면 관자가 너무 오래 익어 뻣뻣해지고 맛을 잃을 수 있다. 관자를 조금만 주니까

돌산 대교의 멋진 야경을 보며 여수의 추억을 정리해 보자.

아껴서 살짝 익혀 먹으면 좋다. 다 먹고 나서 밥을 볶아 먹어도 괜찮다. 해산물 덕분에 돼지고기의 느끼한 맛이 없고 돼지고기 덕분에 해산물의 비릿한 맛이 없다. 잘 익은 김치와 밥이 불판에서 구워지는 냄새가 그만이다. 그 맛이야 두말하면 잔소리다.

 군평선이구이나 볼락구이 등도 있는데 신선하고 맛도 좋다. 특히 볼락구이가 가격도 싸고 맛도 좋았다. 여수 바다에서 가장 흔하게 잡히는 물고기 중 세 손가락 안에 들어가는 볼락. 회로 먹어도, 구이로 먹어도 맛있다. 이렇게 푸짐하게 먹어도 가격이 이순신 광장 포장마차 반밖에 안 된다. 여수 서민들이 부담 없이 저녁에 한잔할 수 있는 소중한 장소다. 바다가 안 보이는 것이 유감이라면 교동 시장 포장마차촌에서 술을 마시고 이순신 광장으로 가도 좋다. 걸어서 오 분. 돌산 대교의 멋진 야경을 보며, 깨끗한 여수 바다에서 불어오는 시원한 바람을 맞으며 맥주 한 캔으로 여수의 추억을 정리해 보자. ● 홍경수, 서용하

여수 여행 팁

교동 시장 동백 아가씨 합창단

교동 시장의 대표 상징은 싱싱하고 다양한 해산물이 아니라 좌판 아주머니들이다. 보통 50~60대가 넘은 아주머니들이 지나가는 외지인을 잡는다. "싸게 해 줄게, 가져가요." 정겨운 전라도 사투리에 이끌려 인심 좋은 아주머니들의 넉넉한 손에 기대면 싱싱하고 저렴한 해산물을 쉽게 구할 수 있다.

좌판 아주머니들의 인생 그 자체, 교동 시장
1965년에 생긴 이후 지금까지 교동 시장의 주인은 사연 많은 좌판 아주머니들이다. 남편은 새벽 4시부터 바다에 나가 생선을 잡고, 부인은 그 생선들을 이곳 교동 시장에서 팔았다. 20대 초반에 결혼해 30대 초반에 배 타던 남편을 떠나보내고 아이들 키울 일이 막막해 시장으로 나온 아주머니도 있다. 전형적인 남도 여인네 일생을 교동 시장에서 어렵지 않게 만날 수 있다. 아주머니들은 아름다운 젊음과 미처 피우지 못한 청춘을 시장 좌판에 모두 쏟아부은 것이다.
시장에서 장사하는 사람들 사이에서 흔히 볼 수 있는 악다구니 경쟁을 이곳에서는 볼 수 없다. 한시도 바닷가 곁을 떠나지 못하고 한시도

시장 바닥을 떠나지 못했던 아주머니들이 중년을 넘어가며 서로를 위로하는 곳이다.

    이 교동 시장에 어머니들의 노랫소리가 울려 퍼진다! 일주일에 두 번, 함께 노래를 부른다. 한 많은 세월 동안, 여유 없이 살아온 그들의 일상에 '노래'라는 특별한 취미가 생긴 것. 동백 아가씨 합창단. 교동 시장 좌판 아주머니들로 이뤄진 특별한 합창단이다.

    일반 친목 합창단 치고는 꽤나 유명하다. 여수 엑스포 때는 아주머니들이 적극적으로 나서서 홍보 공연을 했고 KBS 특집 프로그램에 출연까지 했다.

    교동 시장은 새벽 4시에 문을 열어서 오후 1~2시가 되면 닫는다. 장사가 끝나면 아주머니들은 피곤한 몸을 이끌고 노래를 부르기 위해 모인다. 처음에는 반응이 신통치 않았던 듯하다. 하지만 노래를 통해 신산한 삶의 위로를 얻고 그 위로가 바이러스처럼 옆 좌판으로 옮겨 가면서 아주머니들이 모이기 시작했다.

    "장사 한 삼십 년 했지. 옛날에 섬에 살아서 배에서 (해산물을)

잡아서 와서 넘기고 그러다가 이제 배를 안 하니까 장사 시작했지. 옛날에 고생을 다 많이 했지, 바다에 살다가 밤으로(에) 일하고, 애기들 때문에 다 그러고 살았지. 뭐 다 그러고 살아. 다른 엄마들도 마찬가지야."

"청춘 다 보냈지. 장사하면서 청춘 다 보냈어. 교동 시장이 있기 때문에 이러고 해 먹고 살았다는 거지. 없으면 이러고 벌어서 자식들과 어떻게 먹고 살았겠어. 시장이 있기 때문에, 교동 시장이 있기 때문에 벌어먹고 자식들 가르치고 그랬지."

"장사하다가 갈 때 되면 가. 노래를 못하니까 배우려고, 만날 장사를 하니까 노래를 못하잖아. 그런데 가서 배우면, 이제 못하는 사람도 가서 배우면 할 수 있고. 우리는 옛날에 못 배웠거든. 그러니까 선생님이 와 갖고 우리 모르는 노래를 가르쳐 주니까 좋아. 삶의 활력소야."

"우리가 「일자상서」, 그 노래를 부르면 합창단 전원이 다 울어. 노래… 옛날 생각이 나서… 시집 와 갖고 엄마한테 가고 싶어도 못 가고… 그때는 다 그런 시기를 살았으니까… 그런 노래를 부르면, 그 노래가 내 사연 같아. 내가 사는 일상생활에 섞인 노래를 부르면 눈물이 나… 나도 모르게….”

갑오징어 달인이 눈물지으며 부르는 노래. 서대, 군평선이 달인이 부르는 진한 트로트 한 소절. 그 외에도 꼴뚜기, 꽃게, 가오리 달인이 부르는 노랫소리가 한곳에 모인다.

시장 바닥에서 노래를 통해 다시 피어나는, 굳세고도 아름다운 그녀들의 바다 이야기. 바다, 여인의 일생, 노래, 그리고 위로. 동백 아가씨 합창단은 그 자체로 여수의 상징이다. ●서용하

갯것에 물리면 찾는 소박한 맛집들

여수의 5월은 참 좋다. 따뜻한 태양과 푸른 하늘, 시원한 바닷바람에 청량감이 가득하다. 특히 5월 초에는 거북선 축제가 열려서 엄청난 관광객들로 붐빈다. 하지만 2014년 5월의 여수는 다소 조용했다. 세월호 추모 분위기로 축제가 취소되었기 때문이다. 그래도 여수의 5월은 아름답다. 하늘도, 바다도 푸르고 그 사이에 놓인 여수도 푸르다.

여수 토박이들이 평소에 가는 맛집은 어디일까

여수를 관광할 때면 누구나 풍요로운 해산물을 기대하기 마련이다. 실제로 여수의 해산물은 그 어떤 곳보다도 싱싱하고 맛있다. 경상도와 전라도의 중간 해역을 끼고 있어서인지 해산물 종류도 다양하고 조리법도 두 지역의 특성을 적절히 섞은 듯하다. 전남 목포에서 유명한 홍어나 선어(저온에서 보관한 얼지 않은 생선)를 여수에서도 맛볼 수 있다. 경상도에서 유명한 문어도 있다.

여수 엑스포 기간 중에 방송 촬영을 하러 온 사람들이 누구랄 것 없이 먹고 싶어 하는 음식들이 있다. 우선 대경도에 가서 갯장어 샤브샤브를 먹고 싶어 한다. 그다음으로 삼치 등 선어 회나 해산물 한정식을 찾고 아침으로는 장어탕이나 게장 백반을 원한다. 여수에서 다양한 해산물 요리를 즐기며 시간을 보내다 보면 입에서 바다 냄새가 진동을 하면서 갯것에 조금 질리는 순간이 온다. 그럴 때 해산물 요리 말고 다른 음식이 먹고 싶어진다.

여수 사람들이라고 해서 해산물만 먹는 것은 아니다. 여수에는 여러 종류의 맛집이 공존한다. 여수 토박이들은 평소 어디를 갈까.

해산물 음식 여행의 쉼표, 통만두와 군만두

여수 중앙동에 통만두집이라는 곳이 있다. 중앙동은 서울의 명동, 부산의 남포동 같은 곳이다. 구도심의 주요 상권이 형성되어 있는 지역이다. 진남관을 내려오면 바로 중앙동 거리가 펼쳐지는데 젊은이들이 유난히 많다. 그 거리 한가운데에 통만두집이 있다. 처음에 이곳을 찾아가 보고 깜짝 놀랐다. 점심시간임을 감안하더라도 줄이 너무 길었다. 50미터는 되는 듯했다. 그다음에 갔을 때도 마찬가지였다. 항상 사람들이 줄을 서 있는 맛집이었던 것이다. 이렇게 오랫동안 기다려야 하는 식당은 여수에서 처음 보았다.

통만두집은 케이블방송 맛집 소개 프로그램에 나오면서 여수

중앙동 통만두집의 군만두와 통만두는 담백하여 집에서 만든 맛이 난다.

의 가장 뜨거운 맛집으로 등극했다. 얼마나 맛있을까. 필자도 방송국 PD지만 맛집 소개 프로그램을 좀처럼 믿지 않는다. 매주 아이템을 찾고 섭외하고 촬영하고 편집하고 방송에 내보내려면 시간에 쫓기게 마련이다. 제작진이 사전에 심도 깊게 검증하기 어려울 수밖에 없다. 기존 매체나 인터넷 검색에 의지하는 경우가 상당히 많다. 그러다 보니 TV에 소개된 맛집에는 일관된 특징이 있다. '그렇게 맛있지도 그렇게 맛없지도 않은' 적당한 맛을 보여 주는 집이라는 것이다. 이런 집들에는 개성이 살아 있는 독특한 맛이 없다. 또한 특별히 감동적이지는 않지만 쉽게 끌리는 맛일 가능성이 높다.

통만두집 메뉴는 단출하다. 통만두, 군만두, 칼국수로 구성되어 있다. 통만두가 맛있다, 군만두가 맛있다, 사람들의 평가는 엇갈린다. 대체로는 만족하는 분위기. 문을 열고 들어가면 주방에서 직접 손으로 만두를 만드는 모습을 볼 수 있다. 만두피를 만들고 그 위에 만두소를 얹는 바쁜 손놀림을 보고 있으면 왠지 이 집 만두에 신뢰가 간다.

만두 속에는 당면과 채소가 많이 들어가 있다. 그래서 맛이 깔끔하다. 만두에서 흘러나오는 육즙이 전혀 없다. 최근 서울 연남동 등에서 유행하는 중국식 고기만두와 비교하면 기름지지 않고 담백하다. 만두피가 얇고 채소 위주의 만두소가 가득하다. 집에서 먹는 만두 맛이라고 할까. 군만두는 바삭하다. 잘 반죽된 만두피를 써서 푸석하거나 부서지거나 하지 않고 차지고 쫄깃하다. 필자의 입맛에는 군만두가 훨씬 맛있었다.

만두 마니아의 입맛에는 조금 모자랄지도 모른다. 하지만 여수에서 해산물로 질린 입맛을 가볍게 풀어 주기에는 충분하다는 생각이다.

아이들을 생각하는 따뜻한 마음을 담은 투박한 빵

앞서 여수 갓을 소개하는 글에서 언급된 여수갓구운 말고 맛있는 빵집이 또 있다. 싱글벙글빵집은 정말 작은 가게다. 불과 세 평 남짓 되는 공간에 탁자가 세 개 정도 놓여 있다. 하얀 조리복을 입은 파티시에도 없고 종업원도 없다. 아담한 체구에 인상 좋은 김현수 사장이 혼자서 운영한다. 이 집에는 케이크도 없고 과자 종류도 없다. 크루아상도 없고 쿠키도 없고 식빵도 없다. 투박한 찐빵과 야채빵, 햄빵, 도넛이 전부다. 가격도 착하다. 모든 빵이 하나에 600원. 그 맛도 훌륭하다. 집에

싱글벙글빵집에는 가급적 일찍 가야 한다.
빵을 그날그날 오전에 소량만 만들기 때문이다.

서 직접 만든 빵 같다. 특히 팥소가 가득한 찐빵에서는 어렸을 때 어머니가 해 준 맛이 느껴진다. 식품 첨가제가 거의 들어가지 않고 조금 거칠지만 순박하고 순수한 맛이다. 이삼십 년 전으로 시간을 되돌린 듯 향수가 느껴진다. 요즘 대기업들이 운영하는 제과점과는 전혀 다른 빵집이다.

　　김현수 사장은 원래는 튀김집을 했는데 매일 기름을 다루는 일이 싫어 십칠 년 전에 지금 자리에 빵집을 차렸다. 빵 만드는 법을 배운 적은 없지만 그냥 그 주변 학생들이 좋아서 시작한 일이라고 한다. 부자가 될 생각도, 심지어 돈을 벌 생각도 없고 내 아이들이 먹는다 생각하고 십칠 년을 해 왔단다. 그를 보고 있으면 선한 도덕 선생님이 떠오른다.

싱글벙글빵집에는 가급적 일찍 가야 한다. 오후 늦게 가면 빵이 없다. 하교하는 학생들이 우르르 와서 사 가기 때문이다. 빵을 미리 만들어 놓지 않고 그날그날 오전에만 만드는 데다 워낙 적게 만들어서 그렇다. 어린 학생들이 먹을 빵이니 신선한 맛을 유지하고 싶다는 사장의 고집이다. 전국 택배 주문도 받지만 5월이 지나 여름철이 되면 상할까 봐 그것도 하지 않는다. 돈이 목적이 아닌 장사, 사람을 위하는 빵집이라는 느낌이 든다.

날것 그대로 닭을 먹는다고?!

해산물을 제외한 여수 음식의 또 다른 하이라이트. 국동 라인 아파트 옆, 동해선어 건너편에 구봉산장이라는 닭고기 코스 요리 전문점이 있다. 토종닭만 취급하는 맛집이다. 구봉산장에 가 보고는 정말 놀랐다. 첫 번째 코스 요리로 닭 회가 나왔기 때문이다. 닭을 회로 먹는다는 사실도 처음 알았고(닭 가슴살과 모래주머니 부위만 생고기로 먹을 수 있다고 한다.) 닭고기를 익히지 않고 먹는다는 것에 덜컥 겁을 먹고 말았다.(나중에 안 사실이지만 닭 회를 파는 곳이 전국적으로 꽤 많이 있다.) 믿거나 말거나지만 소독을 위해(?) 소주 한 잔을 먼저 걸치고 닭 회를 먹는다고 한다. 처음 구봉산장에 갔을 때는 닭 회를 먹는 데 실패했다. 음식을 가리는 편이 아니지만 도저히 먹고 싶지 않았다.

구봉산장이 문을 연 지는 십팔 년이 넘었다. 해산물 음식점이 많

구봉산장에서는 가슴살(닭 회용)과 다리와 날개 부위(백숙용) 등을 뺀 나머지 부위를 양념에 볶아 푸짐하게 내놓는다.

은 여수에서 남다른 것을 해 보자고 시작한 것이 닭 코스 요리였단다. 어떻게 하면 다른 지역의 닭 요리와 차별화할까 이리저리 궁리한 끝에 실용적으로 접근했다고 한다. 닭 회를 취급하는 집은 보통 음식 자체에 대한 거부감을 줄이기 위해 장식에 상당히 신경을 쓰는 편이다. 반면 구봉산장 사장은 뼈째회처럼 닭 회를 편하게 먹을 수 있도록 불필요한 장식을 줄이고 단가를 낮췄다. 그리고 닭 회에 사용되는 가슴살과 백숙에 주로 쓰이는 다리와 날개 부위들을 빼고 손님들이 잘 먹지 않는 부위들을 골라내어 양념에 볶아 푸짐하게 올렸다. 닭볶음탕은 가슴살이 빠져서인지 퍽퍽하지 않고 맛있다. 양념이 그리 맵지도 짜지도 않게 적당하다. 이렇게 닭 회, 닭볶음탕, 백숙, 녹두죽으로 이어지는 코스는 성인 남자 서너 명이 먹을 수 있는 양이고 가격도 5만 3000원 정도라, 맛과 가격 경쟁력을 모두 갖췄다고 할 수 있다.

필자는 닭고기를 별로 좋아하지 않는다. 튀김옷을 입힌 치킨이나 양념을 가미한 닭갈비, 닭볶음탕 정도는 조금 먹지만 하얀 닭 살 표면이 그대로 보이는 삼계탕이나 닭백숙은 거의 먹지 않는다. 초등학교 3학년 때 학교 앞에서 산 병아리 세 마리가 집으로 오는 동안 품 안에서 얼어 죽는 것을 본 후로는 새 종류를 만지거나 먹는 것을 꺼리게 되었다. 특히 새의 부리와 다리는 보는 것도 싫어할 정도였다. 어른이 되어서도 마찬가지다.

다큐멘터리 「인사이트 아시아—차마고도」를 촬영하기 위해 중국 윈난 성과 티베트 접경 지역을 갔을 때 일이다. 산골 오지의 인심 좋은 촌장이 촬영 팀을 대접한다며 식사를 준비해 줬는데 대부분 닭백숙 비슷한 요리였다. 야크가 들끓는 고산지대에서 닭고기는 구하기 쉽지 않은 고급 식재료였다. 가난한 동네를 가면 달걀을 내주고 조금 살 만하다 싶은 동네에서는 닭 요리를 내놓는다. 닭의 선지피를 끓여 닭죽에 듬뿍 끼얹고 그 위에 촬영 팀 대장인 필자를 위해 특별히 마련한 닭 머리를 올려놓았다. 닭 머리는 대접과 환영, 우정의 의미를 담고 있다고 했다. 볏이 그대로 살아 있는 닭 머리를 먹어야 하는 상황. 하지만 도저히 쳐다볼 수조차 없었다. 함께 간 자문 교수가 대장이라고 떠넘기는 촌극을 벌인 후에야 겨우 사태를 모면할 수 있었다.

그런데 구봉산장 닭백숙은 특이하게 삶은 살을 결결이 찢어 놓아서 표면이 보이지 않고, 녹두와 각종 잡곡류를 함께 끓여 익혀서 좋

구봉산장 닭백숙은 닭고기를 좋아하지 않는 필자에게도 좋은 기억을 남겨 주었다.

았다. 닭 회를 못 먹으니 어쩔 수 없이 닭백숙을 택한 것이긴 했으나, 생각보다 어렵지 않게 닭고기를 먹을 수 있었다. 하지만 여전히 닭고기는 어려운 도전 과제였다.

그다음에는 구봉산장 2호점에 갔다. 구봉산장에 간다 하면 안 간다고 할까 봐 선배가 무턱대고 데려간 것이다. 생소한 장소로 끌려 갔더니 구봉산장 2호점이라고 했다. 그곳에서 필자는 드디어 생애 첫 도전을 했다. 소주를 세 잔이나 들이켜 열심히 깨끗하게 소독하고 토종닭 회를 먹어 보았다. 생각보다 나쁘지 않았다. 참기름, 소금, 마늘을 섞은 기름장에 찍어 먹었더니 잡내 하나 없는 담백한 맛이 좋았다. 식 감도 쫄깃했고 신선하다는 느낌까지 들었다.

오십 년 역사를 자랑하는 함남면옥 냉면도 추천 메뉴다.

구봉산장은 여수에서 아주 유명한 곳이다. 손님이 워낙 많다 보니 닭고기를 신선하게 관리할 수 있다고 한다. 따로 냉동 보관할 필요 없이 매일매일 닭을 잡아 손님들에게 제공하니까 그럴 만도 하다. 닭고기를 좋아하는 이들은 용기 내어 가 볼 만하다.

구관이 명관, 함남면옥 & 고기보다 토하젓, 녹원갈비

오십 년 역사를 자랑하는 함남면옥도 괜찮다. 진남관 근처 좌수영 원조 먹자골목에 있는데 그 맛이 변했다는 어르신들도 많지만 그래도 여전히 여수에서 가장 유명한 함흥냉면집이다. 차진 면발에 시원한 육수가 함께 나온다. 달착지근한 양념 맛도 좋다.

여수 엑스포 1문을 나서면 길 건너편에 있는 녹원갈비. 일하다가 쇠고기나 돼지고기를 먹고 싶을 때 찾았던 곳이다. 가장 훌륭한 것은 밥을 시키면 함께 나오는 토하젓. 밥에 넣어 비비면 맛있는 토하젓 비빔밥이 된다. 고기보다 토하젓이 그리워 자주 찾곤 했다. 이상하게 삼겹살을 시키면 토하젓을 주지 않는다. 갈비나 등심 정도 돼야 주는가 보다. 삼겹살을 시키고 토하젓 달라고 했더니 아주머니가 도끼눈을 떠서 놀란 기억이 있다.

여수에는 갯것 음식만큼이나 많은 종류의 먹거리가 있다. 남도의 넉넉한 음식 문화를 다양하게 맛보는 것도 여수를 즐기는 방법이 될 것이다. ●서용하

행복한 맛의 철학,
달콤커피센터 & 재원산업 사내 식당

하멜 기념관과 하멜 등대가 있는 구항 해양 공원(옛 종포 해양 공원)을 걷다 보면 쉴 곳이 필요하다. 물론 벤치도 있지만 바다를 바라보며 차 한 잔 마실 수 있는 공간이 있다면 금상첨화일 것이다.

이런 마음을 헤아리기라도 한 듯 구항 해양 공원에는 여수 토종 커피숍 달콤커피센터가 있다. 여수 시내와 돌산도를 잇는 거북선 대교가 눈앞에 펼쳐져 전망이 기가 막히다. 나지막한 1층 건물이긴 하지만 테라스가 설치되어 있어 경치를 구경하기에 좋다. 하루 종일 걷다가 지친 다리를 쉬면서 바다를 보며 마시는 커피 맛이 나쁘지 않다. 전문가가 아니므로 커피 맛을 잘 분별하지는 못해도, 산뜻한 신맛이 강조되어 마음을 들뜨게 하는 것은 놓치지 않았다.

임동호 대표는 2009년에 달콤커피센터를 시작했고 그로부터 이 년 후에 진남관 앞 진남로에 달콤다방을 열었다. 달콤다방은 유리벽

안에 타고 남은 연탄재를 담아 인테리어 소품으로 활용하고 오래된 재봉틀로 테이블을 만드는 등 복고풍 분위기가 물씬 풍긴다. 인테리어는 모두 임동호 대표의 부인이 직접 디자인한 것이라고 한다.

달콤커피센터가 무료 리필을 고집하는 이유

겨울 날씨라 믿기 어려울 만큼 따뜻한 1월의 어느 오후, 달콤커피센터 테라스에 앉아 있으니 바다 위로 지나가는 유람선, 산보를 하거나 자전거를 타거나 간혹 낚시하는 사람이 눈에 띈다. 여수 시민의 휴식 공간이며 사랑방인 구항 해양 공원의 대표 쉼터가 바로 달콤커피센터인 듯했다. 남녀노소 다양한 시민들의 발걸음이 멈추지 않는다.

여수 MBC에서 사장 수행원으로 일하던 임동호 대표는 오 년 전에 커 가는 아이들을 위해 사표를 내고 다른 직장을 찾아 나섰다. 그러다 커피 전문점을 열기로 마음먹었다. 서울에 있는 커피 아카데미에서 교육을 받았는데, 답을 가르쳐 주는 대신 스스로 방법을 터득하도록 하는 교육 방식이 좋았다고 한다. 처음에는 순천 등지에 가게를 열까 생각했다가 돈이 부족해서 결국 자신이 태어난 집이 있던 현재 위치에 커피숍을 열게 되었다. 마침 엑스포가 열리면서 여수 관광객 연 1000만 명 시대가 도래했다.

임 대표는 쓴맛을 좋아하지 않아서 부드러운 신맛을 지향한다. 그래서 커피 맛이 자극적이지 않다. 그 대신 강렬한 인상을 남기기 어렵다는 약점도 있다. 달콤커피센터는 쿠바 크리스탈 마운틴, 르완다 등 매달 원두 한 가지를 골라 내려 주는 이벤트를 실시해 손님들이 다

여수 구항 해양 공원에는 토종 커피숍 달콤커피센터가 있다. 커피를 마셔 보니 산뜻한 신맛이 강조되어 마음을 들뜨게 한다.

양한 커피를 맛볼 수 있도록 하고 있다. 필자가 방문했던 2014년 1월에는 르완다 커피가 이달의 커피로 선택됐다.

개업 초기 어려웠지만 이제는 여수를 대표하는 토종 커피숍으로 시민들의 사랑을 받고 있다. 그래도 초창기에 정한 커피 무료 리필 원칙은 고수하고 있다. "아무리 커피를 좋아해도 세 잔 이상 마시기는 어려워요. 돈을 벌려고 하면 답이 안 나온다는 것도 확실합니다."

여수에서 태어나고 자란 토박이로서 자신이 자란 집터에 카페를 연 그의 보람은 특별하다. 처음엔 카페를 열기에 부적절한 입지라는 염려가 있었고 실제 장사도 잘되지 않았다. 술도 함께 팔아야 하나 여

러 가지 고민이 많았지만 멀리 보자는 생각으로 커피에 집중할 수 있었다. 커피를 좋아하는 사람이 마음껏 마시도록 하자는 생각은 그가 바리스타 교육을 받을 때부터 간직해 온 초심이다. 사람들이 커피를 마시고 구전으로 홍보해 주며 달콤커피센터는 안정을 찾았고 달콤다방도 열게 되었다.

하루 열두 시간 이상 커피숍을 지켜야 하는 만큼, 커피와 사람을 좋아하지 않으면 버티기 힘들다. 임 대표는 커피를 마시고 배우면서 사람들에게 즐거움까지 주니 오히려 스트레스가 풀린다고 했다. 그는 여수, 순천, 광양의 커피 전문점 대표들끼리 만든 커피 스터디 모임에도 적극적으로 참여하고 있다. 이 년 전에는 달콤커피센터 근처에 프

달콤커피센터 테라스에 앉아 거북선 대교가 펼쳐진 풍경을 바라보며 다리를 쉰다.

랜차이즈 커피숍이 들어섰다. 하지만 임 대표는 걱정하지 않는다. 손님 취향에 따라 프랜차이즈 전문점에 가기도 하고 토종 커피숍에 오기도 한다는 것을 기분 좋게 인정한다.

그는 여수의 매력이 인간미라고 했다. 인간미 넘치는 도시에 인간미 넘치는 커피숍. 참 기분 좋은 광경이다. 필자도 다 마시지 못할 걸 알면서 커피 리필을 부탁했다. 겨울 오후 햇볕이 따뜻했다.

여수에서 가장 맛있는 사내 식당

여수 상공회의소 심장섭 회장(재원산업(주) 대표)과 이야기하던 중 여수에서 가장 맛있는 사내 식당 정보를 들었다. 여수의 맛있는 음식에 온갖 촉각이 예민해져 있던 필자는 재원산업 사내 식당 밥이 얼마나 맛있을지 호기심이 생겼다. 겨울방학이 시작되자마자 여수 가는 길에 먹어 보겠다고 요청해서 허락을 받았다. 여수반도 동쪽으로 길게 늘어선 산업 단지가 보이기 시작했고 정유 탑, 저유소, 파이프라인이 끝없이 이어졌다. 낙포 부둣가에 재원산업 정유 탑이 보이고 바로 옆에 7층짜리 건물이 서 있었다.

점심시간 직전에 자동차에서 내리자 마스크를 쓴 현장 직원과 경비원 들이 보였다. 뭔지 모를 매캐한 냄새가 코를 찔렀다. 서둘러 건물로 들어가 엘리베이터를 탔다. 식당은 6층에 자리하고 있었다. 한쪽으로는 정유 탑이 보이고 반대편으로는 저유탱크와 더불어 광양만의 푸른 바다가 한눈에 들어왔다. 식당 밖은 긴장을 늦출 수 없는 화학공장이지만, 안은 따뜻한 햇볕이 유리창으로 가득 들어오고 아름다운 오션 뷰(ocean view)를 자랑하는 스카이라운지인 셈이다. 식당 위치와 입지가 호감을 주었다.

깨끗한 개방형 주방에서 조리사 네 명이 눈코 뜰 새 없이 식사 준비에 열심이다. 식당을 둘러보고 얼마 안 있어 곧 작업복을 입은 직원들이 식사하러 들어왔다. 흰쌀밥과 쇠고기 선짓국이 나오고 갈치구이, 깻잎두부고기전, 상추 겉절이, 김치, 감태무침이 반찬으로 준비됐다. 국을 제외하고도 반찬이 다섯 가지나 나왔다. 식사를 기다리는 줄이 길게 늘어서 차례를 기다리는 직원들의 표정이 묘한 기대로 반짝이는 듯했다.

여수 재원산업 사내 식당 밥은 맛있기로 유명하다.
직원들에게 양질의 식사를 제공하려는 경영진의 의지가 느껴진다.

집 밥을 만드는 듯한 정성이 직원들을 감동시키다

칠 년째 이 회사에서 일하고 있는 인도네시아 출신 노동자 아지스 씨는 하루 세 끼를 사내 식당에서 해결한다고 말했다. 처음에는 한국 음식이 입에 맞지 않았으나 이제 제법 잘 먹고 특히 사내 식당 밥이 맛있다고 엄지를 들어 올렸다. 필자도 음식을 담아 와서 먹으며 맛을 확인해 보았다. 쌀밥은 일견 보통 식당 밥과 크게 다르지 않아 보였다. 대량으로 쪘으려니 했으나 밥맛이 달랐다. 갓 쪘은 햅쌀에서 나는 고소한 냄새와 단맛이 인상적이었다. 함께 나온 갈치구이도 맛있었으며, 특히 하나하나 직접 지져 낸 깻잎두부고기전은 집에서 먹는 것처럼 따뜻하

흰쌀밥에 갈치구이, 깻잎두부고기전, 상추 겉절이,
김치, 감태무침이 반찬으로 나왔다.

고 정성 가득해 보였다. 상추 겉절이와 김치 역시 맛이 처지지 않고 짱짱했다. 좋은 식재료와 양념에 정성까지 뒷받침하는 듯했다. 맛있어 보여서인지 음식을 너무 많이 떠 온 필자는 남길 수 없어서 포식하고 말았다.

경남 함안이 고향인 심장섭 회장은 제철소 부산물을 재료로 사용하는 사업 특성상 포항에서 오랫동안 정유 공장을 설립하여 운영하다가, 광양에 제철소가 생기면서 1987년에 여수로 옮겨 왔다. 현재의 재원산업은 LCD 제조 공정 시 필요한 세정제를 생산하는 업체로 국내 대기업, 일본 기업과 기술 교류도 활발하다. 그래서 국내 대기업이나 일본 기업 직원들이 출장을 오는 경우가 많다. 재원산업 사내 식당이 맛있다는 소문은 그들을 통해 퍼진 것이다.

외부에서 화학 재료를 납품하러 오는 다른 회사 소속의 탱크로리 운전사들은 점심시간에 맞춰서 오는 경우가 흔하다고 한다. 물론 사내 식당에서 나오는 맛있는 밥을 먹기 위해서다. 업무 협의 차 방문한 타사 직원들 역시 유명한 사내 식당 밥을 꼭 먹고 가겠다며 식당에 들른다고 한다. 특히 일본 합자회사 직원들이 장기 출장을 왔다가 하루 두 끼 이상을 사내 식당에서 먹고는 살이 찌는 바람에 열심히 일하지 않은 것처럼 보일까 봐 염려하며 귀국하기도 했다고 한다.

재원산업 사내 식당 맛의 비결은 무엇일까? 회사가 직영하는 사내 식당 살림을 책임지고 있는 경영 지원 팀 이충환 과장에 따르면, 이곳의 한 끼 재료비는 인건비 포함해서 4900원이라고 한다. 주변 공장들은 대부분 외주 업체에 맡기는데, 한 끼에 3000원가량으로 맞춘단다. 재원산업 사내 식당에서는 한 끼에 2000원을 순수하게 더 투자하는 셈이다.

회사를 친정으로 생각하는 조리장의 손맛

십삼 년째 조리를 책임지고 있는 윤영옥 씨는 재원산업에서 근무하던 남편이 사망한 뒤부터 경영진의 배려로 이 일을 맡아 왔다. 전남 해남 출신에 고산 윤선도의 후예인 윤 씨의 손끝에서 남도의 손맛이 그대로 재현된다.

윤 씨의 일과는 새벽 5시 30분에 시장을 향하는 것으로 시작된

재원산업 사내 식당에서는 국내산 최고급 재료만 쓴다는 원칙을 고수한다.

다. 수산물 경매시장에서 생선을 구입하고 채소 시장에 들른 뒤 8시쯤 회사에 도착한다. 십 분간 회의를 마치고 곧바로 식사를 준비한다. 비교적 적은 인원이 먹는 아침 식사는 전날 준비해 놓는다. 아침 식사가 끝나면 곧바로 점심 준비에 나선다. 윤 씨는 국내산 최고급 식재료만을 사용하고 냉동 해산물은 거의 쓰지 않는다는 철학을 고수한다. 그날그날 찧은 국내산 특미를 하루에 사용할 분량만큼만 받고, 고춧가루나 다른 양념도 모두 질 좋은 국산을 사용하며, 항구도시인 만큼 신선한 해산물을 곧바로 메뉴에 올리기도 한단다. 필자가 방문했을 때 식당 입구에 걸린 주간 메뉴판에는 흑병어조림, 조기양념찜, 고등어조림 등이 적혀 있었다.

그동안 일하면서 특별히 느낀 점이 있느냐는 물음에 윤 씨는 뜻밖에도 CEO의 경영 철학이 인상적이라고 대뜸 답했다. 회사를 책임지고 있는 심 회장이 직원들 식사는 최고로 준비해서 대접해야 한다는 생각에 식당에 많은 관심을 기울인다고 한다. 예고 없이 불쑥 식당에 들어와서 이것저것 지시한 일이 여러 번 있었는데, 그때마다 직원들의 건강이 첫째이며 그것은 음식에서 시작한다는 철학을 밝혔다고 한다. 윤 씨는 다른 기업에 출장 갔다 온 직원들이 해쓱해져 오면 마음이 아프다고 했다. 그녀는 외국인 직원이 아프면 누룽지를 끓여 대접하고, 종교적 이유로 돼지고기를 먹지 않는 인도네시아 직원을 위해 고기를 빼고 두부만 넣은 깻잎전을 준비할 만큼 섬세하게 직원을 보살피고 있었다. 윤 씨에게 회사는 친정이나 마찬가지인 듯 보였다.

회사가 직원을 어떻게 생각하는지 보여 주는 지표

얼마 전 일본 체중계 제조 업체 타니타의 사내 식당이 큰 화제를 일으킨 적이 있다. 저염식 식단으로 스스로 몸무게를 조절할 수 있는 일명 다이어트 식당인데, 이 식당의 조리법을 출판한 책이 무려 400만 부 이상 팔렸으며 영화로 제작되기도 했다. 식당 메뉴를 맛보고 싶어 하는 사람들의 성화에 못 이겨 타니타는 도쿄 시내에 일반인이 이용할 수 있는 사내 식당 지점을 만들었다.

일본에서 가장 맛있는 사내 식당 스무 곳을 취재한 무크지《사내 식당 베스트 20》에는 타니타, 일본 휴렛패커드(HP), 일본 코카콜라, 세이부 백화점 등이 소개됐다. 표지를 넘기면 다음과 같은 글을 볼

직원들에게 어떤 사내 식을 대접하는지 본다면 회사의 경영 철학을 알 수 있다.

수 있다. "회사에서 제공하는 사내 식은 단순한 한 끼 식사가 아니라, 회사의 문화 등 기풍이 담겨 있으며 회사가 직원을 어떻게 생각하는지를 보여 주는 지표다." 직원들에게 어떤 사내 식을 대접하는지 본다면 회사의 경영 철학을 알 수 있는 셈이다. 좋은 사내 식당은 건전한 경영 철학, 양질의 식재료, 회사를 신뢰하는 조리사들이 만들어 낸 합작품이다.

사원을 중시하는 윌리엄 휴렛과 데이비드 패커드(HP 공동 창업자)의 철학이 드러난 곳도 사내 식당이다. 두 사람은 사원과 그 가족 들을 모아서 바비큐 파티를 열기도 했다. 그런 풍토가 지금의 일본 HP에도 살아 있는데, 일본 사내 식당의 신이라 불리는 다카야마 겐이치가 바로 그 회사에 근무하고 있다. 그는 입사하고 나서 칠 년째에 총무부로 이동해 복리 후생 관련 일을 하게 되면서 사식(社食)에 대해 고민하기 시작했다. 800석짜리 식당을 100석으로 축소하고 멋진 스웨덴제 의자를 도입하는 등 대대적으로 개조를 했다. 사원의 건강은 회사에 매우 중요하므로 사식을 통해서 건강 지키기에 공헌하고 싶다는 것이 그의 포부다. 기회가 된다면 다카야마 씨를 직접 만나 사내 식당에 대한 심도 깊은 이야기를 해 보고 싶다.

여수 재원산업에서 점심을 먹으며 한국을 대표하는 사내 식당으로 부족함이 없다는 생각이 들었다. 경영자들이 직원 복리 후생 차원에서 사내 식을 바라본다면 과감한 투자도 할 수 있지 않을까? 어려운 일은 아니지만, 그렇다고 쉬운 일도 더더욱 아니다. 많은 회사들이 편리함이나 효율성을 이유로 사내 식당 운영을 외부 업체에 맡기거나 쿠폰을 발행한다. 재원산업은 하루 세 끼 일 년 365일 하루도 빼놓지 않고 맛있는 밥을 직원들에게 무료로 제공한다. 하루도 쉬지 않는 이유는 명절이나 휴일에도 회사 기숙사에 머무는 외국인 직원을 위해서다.

재원산업은 여수시 국가 산업 단지 낙포에 위치하고 있다. 사내 식당은 일반인에게 개방되어 있지 않으니, 견학을 희망한다면 대표 전화(061-690-9200)로 직접 문의해야 한다. ●홍경수

여수의 잠자리

숙소는 단지 잠자리가 아니다. 여행이 연장되는 공간이고, 다양한 사람들이 모이는 공간이며, 일상생활에 찌든 몸과 마음을 위로하는 공간이다. 숙소가 관광산업의 핵심 인프라라는 것은 잘 알려져 있다. 엑스포를 계기로 여수에는 수많은 숙소들이 들어섰다. 엑스포는 끝났지만, 묵을 만한 숙소가 늘어난 여수에는 많은 관광객이 몰려든다. 여수 여행을 가면 어디에서 자야 할까?

나비잠 & 플라잉피그
나비잠을 만든 안선희 씨는 해외에 거주한 경험을 살려 고향 여수에서 게스트 하우스를 시작했다. 예전에 모텔이었던 건물을 개조해서 게스트 하우스로 만들었다. 여수 관광의 필수 코스인 봉산동 게장 골목과 돌산대교 근처에 있다. 나비잠에서는 아침에 토스트뿐만 아니라 볶음밥과 갓김치를 제공한다. 손님들이 여수의 맛을 느낄 수 있는 기회인 셈이다. 한식을 좋아하고 넓은 공간을 선호하는 사람이라면 나비잠을 추천한다. 손님이 적으면 방을 혼자 쓸 수 있도록 배려해 주기 때문이다. 또한 게스트 하우스 자체적으로 야경 투어를 실시하고 있어서 편리할 듯하다.

2014년 4월에 방문했을 때 나비잠의 사장은 바뀌어 있었으나, 여러 서비스는 그대로 이어지고 있었다.

　대중교통으로 여수를 방문한 사람에게는 진남관 앞 플라잉피그가 편리할 것 같다. 진남관은 여수 관광의 1번지일뿐만 아니라 뒤편으로 고소동 벽화 마을, 구항(종포) 워터프론트, 하멜 등대, 이순신 광장, 교동 시장 등으로 연결된다. 플라잉피그 노성호 대표는 사진 촬영에 조예가 깊은 듯 인터넷 카페에 여수 관련 사진을 많이 올려놓았으며 출사 안내도 자세하게 해 놓았다. 특히 게스트 하우스를 방문한 손님들의 사진을 찍어 인터넷 카페에 올리고 각각의 이름과 현재의 고민과 앞으로의 꿈을 세세히 적어 두었다. 필시 노 대표는 손님들을 대부분 기억할 것만 같다. 이곳에서 치유받은 손님 가운데 아예 직원으로 눌러앉은 경우도 있다. 서울에서 미술사학을 전공한 한 직원은 2013년 6월에 여수 여행을 왔다가 플라잉피그에서 1박을 했는데 그 짧은 시간 동안 노 대표와 뜻이 통해서 10월부터 게스트 하우스에서 일하고 있다.

　게스트 하우스는 단순히 숙박만을 위한 공간이 아니다. 여행자들이 휴식하고 소통하고 치유받는 공간이다. 지역 관광을 활성화하고자 하는 지방자치단체들은 게스트 하우스를 지원하는 데 적극적으로 나서야 한다. 스무 명이 묵을 수 있는 게스트 하우스라면 일 년에 2000명은 방문할 것이다. 그러나 지방자치단체들은 여행사 못지않게 게스트 하우스에도 인센티브를 제공해야 하지 않을까?

디오션 리조트
4인 이상 가족이나 친구 여러 명 단위로 여수의 해산물을 마음껏 즐기고 싶다면 디오션 리조트가 최상의 선택이다. 주방 시설이 잘 갖춰져 있어서 수산 시장에서 싸게 사 온 생선이나 조개류를 조리해 먹을 수 있다. 바다 전망도 좋다. 시청이 있는 여수 신시가지에서 4.5킬로미터 떨어져 있다. KTX를 탄다면 여수엑스포역보다는 여천역에서 내리는 것이 더 가깝다.

엠블호텔여수
여수 엑스포장 바로 옆에 있는 특급 호텔이다. 비싸다. 하루에 20만 원을 넘게 주었다. 그래도 야경은 정말 대단하다. 호텔에서 바라보면 엑스포장과 오동도가 한눈에 들어온다. 아름답다. 씁쓸하지만 돈이 있으면 좋구나 하고 생각하게 된다. 여수 엑스포 기간 내내 각국 대표 VIP들이 머물렀다. 연인과 낭만을 즐기고자 한다면 하루 정도 투자할 만하다. 숙박이 부담스러운 이들은 호텔 꼭대기 층에 있는 스카이라운지를 이용해 보자. 여수 밤바다를 바라보며 와인 한 잔. 바다 쪽으로 나 있는 덱(deck)에서 야경을 감상하는 것도 추천할 만하다. 덱을 따라 오동도로 길이 이어져 있다. 아침에 오동도로 산책을 다녀오는 것도 좋다. 늦겨울과 초봄 동백꽃 필 무렵 오동도의 아침은 늦잠을 포기할 만큼 상쾌하다.

오동재

여수의 유일한 한옥 호텔이다. 목포에 영산재가 있다면 여수에는 오동재가 있다. 둘 다 전남개발공사의 작품. 여수엑스포역에서 500미터 떨어져 있어 짐이 많지 않다면 걸어가도 된다. 언덕 위에 위치해 여수 앞바다가 훤히 내려다보인다. 엑스포 관련 시설도 가깝다. 시내로 나가려면 택시를 이용하는 편이 낫다. 방문을 열고 들어서면 나무 냄새가 그윽하다. 대청마루에 앉아 차를 마시며 바닷바람을 즐겨 볼 만하다. 풀벌레 소리를 들으면 바라보는 야경도 좋다. 11평짜리 일반형부터 24평 단독 대형까지 다섯 종류의 객실이 있다. 4인 가족이 함께 묵으려면 18평 이상을 써야 하는데 가격이 좀 센 편이다. 인터넷 호텔 예약 전문 사이트나 소셜 커머스 앱을 이용하면 할인을 받을 수 있다.

향일암 요사채

한밤중에는 끝없이 펼쳐진 밤바다와 하늘에 떠 있는 하얀 달을 볼 수 있다. 새벽에는 대한민국 최고라는 환상적인 일출이 기다리고 있다. 망망대해를 물들이며 솟아오르는 해. 남해를 향해 절벽에 자리한 향일암은

해와 달과 바다를 완상할 수 있는 최고의 숙소다.

향일암은 644년 신라 원효대사가 원통암이란 이름으로 창건한 사찰이다. 그 뒤 1715년에 향일암으로 개명했으며 수차례 훼손되고 증축하기를 거듭했다. 향일암이 위치한 금오산은 예로부터 풍수지리상 거북이의 형국이라 해서 영구암으로도 널리 알려져 있다. 초봄 동백꽃이 아름답게 피어 있는 금오산을 오르면 기기묘묘한 바위들을 만난다. 암자로 오르는 길이 아기자기하면서 신기하고, 어떻게 이런 곳에 암자를 지었을까 생각이 든다. 여수 엑스포 기간에는 1박에 1000원만 받았다. 아침까지 해결할 수 있으니 금상첨화. 저녁의 고즈넉함에 절로 마음이 다스려지고, 스님들의 소리 없는 움직임이 경건하고, 염불 소리가 새벽 바다를 깨운다. 어두운 바다를 깨고 나오는 일출을 보는 것은 잊을 수 없는 경험이다. 힐링을 원한다면 강력히 추천하는 장소였는데 지금은 기도하는 손님에 한해(하루 여섯 시간 기도하는 조건) 숙박을 허락한다고 한다.(1박에 2만 원) 아쉽고 아쉽고 또 아쉽다. 만약 일반인 템플 스테이를 연다면 꼭 한번 시도해 보길.

히든베이 호텔

엑스포의 인공과 오동도의 자연이 뒤섞인 엠블호텔여수의 호화로운 전망이 부담스럽다면 히든베이 호텔이 대안이다. 오직 잔잔한 바다를 접하며 여수(旅愁)를 즐길 수 있다. 모든 객실에서 금빛 물결과 점점이 뿌려진 섬, 암초에 솟은 작은 등대가 보인다. 여수 중앙동에서 4킬로미터 정도 떨어져 교통이 불편한 것이 단점. 시가지와 먼 외진 곳이라 주변 편의 시설도 부족하다. 여수의 고요한 정취를 느끼고 싶다면 하루 묵을 만하다.

기타

시청 근처 　시청과 선소가 가까운 학동에 베니키아나르샤, 벨라지오, 비엔비치 등 관광호텔과 좋은 모텔이 몰려 있다. 여수의 밤 유흥을 즐기고 싶다면 선택할 만하다. 여수엑스포역보다 여천역이 더 가깝다.

연안 여객 터미널 근처 　아모르, 다이아 등 모텔이 몇 군데 있다. 학동의 모텔들처럼 깔끔하지는 않지만 여수 구도심을 샅샅이 다녀 보고 싶다면 베이스캠프로 삼을 만하다. ● 손현철, 홍경수, 서용하

섬 마을 맛 기행

거문도 삼치
금오도 갯것 정식
하화도 부추
백야도 손두부
개도와 낭도 막걸리

삶의 맛을 찾아가는 섬 여행

어릴 적 전남 신안 증도로 시집간 누나를 만나러 방학 때 여러 차례 섬을 찾았다. 목포에서 출발한 배에서 뭉게구름이 변해 가는 모습을 보았던 기억이 선명하다. 섬사람들은 그들에게 미지의 세계이자 호기심의 대상이었던 육지에서 온 어린이를 환대해 주었다. 여름 내내 백사장에서 놀다가 얼굴이 새카매진 기억, 방학 끝날 즈음 또다시 뭉게구름을 올려다보며 육지로 돌아온 기억이 한 폭의 유화처럼 남아 있다. 초등학생이었던 필자에게 섬은 방학 숙제를 해야 한다는 현실을 잊을 수 있고 부모님의 간섭을 피할 수 있는 숨은 공간이었다.

「낭독의 발견」이라는 방송 프로그램을 막 시작한 초창기에 정현종 시인을 초대했다. 그의 시 「섬」 낭독을 부탁드렸다. 머리가 희끗한 중년의 시인은 담담하게 시를 읽어 나갔다. "서엄. 사람들 사이에 섬이 있다. 그 섬에 가고 싶다." 지나치게 짧은 감이 있었지만, 시인의 낭독에는 서늘한 무엇인가가 있었다. 사람에게 가 닿고 싶은 외로움과 그리움이 닳고 닳아 흔적만 남은 목소리. 섬은 사람과 사람 사이에 존재하는 그 무엇일까? 아니다, 시인은 사람과 사람 사이에 존재하는 그 무엇으로 섬을 상정한 것일 게다.

섬은 특별하다. 육지에서는 아무리 산간 오지라 해도 어떻게든 찾아갈 수 있지만, 섬은 비바람이 조금만 세져도 고립되어 버린다. 국토이면서 마음대로 닿을 수 없는 곳, 섬의 매력은 거기에 있다. 세상일이 뜻대로 되지 않거나 삶의 무게가 가슴을 짓누를 때 문득 가고 싶은 곳이 섬이다. 섬은 반도의 끝에서 뚝 떨어져 육지인의 애환을 받아 주는 곳이다. 이것이 섬을 바라보는 육지인의 관점이다.

섬은 국토의 최전선이며, 치열한 생산의 현장이고, 육지와는 다른 시간이 흐른다는 것을 섬사람이라면 누구나 알고 있다. 섬에는 다른 시간이 흐른다. 슬로시티 청산도에서는 느릿느릿 시간이 흐르고, 홍도와 흑산도에서는 한국과 중국의 중간쯤 되는 속도로 시간이 흐르며, 도초, 비금, 장산, 안좌에서는 암호 같은 적요의 시간이 흐른다.

여수에도 360여 개의 섬이 있다. 금오도, 개도, 상화도, 하화도, 사도, 추도, 낭도, 손죽도, 초도, 거문도…… 고려 시대와 조선 시대에 뭍에서 섬으로, 섬으로 향하던 발걸음들이 스치다 멈춘 곳이다. 여수의 섬에서는 멀리 동해에서 서해까지 마음대로 다니며 자급자족하던 사람들의 활달한 시간이 흐른다.

시간만 다른 게 아니다. 섬은 음식 맛도 다르다. 금오도 갯것 정식에는 육지의 화려한 한정식이 따라잡을 수 없는 원초의 맛이 있고, 개도와 낭도 막걸리에는 해풍이 담겨 있는 듯 비릿한 맛이 느껴진다. 하화도 부추에는 톰 존스의 노래 「그린 그린 그래스 오브 홈(Green Green Grass of Home)」 같은 추억의 맛이 있으며, 거문도의 살살 녹는 삼치와 고소한 갈치에는 소설가가 묘사한 삶의 맛이 녹아 있다. 도대체 삶의 맛이란 무엇일까? 도무지 알 수 없는 것이 삶이며, 더 알 수 없는 것이 맛일진대, 삶의 맛은 사람과 음식이 만들어 내는 기묘한 조화가 아닐 수 없다.

그리하여 우리의 발걸음은 섬으로 향한다. 삶의 무게가 버거울 때, 삶이 돌연 공허하게 느껴질 때 몸과 마음을 육지와는 다른 시간에 내맡겨도 좋으리. 우리 몸을 길들여지지 않은 원초적인 맛에 맡겨도 좋을 것이다. 우리가 사는 세상과는 거리를 유지한 채 뚝 떨어져 있는 섬에서 자신을 추스르고 스스로를 바라보는 것만으로 치유받을 수 있다.

이번 여름휴가에는 여수의 어느 섬 민박집에 여장을 풀고 일주일 정도 쉬면서 문어, 돔, 전복 등 해산물로 몸을 건사하고 싶다. 아침에 늦잠을 자고 일어나 민박집에서 주는 아침상을 마주하고 객쩍은 농담을 나누다가 슬슬 백사장으로 나가 책 몇 권 보다가 금세 잠들리라. 뙤약볕과 미풍이 잠을 깨우면 흘러가는 뭉게구름을 하염없이 바라보다가, 시원한 개도 막걸리를 한잔 들이켜고 공책에 뭔가 끼적거리다가 다시 잠이 들 것이다. 휴가가 끝나면 까매진 얼굴로 배를 타고 뭉게구름을 치어다보며 육지로 돌아오리라. 서울의 한 주점에서 그해 여름은 행복했다고 웃으며 말하리라. ● 홍경수

여수, 어디까지 가 봤니? 거문도 미식 기행

필자의 여수 미식 여행은 거문도를 정점으로 상정하고 있었는지 모른다. 거문도에 관심이 간 이유는 현재 그 섬에 거주하며 소설을 쓰고 있는 한창훈 작가 때문이다. 그는 섬과 바다와 사람의 삼중주를 글로 풀어내며 『홍합』(한겨레신문사, 2009)이나 『인생이 허기질 때 바다로 가라』(문학동네, 2010) 등 바다 냄새 물씬 풍기는 이야기를 건져 내었다. 유명 소설가가 절해고도 거문도에 산다는 것이 흥미로웠으며, 소설가와 이웃하며 사는 섬 주민들은 그를 얼마나 든든하게 여길 것인지 생각만 해도 흐뭇했다. 맛있는 음식과 재미있는 이야기꾼이 있는 거문도로 발걸음이 저절로 움직여졌다.

근대 제국주의 국가들이 모두 탐낸 천혜의 땅

거문도는 여수에서 100킬로미터 이상 떨어진 곳이며, 여수와 제주의 한가운데 위치한 대한민국 영해 기준점이다. 오래전부터 거문도 사람들은 바람과 조류를 이용하여 울릉도와 독도를 제집 드나들듯 했고, 그 기억이 아직도 남아 있다.

또한 러시아 남하 정책의 거점이 될 만한 위치여서 러시아, 일본, 영국, 미국이 모두 탐낸 땅이었다. 즉 제국주의의 각축장이었다. 1867년 미국 와추셋호 함장이었던 슈펠트 중령은 거문도 해역 탐사를 위해 섬에 도착했다. 그는 거문도가 항만으로서 조건이 적절하며 해군 휴양소로도 유용하게 사용될 수 있다고 판단했다. 거문도의 아

고도와 서도, 동도 가운데로 흐르는 바다는 호수처럼 잔잔하고 고요하다.

름다운 자연환경과 온화한 기후 조건이 매력적이어서 차마 떠나기 싫다고까지 보고했다.(김준옥, 2005) 실제로 영국은 1885년부터 약 이 년 동안 거문도를 불법 점령하기도 했다. 일제강점기 때는 일본인 370여 명이 집단 어업 이민을 와서 거주하고 조선총독부 총독 미나미 지로가 방문할 정도로 규모가 큰 일본인 거점 지구였다.

    이들은 모두 거문도의 천혜의 자연환경과 풍부한 식량 자원에 매력을 느꼈음에 틀림없다. 토지가 비옥하여 농작물을 자급자족할 수 있으며 구로시오 난류의 지류인 쓰시마 난류가 거문도를 거쳐 지나가서 다양한 해산물들이 잡히기 때문이다.

    거문도는 고도와 동도, 서도 등 세 섬으로 이뤄져 있다. 세 섬이

어깨동무를 하듯 서 있고, 그 가운데로 흐르는 바다는 호수처럼 잔잔하고 고요하다. 고도와 서도는 삼호교로 연결되어 있고, 동도와 서도를 잇는 연도교 공사가 한창이다. 일제강점기에 일본인들이 행정과 상업 중심지로 개발한 곳이 고도다. 고도에는 해방 직전까지 큰 기선을 두 척이나 소유한 어업 경영자도 있었고, 병원과 이발소, 목욕탕뿐 아니라 유곽도 일곱 군데나 있을 정도로 번성했다. 거문도에서는 개도 돈을 물고 다닌다는 말이 나왔고, 동도와 서도에 사는 한국인들 사이에서 고도는 돈섬으로 불렸으며, 고도가 게 모양을 하고 있어서 돈을 집어 든다는 말까지 나왔다.(여박동, 1993)

거문도의 아픈 역사를 고스란히 간직한 여관에서의 하룻밤

출판사에서 한창훈 작가의 전화번호를 받아 들고 연락을 시도했다. 그런데 지금은 육지에 나와 있다는 게 아닌가. 다행히 필자가 여행하기로 한 2014년 1월 말 한창훈 작가도 거문도로 돌아간다고 하여 안도했다.

거문도로 여행을 떠나는 날, 필자는 12시 30분에 출발하는 오가고호를 탔다. 나로도, 손죽도, 초도를 들러 거문도 서도, 마지막에 거문도항에 도착하는 배였다. 배 안을 둘러보다가 열심히 책을 읽고 있는 한창훈 작가를 발견했다. 이야기를 건넬까 하다가 방해할까 싶어 내릴 때쯤 인사를 했다.

배에서 내려 작가의 소개로 고도민박에 여장을 풀었다. 다행히 손님이 필자뿐이어서 어느 방에서 자도 좋다는 허락을 받아 가장 안

고도민박의 과거(1970년대).
고도민박은 1925년 일본 여성이 지은 여관 건물을 개조한 것이다.

쪽 상하 방(문 하나로 나누어 쓸 수 있는 방)을 선택했다. 고도민박은 구
십 년 된 고가(古家) 여관이다. 중개무역상으로 활동하던 일본 여성
나카키치가 1925년에 지었는데, 집에 쓰인 모든 목재는 일본에서 공
수해 온 것이라고 한다. 기둥 하나 가격이 1000엔이라고 기록된 것(여
박동, 1993)으로 보아 매우 사치스러운 건물이었음을 짐작할 수 있다.
게다가 못을 일절 사용하지 않는 결구 방식으로 만들어졌단다. 나카
키치는 고위 장성 아버지의 비호 아래 해산물 수출로 큰돈을 벌어들
여 한때 전라남도 10대 갑부 중 하나로 이름을 날렸다고 전해진다. 일
제강점기 재향군인회 거문도 분회의 기록인 「거문도 분회사」에도 이

고도민박의 내부. 여닫이문이나 다다미 바닥이 일부 보존되어 있다.

민박집이 등장한다. 당시 군사 요충지였던 거문도에는 일본군 고위 간부들의 방문이 줄을 이었고 그들의 숙소가 나카키치 료칸이었다.

    지금 집주인인 김길생 씨의 조부는 일제강점기에 나카키치의 서기로 일하면서 중개무역 방법을 익혔고 해방이 되고 나서 이 집을 인수했다고 한다.(이동원, 2012) 김길생 씨의 부인 이미자 씨는 나카키치의 딸이 일본에서 두세 번 찾아왔고 일본 방송국에서 취재를 온 적도 있다고 말했다. 그 이유는 역사성 때문이기도 하지만 건물 규모 때문이기도 했다. 90여 평이나 되는 대지에 커다란 2층 건물이 우뚝 서 있는데, 2층에만 열 칸 넘는 방이 있다. 지금은 원래 있던 기와지붕이 슬레이트 지붕을 거쳐 함석지붕으로 바뀌고 알루미늄 새시가 달려 있으나 내부 여닫이문이나 다다미 바닥은 일부 보존되어 있다. 이미자 씨는 기존 다다미가 약간 손상되어 광주에 사는 기술자를 불러서 일본에서 다다미를 직접 사다가 새로 시공했는데, 예전처럼 두툼하지 않다며 아쉬워했다.

이 여관이 있는 고도의 거리는 1908년 이후 일본 어민이 집단 이주한 흔적이다. 1908년 30여 명, 1910년 50여 명, 1918년 322명으로 증가한 일본인들 때문에 고도에는 병원, 이발소, 목욕탕까지 있었다. 또한 거문도가 지정 항으로 승격되고 어업조합이 일찍이 형성되었다. 그러나 거문도민의 삶은 피폐해져 갔다. 반어반농 상태였던 거문도민은 대부분 어업 노동자나 점원으로 전락하거나 외지로 떠났다고 주민들은 증언한다.(여박동, 1993) 그 역사의 흔적이 남아 있기에 당시 민초의 아픔이 더욱 생생하게 전달된다.

관광객 중에는 거문도에 일본풍 건물이 남아 있다는 것 자체를 탐탁지 않게 생각하는 사람도 있다고 한다. 물론 고도민박 건물은 한국인에게 잊고 싶은 기억의 흔적이다. 하지만 오래된 건물 자체에 무슨 죄가 있을까? 백 년 가까이 되는 역사를 느낄 수 있는 기록으로서 고가(古家)의 문화적 가치는 결코 가볍지 않다. 오히려 오래오래 남겨 그 시기에 있었던 이야기를 생생하게 후대에 전하는 것이 마땅하다. 이미자 씨 역시 집을 유지, 보수하느라 새 집을 짓는 비용 이상이 들어갔는데도 지금까지 이 집을 지켜 온 것에 자부심을 갖는 것처럼 보였다.

이러한 역사적 유물의 보존을 온전히 개인에게 맡기는 것은 온당치 않다. 고도민박뿐 아니라 고도에 있는 상가 건물들은 대부분 일제강점기 때 세워진 것이다. '현대화'를 거치며 변형된 외관은 옛 모습을 상당 부분 잃었지만, 내부에는 역사의 흔적이 고스란히 남아 있다. 시간이 멈춘 공간 같았던 거문슈퍼 건물에도 2~3층에 걸쳐 방이 수십 개 있었는데, 소유주 김무환 씨는 이 집을 어떻게 유지할지 고민이 많다고 했다. 지방자치단체와 시민 단체의 관심이 거문도까지는 닿지 않는 것일까? 거문도를 소재로 한 드라마를 만들어도 좋겠다는 아이디어가 떠오른다. 고도의 거리를 조금만 손보면 그 자체로 훌륭한 세트 촬영장이 될 것임에 틀림없다.

거문도 최고 낚시꾼의 삼치 회와 소설가의 맛 이야기

한창훈 작가는 거문슈퍼 앞에 놓인 기다란 평상에 앉아 있었다. 여수의 맛을 통해 여수를 이해하는 책을 쓰고자 한다는 필자의 설명에 귀를 기울였다. 그 역시 바다 음식에 관한 책 『인생이 허기질 때 바다로 가라』를 이미 썼고 지금은 후속작을 쓰고 있다고 했다. 거문슈퍼 사장인 김무환 씨가 책에 들어갈 사진을 담당하고 있다.

거문도의 참맛을 보기에 딱 좋은 곳이 있는데 하필 그 식당 주인인 후배가 여수에 일 보러 갔다며 아쉬워했다. 고민하던 그는 PC방을 운영하는 형님에게 회를 쳐 달라고 부탁했다. 그러고는 지나가던 주민을 붙잡아 그녀의 남편이 삼치 낚시를 나갔다는 정보를 입수하여 삼치 한 마리를 부탁했다. 이제 낚싯배를 기다리는 일만 남았다. 선착장에 나가 기다렸지만 좀처럼 배는 들어오지 않았다. 그사이 돔 낚시를 마친 주민이 작가에게 2킬로그램은 되는 대물을 선물했다. 이 돔만 있어도 저녁으로는 부족함이 없다 싶었다. 곧이어 우리가 기다리던 낚싯

거문도에 살면서 섬과 바다와 사람의 삼중주를 글로 풀어내고 있는 한창훈 작가.

배가 들어왔고 4킬로그램짜리 삼치를 받았다. 김무환 씨가 삼치 꼬리를 잡고 한창훈 작가와 필자가 그 뒤를 따랐다.

우리가 도착한 곳은 해밀턴 모텔 골목길 끝 거문 PC방 겸 당구장. 문을 열자 줄지어 놓여 있는 컴퓨터들 옆으로 부엌이 보였다. 커다란 수조 안에서 갯장어가 헤엄치고 있었다. PC방 사장의 술안주용 수조라고 했다. 한창훈 작가는 익숙한 솜씨로 거대한 삼치의 비늘을 제거하고 배를 갈라 내장을 꺼내고 피를 씻었다. 그러고는 PC방 사장에게 배턴을 넘겼다. 마산이 고향이라는 PC방 사장은 거문도에 낚시하러 왔다가 관광 온 서울 여자와 정착한 낚시 마니아. 그는 일본 소설 『가이자 미식가 가이코 다케시』를 닮았다. 가이코 다케시가 전용 요리

거문도 최고 낚시꾼이 직접 뜬 삼치 회. 김에 양념장을 묻힌 삼치 회를 얹고 양파, 김치, 밥을 올려서 먹는 것이 거문도 스타일이다.

사를 대동하고 바다낚시를 나가 대물 물고기를 배 위에서 회 쳐 먹는 사진을 본 적이 있는데, 대식가다운 풍모가 인상적이었다.

　PC방 사장은 익숙한 솜씨로 삼치를 세 장 뜨기(생선 뼈를 중심으로 위아래 살과 뼈 부분으로 나누어 뜨는 방법) 하더니, 곧장 접시에 두툼한 회를 담아내기 시작했다. 제철이라 그런지 삼치는 보드라운 기름 입자로 반짝반짝 빛이 났다. 껍질은 가죽처럼 다소 질기기 때문에 살만 회로 쳐 냈다. 촉촉한 기름기를 머금은 삼치 살이 아이스크림 잘리듯 미끄덩 잘려 나왔다. 등살은 다소 어두운색을 띠는 데 비해 뱃살은 더 밝은색을 띠었고 고등어처럼 긴 적갈색 띠도 박혀 있었다. 옆에서는 당구 치는 소리가 간간이 들리고, 새로 들어오는 사내들은 환상적인 삼치의 유혹이 새삼스럽지 않다는 듯이 맛보라는 제안에도 쓱 쳐다만 보고 곧장 당구장으로 향했다. 그동안 안주인은 김을 굽고 묵은 김치와 양념간장과 밥을 준비해 왔다.

김에 양념장을 묻힌 삼치 회를 얹고 양파 조각과 김치, 밥 약간을 올려서 먹는 것이 거문도 스타일이다. 일종의 삼치 마키('말이'를 뜻하는 일본어)인 셈이다. 이 없이 혀만으로도 먹을 수 있는 게 삼치 회라고 했던가. 삼치 쌈은 입속에서 놀라운 조화를 이루며 맛을 터트렸다. 삼치 살이 고소하면서도 약간 느끼했는데, 묵은 김치의 시원한 맛이 이를 잡아 주었다. 양념간장은 느끼한 삼치와 시원한 묵은 김치를 화해시키는 역할. 서로 다른 맛이 싸우고 화해하고 함께 손을 잡는 느낌. 삼치가 끝없이 입으로 들어갔다. 삼치의 절반만 먹겠다는 다짐은 수정되었다. PC방 사장도, 안주인도, 작가도, 거문슈퍼 사장도 모두 겨울 삼치는 오랜만에 맛본다며 입을 모았다. 삼치를 3분의 2 정도 먹었을까, 더 이상 못 먹겠다며 휴전을 선포하듯 젓가락을 내려놓았다.

이런저런 이야기가 오간 뒤에 다시 안주인에게 삼치전을 부탁했다. 감사하게도 흔쾌히 승낙해 주었다. 그녀는 달걀을 풀고 휴대용 가스레인지의 불을 켜고 프라이팬을 올렸다. 지지직, 삼치와 달걀이 한데 구워지며 소리를 냈다. 무채색의 삼치 살이 샛노란 옷을 입었다. 삼치전 두 접시가 완성되고, 기름기 바글바글한 전을 입에 넣었다. 기름진 생선전이 맛있는 것은 상식이다. 부드럽고 고소하고 달착지근했다. 목포 민어전이 좀 더 부드럽다면, 거문도 삼치전은 다소 결이 느껴졌다. 하지만 갓 잡은 삼치를 거문도 PC방에서 즉석 전으로 먹는 맛이 결코 호락호락하지 않았다.

　마산 출신 낚시꾼과 서울 출신 관광객이 만나 가정을 이루며 사는 이야기가 호기심을 끌었다. 그 자체로 소설의 질료가 될 듯했다. 언젠가 한창훈 작가의 이야기에 툭 묻어 나올 것만 같다. 틀림없이 두 사람이 가까워지는 데 거문도 최고 낚시꾼의 생선회가 큰 역할을 했을 것이다. 그 생선 맛 때문에 두 사람은 거문도에 눌러앉았을까? 서울에서 네 시간, 다시 배로 두 시간 반, 서울에서 1000리가 넘게 떨어진 절해고도 거문도 PC방에서 거구의 낚시꾼이 회를 썰어 주고 그 안주인이 전을 지져 내며 소설가가 이야기보따리를 풀어 놓는다. 그 맛은 온전히 설명하기 어렵다. 소설 속에 들어가서 주인공의 술자리에 끼어든 기분이다. 밤 10시가 되어서 부른 배를 두드리며 숙소로 돌아왔다. 왠지 콜라가 당겼다. 밤늦도록 창가에 앉아 바다를 지켜보다가 새벽에 잠이 들었다.

거문도 등대 가는 길

다음 날 백도 가는 배가 손님이 없어 떠나지 못한다고 했다. 개인적으로 배를 빌리자면 50만 원은 든다고. 백도의 아름다운 풍광은 다음 기회로 미뤄야 했다. 관광객이 물밀듯이 밀려오는 행락 철에 어느 패키지 여행단과 함께 다소 떠들썩하게 보아야 하는 것이 숙명인 듯했다. 책에서 본 왕관바위 사진으로 아쉬움을 달랬다.

　백도를 가지 못한 대신 거문도를 좀 더 둘러보기로 했다. 영국군 묘지와 거문도 등대 쪽으로 가는 길. 일본 신사 터와 해저케이블 육양

기름진 삼치전은 부드럽고 고소하고 달착지근한 맛이 인상적이다.

지점 등 다양한 유적이 남아 있었다. 홍콩과 일본 사세보를 이었다는 해저케이블의 끝 부분을 보며 하마터면 거문도가 또 다른 홍콩이 될 뻔했다는 생각에 만감이 교차했다.

    거문도 등대를 보기 위해 고도에서 삼호교를 건너 걷기 시작했다. 그런데 유림 해수욕장을 따라 걷는 길이 만만치 않았다. 오토바이에 낚시 도구를 싣고 가는 할아버지가 보이기에 손을 들어 태워 달라고 부탁했다. 할아버지는 흔쾌히 이방인을 뒤에 태워 주었다. 바람에 머리카락을 휘날리며 한참을 달려갔다. 아뿔싸, 목넘어까지만 도로가 깔려 있고 그다음부터는 산길이다. 할아버지도 그곳에서 낚시를 한다고 했다. 여기까지라도 편하게 온 것에 감사하며 본격적으로 산길을 올랐다. 가는 도중에「거문도 뱃노래」를 들을 수 있는 노래비가 서 있었다.「가래소리」(그물에 걸려든 고기를 가래로 퍼 담으며 부르는 소리) 가사가 적혀 있고 단추를 누르니 녹음된 노래가 흘러나왔다.

　　　어랑성 가래야
　　　이 가래가 뉘 가랜고
　　　우리 배에 가래로다
　　　여그도 싣고 고물도 실어 보세

―「가래소리」중에서

　　전남 무형문화재 1호인「거문도 뱃노래」는 어부들의 노동요로,「고사소리」,「술비소리」,「놋소리」,「월래소리」,「가래소리」,「썰소리」로 구성되어 있다.「고사소리」는 출어를 앞두고 고사를 지낼 때 부르며,「술비소리」는 닻을 꼬면서 부르는 노래다.「놋소리」는 노를 저으면서 부르고,「월래소리」는 그물을 당기면서 부르며,「가래소리」는 그물에 잡힌 고기를 가래로 퍼 담으며 부르고,「썰소리」는 만선이 되어 돌아올 때 부르는 노래라고 한다. 고요한 산길에 퍼지는「가래소리」를 듣자 험한 바다에 나가 고기를 담는 어부의 뿌듯한 기분이 전해 오는 듯했다.

　　겨울이라 그런지 수월산 등허리를 지나 거문도 등대로 가는 길은 한적했다. 나무 터널을 지나고 바다 구경을 하다가 다시 길을 재촉하기를 여러 번, 고도에서 손에 잡힐 듯 보였던 거문도 등대에 좀처럼 당도하지 못하였다. 이생진 시인의「거문도 등대로 가는 길 1」은 닻을

하늘, 바다, 꽃을 보며 걷다 보면 어느새 거문도 등대에 다다른다.

듯 닿지 않는 여정을 잘 표현하고 있다.

> 숲 속을 나와
> 다시 숲 속으로
> 나는 천국에서 걷는 걸음을 모르지만
> 이런 길은 이렇게 걸을 거다
> 가다가 하늘을 보고
> 가다가 바다를 보고
> 가다가 꽃을 보고
> 가다가 새를 보고
>
> ─ 이생진,「거문도 등대로 가는 길 1」,『거문도』(작가정신, 1998) 중에서

 섬을 사랑한 시인 이생진은 열흘쯤 여유가 있다면 사흘은 자연에 취하고 사흘은 인물에 취하고 나머지 나흘은 역사에 취해 볼 만한 곳이 섬이라고 했다.
 설 명절을 앞둔 때문인지 섬 안에 관광객도 적은 데다, 여수에서 먼 길을 걸은 탓인지 몸도 피곤해서 트레킹은 포기했다. 1박 2일의 짧은 여행을 마치기로 하고 짐을 정리했다. 고도민박 옆 슈퍼에서 컵라면을 사서 뜨거운 물을 부탁했더니 묵은 김치 한 접시까지 내주었다. 슈퍼 앞 바다가 보이는 식탁에서 햇볕을 쬐며 먹는 컵라면이 어찌 맛없을 수가 있을까.
 수협 중매인을 겸하는 민박집 사장 소개로 삼치 3킬로그램짜리를 사서 배에 올랐다. 서울에 가서도 이 삼치가 맛있을까? 거문도에서

먹은 삼치 맛의 언저리라도 재현할 수 있을지 궁금해하며 쾌속선으로 향했다. 명절을 맞아 육지의 자녀 집에 설을 쇠러 가는 인파로 선착장이 북적였다. 선착장에는 아이스박스가 산더미처럼 쌓여 있고 그 상자 틈으로 삼치 꼬리가 나와 있었다. 참치 같기도 하고 상어 같기도 한 대물을 보면서 친척들에게 보내느라 거문도에서 삼치 구하기가 어렵다는 이야기를 뒤로하고 선실의 대형 TV에서 나오는 막장 드라마를 보기 시작했다. 서울에 도착한 삼치는 명절 내내 큰 이바지가 되었다. 반쪽은 친가에서 반쪽은 처가에서 술안주로 먹었는데 반응이 뜨거웠다. 삼치를 안주로 하는 술자리 요구가 계속 이어졌으나 제대로 응하지 못한 채, 따뜻한 봄이 오고 삼치 철이 지나고 말았다.

거문도는 여수항에서 쾌속선으로 두 시간 넘게 걸린다. 비수기에는 백도까지 구경하기 어려우니, 단체 관광으로 가는 것도 좋은 방법이겠다. 거문도에서는 삼치뿐 아니라 갈치와 문어, 해풍 쑥(바닷바람을 맞고 자란 쑥)이 유명하다. 2박 3일쯤 느긋한 일정으로 트레킹과 미식 기행을 즐기기 좋은 섬이다. 운이 좋으면 오토바이를 타고 지나가는 소설가를 만날 수도 있다. •홍경수

바다의 만찬, 금오도 갯것 정식

한 도시의 인기 메뉴, 식당은 부침을 거듭한다. 세상사가 모두 그렇듯 사람들의 입맛과 기호가 변하면서 음식의 대표 얼굴도 자주 또는 서서히 변한다. 몇 대째, 수십 년째 성업을 이루는 요리나 업소는 흔치 않다.

1990년대 후반, 수도권에선 조개구이 외식이 붐을 이뤘다. 식당 한 집 건너 한 집마다 갯물을 머금은 백합, 대합, 홍합이 익으면서 입을 벌렸다. 그런데 지금은 언제 그랬냐는 듯 그 많던 조개구이 집들이 사라졌다. 2000년대 초반은 안동 찜닭의 전성시대였다. 안동 시장 통의 메뉴가 서울에 소개되면서 선풍적인 인기를 끌었다. 간장으로 양념한 닭고기와 당면, 감자, 파를 듬뿍 넣고 끓여 내놓는 찜닭집이 사람들의 입맛을 사로잡았다. 그러나 십여 년이 지난 지금은 기세가 한풀 꺾였다. 몇 년 전부터 닭 요리의 대세는 튀긴 닭에 채 썬 파를 함께 내놓는 '파닭'이다. 경기도 안성의 한 시장에서 시작된 이 메뉴는 그 구성을 본뜬 치킨 체인점이 늘어나면서 전국으로 확 퍼졌다. 양념 대 프라이드(fried)의 대결 구도, 그 빈틈을 비집고 들어가 새로운 영역을 만들었다. 야구나 축구 중계를 손꼽아 기다리는 치맥파는 양념 반, 프라이드 반의 전통적인 주문 방식에 위협을 느끼며 파는 어디에 얹어야 할지 고민한다는 우스갯소리도 나온다.

최근 각광받는 여수의 미식, 섬사람들의 한 상 차림

여수의 대표 음식에도 부침이 없을 리가 없다. 1983년에 출간된 『한국의 발견』 총서 『전라남도』(뿌리깊은나무)에서는 여수 가서 맛볼 음식으로 개불 전골을 들고 있다. 아마 도회지 출신이었을 「여수」 편 필자에게는 환형동물인 개불을 먹는 게 신기해 보였을 것이다.

> 이곳에는 갖가지 해물로 만든 음식이 많은데, 그중에서도 노래미국과 개불 전골은 맛깔스러움이 뛰어나다. (……) 개불은 손쉬운 대로 잘게 토막 내어 날로 양념 초장에 찍어 "토드락토드락" 씹히는 맛으로 먹기도 하거니와 전골이나 포로 만들어 먹기도 한다. 전골은 알맞게 토막 낸 개불을 소고기나 돼지고기와 함께 갖은 양념을 곁들여 끓인 것인데 밥반찬으로나 술안주로나 군침이 도는 음식이다.
>
> ─뿌리깊은나무 편집부, 『한국의 발견 ─ 전라남도』
>
> (뿌리깊은나무, 1983) 중에서

윗글의 필자는 여수 토박이 소개로 개불 전골을 잘하는 식당을 방문했을 것이다. 부글부글 끓는 찌개에서 검붉은 개불을 몇 점 집어 먹고 그 맛에 감탄했을 것이 틀림없다. 하지만 삼십 년이 지난 2014년, 인터넷이나 여수 여행 소개서를 뒤지고 현지 전문가들에게 물어봐도 개불 전골을 내놓는 곳을 찾기 힘들었다. 여수의 여러 수산 시장엔 아직도 개불이 많이 나와 있는데 말이다. 왜 이렇게 된 것일까? 사람들의 입맛이 싱싱한 회 쪽으로 쏠리면서 씹는 질감이 남다른 개불을 굳이 익혀 먹지 않게 된 걸까. 어쨌든 여수시가 공식 선정한 여수 10미에도 개불 전골은 들어 있지 않다.

여수 10미에는 들지 못했지만 최근 주목받는 메뉴 중 꼭 맛봐야 할 것이 있다. 바로 섬사람들이 일상적으로 먹던 갯것 정식. 바다에서 난 갖가지 생물만으로 차린 한정식이다. 상에 오르는 재료들은 섬의 현지 바다에서 바로 따고 잡은 것들이다. 여수 시내에선 이 음식을 선뜻 내놓는 곳이 없기에, 갯것 정식을 한 상 거나하게 받으려면 일단 배를 타고 섬으로 가야 한다. 재료가 물을 건너오지 않기에, 맛볼 사람이 물을 건너는 셈이다. 100퍼센트 현지 음식을 먹기 위해 섬 구경까지 덤으로 하니 이거야말로 완벽한 미식 기행이다.

길이 나면 음식도 난다

갯것 정식의 본거지는 금오도. 위에서 보면 꼭 자라처럼 생겼다 하여 자라 오(鰲) 자가 들어간 황금 자라 섬이다. 여수 신기항에서 배로 삼십 분가량 걸린다. 주변에 널린 게 섬인데 왜 하필 이곳이 갯것 정식으

여수 신기항에서 배로 삼십 분가량 걸리는 황금 자라 섬 금오도.
비렁길이 조성된 이후 관광객이 몰리기 시작했다.

로 유명해졌을까? 길이 나면 장 서고 주막 생기는 것처럼 금오도에 비렁길이라는 탐방로가 생겼기 때문이다.

2000년대 후반, 제주 올레길, 지리산 둘레길이 조성되고 전국 각지에 걷기 열풍이 번지면서 그 바람이 한려수도에까지 밀어닥쳤다. 여수시도 주민들이 나무하러, 물질하러 다니던 금오도 해안길을 걷기 코스로 개발했다. '비렁'이 벼랑의 사투리이니 비렁길은 절벽을 따라 난 길이다. 총연장 18.5킬로미터, 부지런하게 걸으면 여덟 시간 삼십 분이 걸린다. 얼마나 아슬아슬할까. 파도 소리가 한쪽 담을 이루는 가파른 숲길이 이어지다가 어느새 발아래가 휑한 절벽이 나타난다. 바람이

숭숭 올라와 땀을 화하게 식혀 준다.

 여수 근방에선 돌산도 다음으로 큰 섬 금오도. 백여 년 전만 해도 사람이 살지 않는 험한 곳이었다. 섬 출입과 거주를 금한 조선의 공도(空島) 정책 때문이다. 1885년 입도가 허가되고 인구가 꽤 늘었다가 현재는 1500명가량으로 준 상태. 농사와 어로(漁撈)가 주업이던 주민들에게 비렁길 개통은 큰 변화를 가져왔다. 조용하던 섬이 갑자기 장이 선 것처럼 북적거리기 시작했다. 비렁길 답사가 절정이었던 2013년 봄에는 주말에 4000명씩 사람이 몰렸다. 그야말로 북새통. 길이 나고 사람이 몰리니 당연히 먹거리가 필요했다. 주민들은 관광객이 쏟아져 내리는 선착장 주변에 식당을 열고 자신들이 평소에 먹던 대로 한 상을 차려 냈다. 더도 말고 덜도 말고 금오도 바다에서 잡고 건져 올린 것만으로.

금오도 바다에서 건져 올린 갯것들의 향연

비렁길의 호젓함과 짜릿함을 만끽한 후 찾은 포구의 식당. 다섯 명이 앉은 큰 식탁에 하나둘 접시가 올라온다. 어류와 패류, 조류(藻類) 등 해산물을 꽤 안다는 미식가의 눈이 휘둥그레진다. 처음 마주하는 형태와 빛깔이다. 맛을 보기에 앞서 눈부터 환해진다. 접시에 수북이 담긴 갖가지를 가리키며 주인이 이건 뭐, 저건 뭐 알려 주는 이름도 새롭다. 군소, 거북손(보찰), 군봇(군부), 비말(보말), 꾸적(소라). 태어나서 보기도 처음이거니와 이름도 낯선 먹거리들. 아, 세상엔 내가 모르는 것이 너무 많구나. 밥상을 받고 겸손해지는 시간이다. 맛은 어떨까? 호기

씹는 맛이 색다른 군소. 입안에서 치대는 강도가 약하면서도 은근히 끈질기다.

심 반 허기짐 반으로 한 점씩 집어 본다.

먼저 검정 물이 든 스펀지를 썰어 놓은 모양의 군소. 보기에는 물렁할 것 같은데 씹으면 쫄깃하다. 치아와 만나는 느낌이 독특하다. 아이들이 즐겨 먹는 곰, 지렁이 모양의 구미(gummy)류 젤리를 씹으면 처음엔 빽빽하다가 나중엔 부드러워진다. 전복과 해삼은 씹으면 딱딱 끊기는 맛이 있다. 입안에 전달되는 군소의 질감은 구미류 젤리와 전복의 중간쯤이라고나 할까. 군소의 살은 입안에서 치대는 강도가 약하면서도 은근히 끈질기다. 굳이 비교하자면 소의 두 번째 위인 벌집양을 씹을 때 느낌이다. 씹는 행위, 저작(咀嚼)의 색다른 감각을 찾는 이에겐 아주 신선한 경험이다. 다른 어떤 육류나 어류와 비교하기 힘든 향취도 있다. 뭐랄까, 좀 오래된 종이가 물에 젖었을 때 나오는 냄새 같다고 할까.

군소는 복족류로 소라, 전복 등과 함께 연체동물문에 속한다. 영어로는 Sea Hare. 살아 있는 군소의 모습을 보면 머리에 귀처럼 삐죽 나온 돌기가 있어 꼭 토끼처럼 보인다. 잘 먹어서 살이 포동포동한 아기 토끼 모양이다. 몸집을 보면 군소의 다른 이름이 물도새기('도새기'는 새끼 돼지를 일컫는 제주도 방언)인 것이 이해가 간다. 남해안 섬사람들은 예전부터 군소를 먹었다. 정약전은 『자산어보』에서 "맛은 담박하다. 그러나 백 번 씻어 피를 없애지 않으면 먹기 힘들다."라고 적었다. 군소도 문어의 먹물 같은 물총 무기가 있다. 위급 상황이 되면 보라색 물감을 뿜고 내뺀다. 백과사전의 사진을 보니 헝클어진 스파게티 면처럼 생긴 알을 해초 위에 한 뭉치 싸지른다. 참 특이한 놈이다. 맛까지 말이다.

왜 거북발이 아니고 거북손일까라는 의문이 드는 두 번째 선수. 여수 근방에선 보찰이라 한다. 처음 보면 작은 바다거북의 손을 잘라 왔나 싶을 정도로 거북이 발을 많이 닮았다. 일본어로도 가메노테(亀の手, 거북이의 손). 바다 건너 살아도 보는 눈은 비슷하다. 한 점 씹어 보니 살짝 데친 맛살과 말린 새우를 합쳐 놓은 맛이다.

거북손은 바다에 사는 절지동물 갑각류로 크기는 5센티미터 정도. 바닷가 바위틈이나 방파제로 쓰는 테트라포드에 붙어산다. 화산 분화구처럼 바위에 다닥다닥 붙어 있는 따개비의 키 큰 사촌뻘이다. 몸 아래쪽은 바위에 붙은 껍데기 부위이고 그 안에 몸체가 있다. 물이 차면 몸 윗부분의 빗자루 모양 체가 움직여 주변의 플랑크톤을 걸러

스페인에선 캐비어에 견줄 만큼 진미인 거북손.

서 먹는다. 거북손을 먹으려면 바닥 껍데기를 떼 내고 몸체를 뒤덮은 피막을 제거해야 한다. 그러면 노릇노릇한 살이 드러난다. 일본에선 된장국에 넣어 먹거나 청주에 절여 쪄 먹기도 한다.

거북손을 아시아에서만 먹는 건 아니다. 유럽 스페인에선 철갑상어 알젓인 캐비어에 견줄 만큼 진미의 반열에 올라 있다. 엄지손가락이라는 뜻의 페르세베스(percebes)라 불린다. 대서양 연안의 스페인 북서부 갈리시아 지방에선 어부들이 거북손에 목숨을 건다. 그들은 몸에 밧줄을 묶고 깎아지른 해안 절벽을 내려가서 바위에 붙은 거북손을 채취한다. 거센 파도에 잘못 휩쓸리면 불귀의 객이 되는 아주 위험한 작업이다. 생명을 걸고 따 오는 해산물이니 1킬로그램 가격이

200유로, 우리 돈 30만 원에 달한다. 비싸다는 바닷가재나 왕새우도 명함을 내밀지 못할 가격. 큰돈을 만질 수 있으니 너도 나도 거북손 채취에 뛰어들어 씨가 말라 가고 있단다. 사정이 그러하니 스페인 사람이 금오도 갯것 정식을 보면 눈이 휘둥그레질 것이 틀림없다. 다른 접시는 다 제쳐 두고 돈은 얼마든지 낼 테니 거북손을 무한 리필 해 달라고 하지 않을까?

싱싱한 해산물의 진수를 경험하고 싶다면 금오도로 가라

다음 선수도 특이하게 생겼다. 꼭 하얀 쥐며느리를 뒤집어 놓은 것 같다. 고등학교 생물 교과서에 나오는 고생대 삼엽충 모양이다. 이름은 군봇 또는 군부. 군소처럼 군 자 돌림이다. 생긴 게 꺼림칙해서 주저하다가 하나 집어 씹어 본다. 어라, 오도독거리는 게 제법이다. 날로 먹는 전복 살보다 더 근성이 있다. 씹을수록 고소하다. 두세 마리는 입에 넣어야 우적우적 먹는 기분이 난다. 전복처럼 좀 컸으면 하는 아쉬움이 남는다.

군봇의 정식 명칭은 딱지조개. 갯가 바위에 붙어사는 놈을 칼로 떼서 딱지 같은 껍데기를 제거하고 먹는다. 일본에선 된장국에 넣거나 조림을 해서 먹는다. 어떤 지역에선 쌀과 함께 섞어 밥을 지어 먹기도 한다. 일본은 정말 다양한 방식으로 밥을 짓는다. 고기(肉), 물고기, 채소를 넣고 지은 밥을 다키코미고항이라 한다. 우리는 송이밥, 곤드래밥같이 나물을 주로 넣는 반면, 일본은 도미 같은 생선부터 군봇까지 다양한 재료를 사용한다. 군봇이 들어간 밥맛은 어떨까? 맛은 둘째 치

군봇(왼쪽)은 오도독한 식감이 제법이고 씹을수록 고소하다.
보말은 다른 고둥보다 맛이 깊고 풍부하다.

고, 딱지조개밥이라는 이름이 그럴듯하다. 서양인들은 모양이 꺼림칙해서인지 식용하지 않는다. 필리핀, 카리브 해의 섬나라 주민들이 군봇을 즐겨 먹는다. 역시 섬에 사는 사람들이 그 맛을 아는 모양이다.

다음 선수는 비말, 배말이라 부르는 고둥. 표준어는 보말고둥. 껍데기 모양이 삿갓 같아서 삿갓조개라고도 한다. 뒤집힌 팽이 모양이어서 영어로는 top shell(단어 그대로 팽이 조개라는 뜻). 학명도 재미있다. Omphalius rusticus, 시골의 배꼽이라는 뜻이다. 북한에선 배꼽발굽골뱅이라고 한다. 그러고 보니 아직 가라앉지 않은 아기 배꼽처럼 생겼다.

맛은 어떨까? 초등학교 다닐 때 학교 앞 리어카에서 길쭉한 고둥을 팔곤 했다. 껍데기 끝에 뚫린 구멍을 세게 빨면 가느다란 내장과 살이 후루룩 따라 나왔다. 사실 살은 별로 없었다. 국물을 쪽쪽 빨아 먹는 재미로 먹었던 기억이 난다. 비말은 그보다 훨씬 통통해서 살이 많다. 맛도 좋다.

살점이 풍부한 소라와 비할 바는 아니지만 제법 살을 씹는 기분이 난다. 보통 고둥은 앞부분의 살보다는 끝 부분의 내장 맛으로 먹는다. 보말은 다른 고둥보다 맛이 깊고 풍부하다. 접시에 수북하게 담아 놓고 먹으면 씹는 재미도 있고 단백질도 쏠쏠하게 보충할 수 있겠다. 제주도 속담 "보말도 궤기여.(보말도 고기다.)"가 괜한 말이 아니다. 제주도에선 보말을 넣고 끓인 칼국수가 유명하다고 한다. 아직 먹어 보지 못했다. 내장에서 우러나온 즙이 팔팔 끓으면서 부들부들한 국수에 깊숙이 배어든다. 면이라면 사족을 못 쓰는 식성이라, 국수 한 젓가락 떠올리는 상상을 한다. 벌써 침이 고인다. 보말 한 점을 입안에 집어넣으면서 애써 아쉬움을 달랜다.

바다에서 육지 음식으로 이어지는 화려한 코스

그 외에도 섬 근해에서 잡고 따 온 돌문어, 돌게, 갑오징어, 전복, 참소라가 있다. 돌문어는 돌과 자갈이 많은 여수 주변 바다에 산다. 암반 지형을 좋아해서 돌문어라는 이름이 붙었는데 다른 이름은 왜문어, 참문어다. 다리를 포함한 몸통 길이가 60센티미터 정도다. 몸길이가 2.5미터나 되는 동해안의 물문어(giant pacific octopus)와는 다른 종이다. 경북 포항이나 울진, 안동의 시장에 가면 다리 하나가 어른 팔뚝 굵기만 한 커다란 물문어를 삶아서 판다. 그 지역에선 문어를 제사상에 올리기도 한다. 동해의 물문어에 비하면 여수의 돌문어는 몸집이 작고 다부지다. 그 대신 살은 더 쫄깃하고 연하다. 예로부터 문어는 작은 놈의 맛을 더 쳐 준다.

화장한 것처럼 껍데기가 새빨갛게 익은 돌게. 여수의 명물인 봉산동 게장 골목의 식당들을 먹여 살리는 놈이다. 간장에 담근 돌게와 찜한 게의 맛을 비교해 볼 좋은 기회다. 돌게는 꽃게보다 작고 살도 적다. 살을 발라 먹는 수고에 비해 입에 들어오는 전리품이 적지만 다리를 오독오독 씹어 즙을 빨아 먹는 재미가 있다.

물고기도 빠지지 않는다. 노래미, 도다리 등 그때그때 건져 올린 생선이 회, 구이, 찜으로 나온다. 물론 다 자연산. 노량진 수산 시장에서 아무리 비싼 활어와 북미산 바닷가재를 회 쳐서 올린다 한들 갯것 4총사와 자연산 물고기가 주연인 금오도 상차림을 당해 낼 수 있을까. 해물을 섭렵하고 나면 매운탕이 나온다. 노래미의 두툼한 머리, 회를 발라내고 남은 살점이 붙어 있는 등뼈에서 뜨거운 김이 솟아오른다. 양식한 우럭, 광어 매운탕에 길들여진 입이 호강을 한다. 식사를 위해 새로 차려지는 반찬도 만만치 않다. 섬에서 거둔 취나물, 파래, 밭에서 딴 오이무침, 갓김치가 해산물이 차지했던 자리를 다시 채운다. 정식 백반 못지않은 채식 한 상이다. '푸짐하다'는 형용사는 이럴 때 써야 한다. 입안에서 바다와 육지가 교차하는 식사가 장장 한 시간 반이나 계속된다.

갯것 정식에는 바다의 다양한 표정과 풍부한 향취, 생생한 소리가 담겨 있다. 바다에서 난 갖가지 진귀한 음식이란 뜻의 해착(海錯)이란 말만큼 갯것 정식에 딱 어울리는 말이 없다. 푸르고 비릿한 단백질의 향연. 금오도에서는 누구나 바다의 용왕 대접을 받는다.

금오도 갯것 정식을 맛보려면 어디로 가야 할까? 상록수식당은 금오도의 중심지인 남면항에 있다. 남면 여객선 터미널에서 걸어서 350미터. 민박도 겸하고 있다. 여행객이 많은 주말에는 식당 내부가 번잡하다. 돈을볕펜션 식당은 금오도의 오른쪽 끝머리에 있다. 중심지와 떨어져 있어서인지 한적하다. 지은 지 얼마 안 된 흰색 건물로 깨끗하다. 안도 대교를 바라보며 차분한 분위기에서 식사를 할 수 있다. ●손현철

여수 바다의 보석, 하화도와 사도

2014년 4월 말, 다시 여수 여행을 떠났다. 때는 바야흐로 중간고사 기간. 학생들이 시험 준비로 눈코 뜰 새 없이 바쁜 이 시간이 교수에게는 한숨 돌리는 시간이다. 그렇다고 한가한 것만은 아니다. 교수들이 강의를 멈추는 이때 모임이 몰아치기 때문이다. 학과장 회의, 동문회, 배드민턴 대회, 교수 협의회 모임, 각종 학술 대회가 중간고사 기간을 파고든다. 잘못했다가는 평소보다 더욱 바빠지기 일쑤다. 그래도 여수를 다시 한 번 가 봐야겠다는 생각이 들어서 1박 2일의 짧은 시간을 내었다. 월요일 시험 감독을 마치고 난 뒤 야간열차를 타고 여수에 내려갔다가 다음 날 올라오는 여정이었다.

바쁜 일정을 틈타 떠난 1박 2일 여수 여행

학교에서 저녁 모임까지 마치고 난 뒤여서인지 무궁화호 열차를 탈 수밖에 없었다. KTX가 생긴 뒤부터 무궁화호는 완행열차처럼 느껴질 지경이다. 하지만 비교적 넓은 실내 공간과 앞 좌석과의 넉넉한 간격, 무엇보다도 사람을 놀라게 하지 않는 적정한 속도와 규칙적인 움직임이 맘을 편안하게 해 주었다. 나이 든 어른들이 KTX보다 새마을호나 무궁화호가 더 편하다고 한 말이 떠올랐다. 나도 이제 나이가 드는 걸까? 나이 들수록 답답한 공간에 있는 것이 점점 견디기 힘들며, 지나치게 빠른 속도에 몸을 맡기는 것도 부담스럽다. 밤 기차는 어두컴컴한 창밖 풍경을 뒤로하며 남으로 남으로 향했다. 책도 읽고 잠도 꽤 잤지만, 시간은 여전히 많이 남았다. 시시각각 뭔가 확인하지 않으면 안 되는 조바심에 익숙해진 걸까? 무궁화호의 여유가 마음을 느긋하고 풍요롭게 해 주었다. 비행기를 타고 해외 출장을 갈 때, 비행기 안에서 보내는 시간의 효율이 높다. 연락도 끊기고 주변에 아는 사람도 없고 조용히 집중할 수 있는 시간에 그동안 밀린 일기를 쓰거나 책을 보면서 새삼 깜짝 놀랄 때가 많다. 밤 기차 여행도 비행기 여행 못지않다. 밤에 떠나는 무궁화호의 매력을 새롭게 발견했다.

여수에는 밤 12시 30분이 다 되어 도착했다. 예약해 둔 나비잠 게스트 하우스로 향했다. 낯선 남자가 열쇠를 내주었다. 그사이에 벌써 주인이 바뀌었다. 볶음밥에 갓김치를 제공하는 아침 식사나 야간 투어는 그대로 이어 간다고 하니 다소 마음이 놓였다. 무엇보다도 투숙객이 적을 때 방을 혼자 쓸 수 있게 배려해 주는 것은 여전했다. 게

동백꽃, 섬모초, 진달래, 유채꽃 등 아름다운 꽃이 많은 섬 하화도.

스트 하우스를 인수한 사장의 얼굴에 초심자의 긴장과 잘해 보겠다는 다짐이 묻어 있었다. 그는 경북 영양이 고향인데 장모의 고향이 여수여서 게스트 하우스를 맡게 되었다고 한다. 슈퍼마켓에서 여수 막걸리와 컵라면을 사 왔다. 몇 번째 여수 막걸리를 맛보지만, 그 맛을 감별하기가 어렵다는 사실에 또다시 좌절하며 잠자리에 들었다.

아침 6시 배를 타기 위해 여수 연안 여객 터미널로 향했다. 세월호 침몰 사고 충격 때문에 온 국민이 집단 우울증을 앓고 있다. 더불어 부득이 배를 타야 하는 섬 주민들의 스트레스도 커졌을 것이다. 관광객이야 안 가면 그만이지만 섬에 사는 사람들은 배를 타지 않을 수 없다. 하화도 가는 배는 생각보다 작았다. 심하게 흔들리는 작은 배를 타면 멀미도 심할 것 같고 두렵기도 하여 백야리에서 출발하는 큰 카페리를 타기로 했다. 시내버스를 타고 시내를 돌고 돌아 배가 출발하기 십 분 전에 백야리에 도착했다. 서둘러 배에 올라 따뜻한 객실 바닥에 몸을 눕혔다. 목침을 베자마자 깊은 잠이 들었다. 사십여 분이 지나 하화도에 도착한다는 안내 방송을 듣고 잠이 깼다.

동네 초입에 꽃이 그려진 벽화들이 반갑게 맞아 주었다. 임진왜란 당시 이름 미상의 인동 장 씨가 피란을 하던 중에 하화도를 지나게 되었다. 동백꽃과 섬모초, 진달래가 만발한 섬의 아름다움에 감탄한 장 씨가 정착하면서 마을이 형성되었단다. 일설에는 이순신 장군이 바다를 항해하다가 꽃이 만발한 섬을 보고 아름답다 하여 화도(花島)로 명명했다고 한다. 동네 초입 기념비에 상화도를 웃꽃섬, 하화도를 아래꽃섬이라고 부른다고 쓰여 있다. 멀리 유채꽃이 보였다. 하지만 꽃구경보다 아침 식사. 밥을 먹어야 했다.

봄철 부추를 맛보러 하화도에 가다

맨 먼저 들른 곳은 마을 이장인 임화용 씨 댁. 그는 부인 곽영숙 씨와 함께 하화도에서 삼십여 년 동안 밥집을 겸한 민박을 운영하고 있다. 지난여름에도 이곳에서 맛난 식사를 했던 기억이 선명하다. 그때 7000원짜리 백반 반찬으로 문어숙회가 나왔다. 하지만 하화도에서 특히 유명한 부추는 제철이 아니어서 맛보지 못했다. 못내 아쉬워 봄이 가기 전에 다시 하화도에 온 것이다.

아침상은 진수성찬이다. 부추가 한창이라 부추 겉절이와 부추전

하화도에서 해풍을 맞으며 자란 부추는 맛있기로 유명하다.

이 나왔고, 신선한 양태 알로 알탕을 끓여 주었다. 갓김치, 멸치고추볶음, 톳무침 등 반찬들을 만들 때도 대부분 하화도에서 난 재료를 사용했다. 아침 일찍부터 버스와 여객선을 타느라 헝클어진 몸이 맛난 음식으로 정리되는 듯했다. 부추 겉절이는 향신료처럼 향이 진했다. 입안에 넣으면 다소 뻣뻣하다 할 정도로 싱싱함을 유지하고 있었다. 연한 파를 먹으면 느껴지는 아린 맛이 식욕을 자극했다. 부추전 위에는 문어 조각을 올렸다. 일종의 부추 다코야키인 셈이다. 문어와 부추가 유명한 하화도에서 간식거리로 부추 다코야키를 만들어 팔면 어떨까 생각해 보았다. 부추 다코야키를 먹으러 하화도를 찾는 사람이 생길지도 모르는 일이다. 부추 요리를 배불리 먹고 난 뒤 부추밭을 구경하러 나섰다.

임화용 이장에 따르면 부추는 비탈진 곳보다 평평한 곳에서 더 잘 자란다고 한다. 비탈진 땅에서는 영양분이 흘러내려 부추 재배가 쉽지 않다. 대량 재배하기 시작한 것은 십여 년 전으로, 섬에 빈집이 늘어나면서 생긴 터를 부추밭으로 활용하고 있다. 빈 집터는 담장으로 둘러싸여 있어 바람으로부터 보호받고 땅이 평평하여 토양 유실의 위험도 적다. 과연, 하화도를 걸어 보니 빈 집터마다 잔디처럼 푸르른 부추가 무성했다. 톰 존스의 노래 「그린 그린 그래스 오브 홈」이 떠오른다. 죽음을 앞둔 사형수가 어린 시절 고향 집 잔디밭을 만지며 놀던 기억을 떠올리는 노래 가사가 의미심장하다.

> 고향 마을은 예전 그대로 변함이 없어 보이네
> 열차에서 내려서며 보니
> 어머니와 아버지도 마중 나와 계시네
> 그리고 길 아래쪽을 보니 메리가 뛰어오고 있네
> 금발 머리와 선홍색 입술의 메리가
> 고향의 푸른 잔디를 만지니 이렇게 좋은 걸
> (……)
> 다시 한 번, 고향의 푸른 잔디를 만지게 되겠지
> 그러면 모두가 나를 보러 오겠지, 그 오래된 참나무 그늘 아래로
> 나를 고향의 푸른 잔디 아래에 묻어 주겠지
>
> ─톰 존스, 「그린 그린 그래스 오브 홈」 중에서

하화도의 빈집 터에서 자라는 부추는 섬을 떠난 사람의 추억을 양분 삼아 자라고 있는 것이다.

대표적인 자양 강장 채소, 부추

부추는 백합과에 속하는 다년생 초본으로, 다년생인 만큼 한 번 씨를 뿌려서 여러 해 동안 수확할 수 있지만 삼 년쯤 지나면 옮겨 심어야 한다. 삼 년이 넘어가면 줄기가 옆으로 퍼져서 땅에 드러눕듯이 자라기 때문. 옮겨 심는 것이 번거로워 삼 년마다 새로 씨를 뿌린다. 2월 말에서 3월 초에 씨를 뿌리고 한 해 동안 둔 다음, 이듬해에야 수확이 가능하다. 일 년이 지나기 전에는 부추 잎이 작고 여려서 곤란하다.

부추는 한자로 韭(구)라고 쓰는데 땅에 풀이 무성하게 자라는 모습을 형상화한 것으로 부추의 질긴 생명력을 상징한다. 부추를 소개하는 문헌에 "정력에 좋다."라는 문구가 빠지지 않는 것도 이런 연유에서다. 그래서 부추는 양기를 일으키는 풀이라는 뜻으로 기양초(起陽草), 정력을 오래 유지한다고 해서 정구지(精久持), 오줌 줄기가 벽을 뚫는다 하여 파벽초(破壁草)라고도 불린다. 불가에서는 음욕과 분노를 일으키는 다섯 가지 채소를 오신채(五辛菜)라 하여 멀리하는데, 그중 하나가 부추다.(오신채는 부추를 필두로 마늘, 파, 달래, 흥거를 가리키며 대부분 자극이 강하고 냄새가 독한 것이 특징이다. 한국에서는 구할 수 없는 흥거 대신에 양파를 금지한다.)(백연선, 2013)

한편 경상도 방언 정구지는 정지(부엌) 옆에서 재배하여 먹는다 하여 붙여졌다는 주장도 있다. 전라도에서는 솔이라고 부른다. 침엽수

소나무처럼 길쭉하게 생겨서 붙은 이름 같다. 하화도에서 부추를 소불이라고 부르는데, '불'의 ㅂ이 순경음 ㅸ으로 바뀌었다가 솔로 변화된 듯하다. 셔볼이 서울로 바뀐 것과 같은 현상이다.

부추는 대표적인 강장 채소로 신진대사를 돕고 정력을 증강시켜 준다. 카로틴과 비타민 B1, B2, C 등을 많이 함유하고 있어 비타민의 보고로 불리며 단백질, 당류를 비롯해 칼륨, 칼슘 등 무기질도 풍부하다. 부추는 심신에 여러모로 좋아 옛날부터 오덕(五德)을 갖춘 채소로 꼽혔다. 날로 먹어서 좋고(일덕), 데쳐 먹어서 좋고(이덕), 절여 먹어도 좋고(삼덕), 오래 두고 먹어도 좋으며(사덕), 변하지 않는 매움이 있으니 좋다(오덕)는 것이다. 육류나 생선을 조리할 때 부추를 넣으면 비린내를 없애 줄 뿐 아니라 부족한 비타민을 보충해 준다.(백연선, 2013)

하화도를 거닐며 부추 수확하는 할머니들을 만나다

동네 산보를 하다가 부추 수확하는 할머니들을 만났다. 할머니, 아니 '엄마'들은 하화도에서 오십 년 넘게 부추를 키우고 있다며 갓 시집 온 각시 시절을 떠올렸다.

하화도에서는 부추 농사를 할 때 음력설에 김을 매고 퇴비를 주며 농약은 일절 사용하지 않는다. 하화도의 따뜻한 겨울을 넘긴 뒤 3~4월에 맏물 수확을 하고 두 물, 세 물, 네 물까지 베어 낸다. 세 물까지는 맛이 괜찮다. 맏물 부추는 한 단에 7000원에 팔리며, 날이 따뜻해지고 수확 횟수가 늘어날수록 가격은 내려간다. 맏물 부추에는 겨우내 모인 에너지가 담뿍 담겨 있을 거라는 믿음 때문이리라. "단오

전 부추는 인삼보다 좋다.", "이른 봄에 나오는 초벌 부추는 사위한테도 안 주고 영감한테만 몰래 준다."라는 말도 있다.

할머니들은 해풍을 맞으며 월동한 노지재배 하화도 부추를 하우스 재배 부추와 비교하지 말라며 자부심을 내비쳤다. 그들은 협동조합처럼 서로 도우며 부추를 공동 재배해 왔으며, 올해부터는 마을회관에서 부추전과 막걸리 등을 함께 판매하기 시작했다. 서울에서 왔다는 말에 엄니들은 서울, 부산, 의정부, 부천 등에 살고 있는 자식들을 떠올리며 반갑게 말 대접을 해 주었다.

할머니들이 수확한 부추 열 단을 구입해서 박스 포장하여 배에 실었다. 자동차 없이 대중교통으로 여행하는 필자에게 10킬로그램이 넘는 박스는 문자 그대로 짐이 되었다. 무게가 솔찬했지만('꽤 많다.'라는 뜻의 전남 방언) 현지에서만 얻을 수 있는 농산물을 볼 때마다 구입 충동을 조절하지 못한다. 또 어릴 적 식구 많은 집에서 자라며 먹었던 부추 겉절이의 추억과 멸치 액젓을 넣어 담근 부추김치의 추억도 영향을 미쳤다.

5녀 2남 가운데 여섯째로 자라서인지 음식을 둘러싼 경쟁심이 자연스레 커졌다. 어머니는 구운 김을 한꺼번에 접시에 올려놓으면 금세 없어지는 것을 보고 1인당 한 장씩 김을 배분해 주었다. 우리 형제들은 김 한 장을 아홉 조각으로 자르기도 하고 열여덟 조각으로 자르기도 하는 등 취향에 따라 마음껏 잘라 느긋하게 먹었다. 식구 많은 집에서는 겉절이만 한 반찬도 없다. 어머니가 봄에 갓 수확한 부추로 겉절이를 해 주면 밥이 하염없이 들어갔다. 초등학교 때 겉절이를 반찬 삼아 밥을 일곱 공기나 먹었던 기억이 아스라하다. 이렇게 무지막

지하게 먹어 댄 일곱 형제를 키우느라 어머니가 얼마나 힘들었을까 싶다. 익기 전 생김치 상태의 부추김치를 좋아하는 아들을 위해 어머니는 요즘도 틈틈이 김치를 담가 보내 준다. 매콤하면서도 아릿한 푸성귀 향이 몸을 정화해 주는 듯하고 식욕을 돋운다.

부추를 배불리 먹고는 하화도 트레킹에 나섰다. 하화도는 맞은편 상화도와 마주 보고 있으며 동쪽으로는 화양면과 개도가 둘러싸고 있다. 그 사이의 바다는 호수처럼 적막하다. 반면 반대편 바다는 광활하게 펼쳐져 있다. 하화도 트레킹 코스를 다 돌려면 서너 시간이 걸리지만 전망 좋은 큰산 전망대와 막산 전망대 사이로 범위를 좁힌다면 두 시간 안에 마칠 수 있을 만큼 단출하다. 아기자기한 코스에 비해 펼쳐지는 풍경은 범상치 않다. 제주 올레길에서 만났던 풍경이나 금오도 비렁길에서 보았던 비경과 어깨를 겨룰 만한 풍광이다. 특히 넓은 바다를 향해 튀어나온 듯 세워진 전망대는 보기만 해도 가슴이 탁 트인다. 트레킹 하는 도중에 틈틈이 만나는 야생화 공원이나 구절초 공원에는 예쁜 꽃들이 심겨 있다. 2014년 12월까지 하화도와 부속 도서인 장구도를 잇는 140미터짜리 주 교량과 1.4킬로미터짜리 접속 탐방로인 출렁다리가 놓인다고 하니, 볼거리가 더 늘어날 듯하다.

고요한 밤바다와 별밤을 만끽할 수 있는 환상의 섬, 사도

하화도 서쪽으로는 공룡 발자국으로 유명한 사도가 있다. 여수가 품고 있는 360여 섬 중에 가장 인상적인 곳을 꼽으라고 한다면 단연 사도 아닐까?

하화도 엄마들은 오십 년 넘게 부추 농사를 지어 왔다.

    2013년 겨울 초등학생 아들딸을 데리고 방문한 사도는 흡사 세트장을 연상케 했다. 백야도에서 낭도행 배를 타고 개도와 하화도, 상화도를 거쳐 사도에 도착했다. 관광객을 처음 맞이하는 것은 거대한 티라노사우루스 조형물이다. 유니버설 스튜디오 세트장에 온 것 같은 느낌이다. 세련된 형상은 아니지만 공룡 섬 분위기는 난다. 추운 겨울이어서 그런지 관광객은 거의 없고 적요했다. 남쪽이라서 겨울 햇살은 따스했다. 섬에는 이삼십 여 가구가 살고 대부분 민박을 운영한다. 땅이네, 영주네, 안나네 등 자녀의 이름을 상호로 내건 듯하다. 작은 섬이어서 집 안에서 바다가 그대로 보인다. 골목길 나서면 바다, 마당 너머 바다, 밭 너머도 바다다. 공을 차면 바다로 공이 들어간다는 말이

실감 난다.

배가 들어오는 것이 눈에 띄었고, 한 아주머니가 여수에서 사 온 교자상을 들고 낑낑거린다. 상을 나르려고 집에서 리어카를 가져온 아주머니를 도와 집까지 리어카를 끌어다 드렸다. 아주머니는 땅이네 민박집을 운영하고 있는데, 땅이는 여수에 사는 딸 이름이란다. 다음에 사도에 오면 꼭 들르라며 감사의 마음을 표시한다. 사도에서 묵어 본 지인들은 그 하룻밤이 정말 황홀하다고 했다. 작은 섬에서 밤바다와 별밤을 느끼며 보내는 시간은 다른 곳에서는 접하기 어려운 경험이라고 한다. 필자도 언젠가 꼭 한번 1박을 해 볼 작정이다.

카리브 해변이 부럽지 않은 양면 해수욕장

사도는 바다 한가운데 모래로 쌓은 섬 같아서 붙은 이름이며 모래섬(사도), 간데섬(중도), 시루섬(증도), 진대섬(장사도), 나끝, 연목, 추도 등 총 일곱 개의 섬으로 이루어져 있다. 이 섬들은 2월 보름 등 일 년에 다섯 번 이삼일 동안 연결되어 현대판 모세의 기적이라고 불린다.

사도가 유명해진 것은 공룡 발자국 때문이다. 중생대 백악기 공룡 발자국 화석 유적지로 유네스코 세계 자연유산 잠정 목록에도 등재될 만큼 화석이 많다. 아마 이곳은 예전에 공룡들의 천국이었을 것이다. 게다가 거북 형체를 한 거북 바위, 사람의 얼굴을 닮은 큰 바위 얼굴 등도 볼 수 있는 사도는 거대한 자연사박물관이다. 다만 공룡 발자국 화석 등이 제대로 보호되지 않고 있다는 점이 아쉽다. 아무나 출입할 수 있는 데다 암질이 사람의 무게를 견디지 못하고 변형이 계속

되고 있다. 자연환경과 걸맞지 않은 교량이나 계단 등 인공 구조물도 경관을 해친다.

사도에서 가장 인상적인 풍경은 중도와 증도를 연결하며 완만하게 펼쳐진 양면 해수욕장이다. 둥그런 반달처럼 완만하게 굽은 해안도 멋지지만 반대편으로 파도가 넘실거려서 장관을 이룬다. 영화 「트루먼 쇼」에서 주인공이 자신이 사는 곳이 세트가 아닐까 의심하는 장면이나 「캐스트 어웨이」에서 막막한 무인도에 내버려진 주인공이 공허감을 느끼는 장면이 겹친다. 묘하게 낯선 양면 해수욕장의 풍경은 우리를 영화 속 한 장면으로 데려다 준다. 만약 한여름 사도에 들른다면 그 완만한 양면 해수욕장에 의자를 놓거나 해먹을 설치하여 하루 종일 음악을 듣거나 책을 읽고 싶다. 간혹 파도가 발밑을 간질인다. 카리브 해 느낌이 물씬 나는 피나콜라다 칵테일을 곁들여도 좋을 것이다.

한국인데도 이국적인 정취가 물씬 풍기는 곳. 굳이 비행기 타고 해외에 나가 입에 맞지 않는 현지 음식을 먹으며 고생하다가 한국 음식을 사 먹는 번거로움을 감당할 필요 있을까? 여수반도에서 한 시간이면 닿는 사도에는 유니버설 스튜디오 같은 세트장이 놓여 있고, 카리브 해를 연상케 하는 멋진 해안이 있으며, 걸어서 몇 분 거리에 사는 주민들이 맛있는 해물 요리를 준비해 주고, 바로 옆에 있는 개도와 낭도에서 경쟁하듯 맛난 막걸리를 배에 실어 온다.

하화도와 사도에 들어가는 방법은 크게 두 가지다. 여수 연안 여객 터미널에서 백조호를 타고 들어가는 방법과 백야 선착장에서 카페리를 타고 들어가는 방법. 사선(私船)을 이용하는 방법도 있는데 가격은 비교적 저렴하나 안전 문제 등 여러 가지를 고려하여 선택해야 하겠다. 하화도 이장에게 사선에 대해 문의할 수 있다. 배 시간은 변동될 수 있으니, 꼭 미리 전화해 보고 가야 한다. ●홍경수

사람의 얼굴을 닮은 큰 바위 얼굴, 사도는 거대한 자연사박물관 같은 곳이다.

쟁반 백반의 추억

여수에 도착하자마자 점심으로 굴을 너무 많이 먹은 탓인지 저녁 식사 때가 되어도 도통 식욕이 생겨나지 않았다. 그래도 아침을 건너뛰었는데 저녁도 거를 순 없는 법. 뭘 먹어야 할까 고민하다가 나비잠 게스트 하우스 주인에게 추천을 부탁했다. 게스트 하우스 주변의 한 식당. 늦은 시간이어서인지 이미 파장 분위기다. 더군다나 해산물은 더 이상 먹기가 부담스러웠다.

부엌 식구들의 우정은 맛의 보증수표
어쩔 수 없이 식당 문을 닫고 나와서 걷다 보니 늘푸른식당이 눈에 띄었다. 한우 육회 비빔밥이라는 메뉴가 붙어 있기에 회가 동했다. 삼겹살 굽는 사람 몇몇이 있었다. 주인아주머니가 육회 비빔밥은 안 된다며 백반을 권했다. 아주머니 서너 명이 주방에서 사이좋게 일하고 있었다. 오랫동안 일해 온 듯 이들 사이에 묘한 우정이 느껴졌다. 이런 조화로운 분위기에서는 음식 맛도 좋기 마련이다. 영화 「카모메 식당」에서 사치에와 미도리, 마사코의 담담한 우정이 맛난 오니기리와 시나몬 롤을 만들어 내는 것처럼 부엌에서 일하는 사람들의 우정은 맛을 보증하는 수표다. 함께 일하는 이들은 어떻게 만났을까? 여행 왔다가 함께 일하게 된 걸까, 친자매일까, 아니면 동네 선후배일까? 나그네의 궁금증은 끊이지 않았다.

KBS에 다닐 때 맛난 식당을 찾아다니는 PD들은 주로 중공업 부품을 파는 상가 주변을 훑었다. 기름밥을 먹는 노동자들이 자주 이용하는 식당 중에 괜찮은 곳이 있을 것이라는 예감 때문이다. 실제로 서울 영등포에 포클레인 부품이 널브러져 있는 가게들 사이에 제육볶음을 맛나게 해 주던 식당이 있었다. 그 주인 노부부는 틈만 나면 부부 싸움을 하곤 했다. 심지어 맛있는 요리를 하면서도 말싸움을 멈추지 않았다. 맛은 있었지만 말싸움을 들으며 먹는 손님들은 음식을 충분히 즐기지 못했고, 결국 식당은 오래가지 않아 문을 닫고 말았다.

보름달같이 둥근 쟁반에 백반이 나왔다. 개인적으로 쟁반에 나온 백반을 무척 좋아한다. 일일이 반찬을 식탁에 옮겨 주는 식당이 대부분이지만, 쟁반 그대로 내려놓는 편이 더 정감 있다. 오래전부터 먹어 온 시골 백반의 추억 때문일 것이다. 어릴 적 집 앞 결혼식장에 다녀온 부모님이 근처 백반집 식권을 받아 와 주곤 했다. 그 식당에 가서 식권을 내밀면 조기구이, 석화무침, 찌개, 각종 나물이 커다란 쟁반에 담겨 나왔다. 원형 쟁반은 배달할 때도 유용하다. 공사 현장에 배달되는 신문지 덮은 원형 쟁반. 농사일 중간에 먹는 새참이 담긴 원형 쟁반. 그렇다, 원형 쟁반은 일하는 사람의 식탁인 셈이다. 탐관오리의 탐식이 아니라 힘껏 땀 흘린 자의 한 끼를 위한 행복한 식탁.

세상의 모든 쟁반 음식은 맛있다

2007년 「단박 인터뷰」를 기획하고 연출하던 중에 바람 쐬러 떠난 여행에서 아침 식사로 받았던 쟁반 백반이 떠올랐다. 생전 처음으로 맡은 주 3회 방송 시사 인터뷰 프로그램에 치여서였을까? 국장에게 며칠간 휴가를 받았다. 남도를 홀로 여행하다가 전남 장흥군 대덕읍의 맛있어 보

이는 식당에 들어섰다. 아침부터 혼자 온 손님을 위해 맛난 된장국과 석화무침과 각종 김치들이 나왔다. 가격도 저렴했다. 필자를 뒤따라온 충청도에서 온 상인에게도 똑같은 쟁반 백반이 나왔다. 낯선 땅에서 아침상을 받은 두 남자. 서로 인사를 나누지는 않았지만, 맛난 쌀밥과 정성이 담긴 반찬을 먹고 낯선 땅의 헛헛함을 지우고 있음을 느낄 수 있었다. 쌀밥이 하도 맛나서 주인에게 부탁해 막 찧어 놓은 쌀 한 가마니를 사서 차에 싣고 올라왔던 기억이 선명하다.

후배들과 함께 간 목포 갈치 낚시 여행에서도 쟁반 백반의 추억이 있다. 갈치잡이 배 위에서 한참 늦은 저녁 식사를 주문했더니 통통배로 배달되어 온 쟁반 백반이 정말 맛있었다. 갈치가 안 잡혀서 상한 마음이 밤바다 위에서 먹은 쟁반 백반으로 치유되었다.

쟁반 백반은 왜 항상 맛있을까? 밥은 식탁에서 먹는다는 고정관념을 날려 버리는 시원한 가정법과 새로운 환경 설정의 힘이 원형 쟁반에 있다. 롤랑 바르트가 열차 식당 칸이 '고정성의 환상'을 유지한다고 말한 것에 비유하자면, 쟁반 백반은 '이동성의 환상'을 낳는 것임에 틀림없다. 필자는 육체노동을 하다가 쟁반 백반을 받지는 않지만, 그래도 쟁반을 받을 때마다 설레는 기분은 어쩌지 못한다. 그러고 보니 쟁반에 나오는 음식들은 모두 맛나다. 쟁반 짜장, 쟁반국수, 쟁반 메밀, 어복쟁반 등 널따란 쟁반 같은 용기에 쫙 펼쳐져 나오는 음식은 혼자가 아니라 여럿이 나누어 먹게 되어 있다. 땀 흘려 일하지 않은 상태에서 혼자 먹는 음식은 아무래도 맛있기 어렵다. 노동자의 음식, 함께 나누는 음식으로서 쟁반 음식의 미덕이 여기에 있다.

해산물에 질렸다면 묵은지 찌개가 나오는 백반을
늘푸른식당 쟁반 위에는 푹 익은 돼지고기 묵은지 찌개가 놓여 있었다. 돼지고기 김치찌개는 해물이 지루해지는 순간에 더욱 맛있었다. 숟가락을 가져가 뒤적여 보았더니, 흐물거릴 정도로 푹 익은 돼지고기와 두툼한 두부, 윤기가 잘잘 흐르는 묵은지가 식욕을 자극했다. 공깃밥을 절반쯤 비웠을 때 필자를 유심히 관찰하던 주인이 다가와서는 식사 더 드릴까 하고 물어봤다. 거부할 겨를도 없이 밥이 나왔다. 이번에는 간장 돌게장까지 더해졌다. 그렇지 않아도 반찬이 많아 고민인데, 설상가상이다. 그래도 나온 반찬을 그대로 둘 수 없어 몇 점 맛보았다. 밥이 마구 들어갔다. 맛나게 먹었으나 배가 너무 불렀다.

　　다 먹고 나니 이런 생각이 들었다. 해산물에 질렸다고 고기(肉)를 먹지 말 것. 고기가 끌리는 것은 식욕 때문이 아니라 해산물 기운을 고기가 덮어 줄 것이라는 헛된 믿음 때문이리라. 진정한 식욕이 아니라 의사(擬似) 식욕인 셈이다. 이렇게 해산물과 고기를 번갈아 먹다 보면 필연적으로 과식하게 된다. 해산물을 과식했을 때는 오히려 해산물을 먹어야 한다. 그래야 적게 먹는다. 우리의 위는 새로운 자극도 필요로 하지만, 휴식과 안정도 필요로 한다. 그리고 적게 먹고 몸을 움직여 열심히 일하라, 땀 흘려 일한 뒤에는 함께 쟁반 곁으로 모여라. 그것이 쟁반 백반이 우리에게 전하는 메시지일 것이다. ●홍경수

고집스레 지켜 온 손맛의 힘, 백야도 손두부

2013년 여름에 온 가족이 휴가 차 하화도에 간 적이 있다. 승합차를 타고 여수로 돌아오는 길에 백야도 손두부 광고판을 발견하고는 찾아 가려 했으나, 여수에 와 본 지인이 "손두부 맛이 별로다."라는 말을 하는 통에 발길을 돌려 버렸다. 백야도 손두부를 다시 접한 것은 곽재구 시인의 「백야도에서」를 통해서다.

       실비 속으로
       연안 여객선이 뱃고동과 함께 들어오고

       붉은 꽃망울 속에서
       주막집 아낙이
       방금 빚은 따뜻한 손두부를 내오네

낭도 섬에서 빚었다는 막걸리 맛은 융숭해라
파김치에 두부를 말아 한 입 넘기는 동안

———곽재구,「백야도에서」,『외온 바다』(창비, 2012) 중에서

    시인이 먹었다던 백야도 손두부를 2013년 겨울 사도 가는 길에 맛보게 되었다. 손두부는 개도, 하화도, 상화도, 사도, 낭도행 여객선이 떠나는 백야 선착장 바로 뒤에 있는 점방에서 팔고 있었다. 서툰 글씨로 쓰인 입간판을 보고 들어가니, 허리 굽은 할머니가 가게를 지키고 있다. 가장 먼저 눈에 띄는 것은 뜨거운 물이 담긴 커다란 통. 차가운 날씨 탓인지 햇빛이 비치는 가운데 뜨거운 김이 모락모락 올라온다. 물론 그 물속엔 두부가 잠겨 있다. 벽에는 메뉴판이며 영업 허가증이 붙어 있다. 허가증에 적힌 '김정엽'이 누구냐고 묻자 할머니는 본인이라며 멋쩍게 웃었다.

    커다란 두부 한 모와 낭도 막걸리를 주문했다. 할머니는 몸이 많이 불편한 듯 느린 몸짓으로 두부 한 모를 꺼내서는 기다란 접시 위에 얹고 두툼하게 일곱 조각을 낸 뒤 가운데를 길게 잘라 총 열네 조각을 만들어 주었다. 보통 마트나 시장에서 파는 두부보다 많이 커서 한 조각도 반을 잘라야 입에 들어갈 정도였다. 손두부답게 전혀 반듯반듯하지 않은 무정형이다. 단정하지 않아 정(情)스럽다. 손글씨나 캘리그래피의 따뜻하고 정겨운 느낌이 손두부에도 있다. 두부와 더불어 묵은 김치와 양파 조각을 얹은 간장도 나왔다. 그 양념간장은 거문도에서 삼치를 먹을 때 곁들여 먹은 것과 많이 닮았다.

김정엽 할머니는 커다란 통에서 두부 한 모를 꺼내 큼직큼직하게 잘라 주었다.

삐뚤삐뚤 손글씨 같은 따뜻하고 정겨운 맛

처음 두부를 입에 넣은 순간, 일반 두부보다 더 짭짤하고 고소한 맛이 혀를 사로잡았다. 아무리 먹어 봐도 두부가 맛있다는 생각을 해 보지 못한 두부 기피자인 필자에게도 백야도 손두부는 입에 쩍 달라붙었다. 따뜻한 두부의 온도가 고소함을 싣고 건너온다. 거기에 묵은 김치 한 점을 더하니, 두부의 비릿한 맛이 잡히며 맛의 균형이 완성된다.

    치과 의사인 조훈 박사에게 들은 바로는 틀니를 씌운 노인들 중 일부는 맛을 제대로 느끼지 못한다고 호소한단다. 맛은 혀로 느낀다는 것이 일반 상식이지만, 실제로 미각기관인 미뢰는 혀뿐만 아니라

연구개와 후두개 등에도 산재한다. 게다가 미뢰가 아니더라도 입천장과 볼살 안쪽까지 음식을 마찰시켜 가면서 맛을 탐색한다. 씹는 맛, 보드라운 맛, 딱딱한 맛…… 맛은 혀를 둘러싼 입의 수많은 요소들이 작용한 결과이다. 그러니 플라스틱 지지대로 입천장을 덮는 틀니를 사용하는 환자들이 맛을 못 느낀다는 주장은 그럴듯하다. 그런 의미에서 두부는 어떤가. 두부야말로 연구개와 볼살 등이 제대로 느끼지 않으면 충분히 감상할 수 없는 음식이다. 혀가 두부를 옮겨 구개와 볼살 등에 문지르며 씹어야 맛의 입자들이 느껴진다.

황송한 맛의 세례에 얼떨떨해하며 할머니에게 두부가 참 맛있다고 말했다. 할머니는 2005년 백야 대교가 완공되고 사람들이 백야도로 밀려오는데 섬에 특별한 먹을거리가 없어서 두부를 만들어 팔기 시작했다고 한다. 백야도에서 재배한 콩만으로는 감당이 안 돼서 콩은 전국 각지에서 사들인다. 현재는 할아버지, 할머니, 아들 내외 총 네 명이 두부 만들기에 매달리고 있다고. 그런데 두부 만드는 일이 손을 많이 필요로 해서 이제 그만두려고 한단다. 일이 힘들어서 다리 관절 수술까지 했다는 말에 이 손두부 맛도 오래오래 맛보긴 힘들겠다는 예감이 들었다. 상을 차리고 설거지를 하는 노동이 할머니에게 큰 부담이 되어서 가격도 다음과 같이 정했다. 두부 대(大) 자 한 모가 가게에서 먹으면 만 원인데 가져가면 6000원이고, 소(小) 자 한 모는 각각 절반 가격인 5000원, 3000원이다.

두부 맛의 비결에 대해 할머니는 "손님들이 자꾸 물어보는데, 본인 입에 물어보라고 답하요."라면서도 국산 콩만 써서 고소하고 부드러운 맛이 난다며 자부심을 숨기지 않는다. 가게 안에는 장작불을 때

두부를 시키면 묵은 김치와 양파 조각을 얹은 간장도 함께 나온다.

국산 콩으로만 만든 백야도 손두부는 고소하고 부드러운 것이 입에 쩍 달라붙는다.

는 커다란 가마솥이 있고 방 안에는 노란 콩 수십 가마니가 쌓여 있다. 할머니는 좋은 재료에 대한 고집이 있는 듯했다. 맛나다고 연신 감탄하자 할머니는 두부가 매우 까다로운 음식이라며 밀가루, 설탕, 엿기름 등 다른 재료가 조금이라도 들어가면 두부가 만들어지지 않는다고 했다. 국산 콩에 국산 소금으로 만든 간수만 써야 두부의 순수한 맛이 난다고.

한·중·일 두부 삼국지

두부를 둘러싼 한·중·일 역사도 재미나다. 중국에서 생긴 두부는 한국을 거쳐 일본으로 건너갔다.

두부는 기원전 2세기 무렵, 중국 한나라 회남왕 유안이 발명했다고 전해진다. 그는 고조 유방의 손자로 두유를 즐겨 마셨는데, 두유로 불로장생의 명약을 만들던 중 실수로 식용 석고를 떨어뜨렸다. 그 순간 두유가 석고의 주성분인 황산칼슘에 반응하여 응고되었고 그 현상을 이용하여 두부를 만들게 되었다. 중국 화이난 시에도 비슷한 이야기가 전해진다. 유안이 안후이 성 팔공산에서 수련을 하며 두유를 즐겨 마셨다. 어느 날 소금을 넣은 두유를 마시다가 산에 남겨 두고 내려왔는데, 다음 날 보니 두유가 몽글몽글 엉겨 있었다. 두부의 시조인 유안의 전설을 품고 있는 화이난 시는 지금도 두부의 본고장답게 음력 1월에 두부 축제를 연다.(김정호, 2012)

우리 민족은 분명 중국에서 두부 만드는 방법이 전래된 후에 두부를 먹게 되었을 것이다. 최승로의 「시무 28조」에는 982년 고려 성종이 "미음과 술과 두붓국을 길 가는 사람에게 보시"했다는 말이 나온다. 또 고려 왕실이 두부를 만드는 절을 조포사(造泡寺)로 지정했다는 기록도 남아 있다. 조포사의 가운데 글자 '포'는 두부 종류를 뜻하며, 청포묵의 '포' 역시 두부의 일종이라는 뜻이다. 고려 말의 성리학자 목은 이색은 지인이 가져온 두부를 먹고 시까지 썼다.

오랫동안 맛없는 채소국만 먹다보니	菜羹無味久
두부가 마침 금방 썰어 낸 비계 같군	豆腐截肪新
성근 이로 먹기에는 두부가 그저 그만	便見宜疏齒
늙은 몸을 참으로 보양할 수 있겠도다	眞堪養老身

─ 이색, 『목은집』 권33,
김정호, 『조선의 탐식가들』(따비, 2012)에서 재인용

조선 시대 사대부들은 두부에 다섯 가지 미덕이 있다고 평했다. 맛이 부드럽고 좋음이 일덕이요, 은은한 향이 이덕이요, 색과 광택이 아름다움이 삼덕이며, 모양이 반듯함이 사덕이요, 먹기 간편함이 오덕이라는 것이다. 두부는 식감이 부드러워 무골육(뼈 없는 고기), 숙유(콩에서 나온 우유)로도 불렸다.(김정호, 2012) 추사 김정희가 꼽은 최고의 음식도 두부다. 충남 예산 추사 고택을 방문하여 기둥에 새긴 글들을 촬영한 적이 있다. 그중 大烹豆腐瓜薑采, 高會夫妻兒女孫이라는 구절이 눈에 띄었다. 위대한 음식은 두부, 오이, 생강, 나물이고, 가장 즐거운 모임은 부부, 아들딸, 손주와 함께하는 것이라는 뜻이다. 최고의 음식으로 두부를 맨 먼저 꼽은 것이다.

조선의 두부가 일본으로 건너간 경위는 재일 동포 음식문화학자 정대성이 잘 밝혀 놓았다. 중국과 한국의 두부가 단단한 편인데 비해 일본의 두부는 콩을 갈아 끓인 다음 찌꺼기를 걸어 내므로 부드럽다. 그런데 일본의 네 번째 섬이라 할 수 있는 시코쿠의 고치 지방 두부는 매우 단단하다. 고치 지방의 향토 음식인 사와치 요리에는 다양한 해산물이 모둠으로 나오는데 거기에 도토리 두부, 즉 도토리묵이 나온다. 고치 지방에서는 두부를 언제부터 만들었을까. 임진왜란이 발발한 1592년 도요토미 히데요시를 따라 시코쿠에서 군사를 일으킨 조소카베 모토치카가 1597년에 재출병해 진주에서 박호인 등 30여 명을 포로로 잡아 온 것이 계기다. 박호인은 고치 지방에 두부 제조 기

술을 보급하고 도진마치에 두부 조합을 설치했다. 그의 아들 아키즈키 조지로가 두부 조합의 운영을 물려받았고 지금까지 아키즈키 일가가 두부 명가의 명성을 이어 오고 있다. 도사 지방의 종교, 역사, 정치, 경제, 지리, 산업 등을 광범위하게 역사 왜곡 없이 기록한 보고로 평가받는 『가이잔슈』에는 박호인이 건너오기 전에는 일본에 두부가 없었다는 기록이 있고, 도토리묵도 고치 지역이 아닌 곳에서는 보기 어려운 음식이라고 한다.(정대성, 2010)

두부는 그렇게 중국에서 한국으로 그리고 일본으로 전파되며 각기 다른 음식 문화를 꽃피웠다. 미국 로스앤젤레스에 유명한 한식당 LA북창동순두부가 있다. 1990년대에 로스앤젤레스 교민들을 대상으로 시작한 순두부집이 한류 열풍을 타고 세계인이 함께 즐기는 음식이 되었다. 여기에는 두부를 좋아하는 중국, 한국, 일본인이 함께 모여 순두부를 즐기는 모습도 심심찮게 볼 수 있다. 두부가 음식 한류를 이끌고 있는 셈이다.

백야도 손두부의 운명은 어떻게 될까?

백야도 손두부를 먹으며 손두부의 운명이 머리를 떠나지 않았다. 손두부가 머지 않아 사라져 버릴 것 같은 불길한 예감이 들었다.

돌고 도는 음식의 역사에서 아쉬운 점이 보였다. 한국은 전통 음식이 있는데도 그 인기를 지키지 못하고 상품화도 조악한 수준에 머무르고 있다. 반면 일본은 외국에서 받아들인 음식을 섬세하게 발전시켜 외려 인지도를 높여 놓는다.

한국인에게 두부는 출감한 사람에게 먹이는 음식이다. 두부가 다시 콩으로 돌아갈 수 없듯이, '콩밥'을 먹었던 사람에게 두부를 먹이며 두 번 다시 교도소에 가지 말라고 비는 주술적 의미가 있다. 사연도 재미나고 독특한 관습으로 정착했다. 하지만 한국의 두부 소비는 그다지 늘고 있지 않다. 3대 대기업이 시장의 80퍼센트를 점하고 있으며 대부분의 두부에 수입산 재료를 쓴다. 반면 일본에는 전국에 1만 2000여 개의 두부 공장이 있으며 한국과 달리 전국적으로 유통되는 브랜드도 없다.(박상현, 2013) 소규모 공장들이 좋은 재료를 써서 따끈따끈한 두부를 제공해 소비자의 사랑을 받고 있다. 특별한 사례이긴 하지만 오토코마에 두부(사나이 두부)의 성공도 눈여겨볼 만하다. 차별화가 어려울 것 같은 두부에 사나이의 감성을 담아 기상천외한 기획과 마케팅으로 일본 비즈니스계에 일대 혁신을 일으켰다.

백야도 손두부를 맛보며 떠오른 이런저런 생각에 심란하기까지 했다. 지금 맛보고 있는 할머니의 손두부가 언제까지 지속될지 도무지 알 수가 없다. 할머니가 부디 오랫동안 건강을 유지하여 더 많은 사람들이 백야도 손두부 맛을 감상할 수 있기를 바랄 뿐이다. 그러고 보니 두부를 가장 많이 먹어야 할 사람은 백야도를 찾는 타지 손님이 아니라 할머니가 아닐까 싶다. 두부의 성미는 달고 편하다. 위를 깨끗이 해 주어 소화를 증진하고, 기를 돋우며, 비위를 조화롭게 하고, 대장의 더러움을 씻어 낸다. 게다가 성장, 발육, 신진대사에 꼭 필요한 필수아미노산, 칼슘이 풍부한 영양식이다. 또 쇠고기나 콩을 그대로 먹을 때보다 지방분이 적어 과산화지질이 덜 형성되어 노화 지연에도 도움이 된다. 두부에 풍부한 비타민 A와 C, E 등은 항산화 작용을 하여 세포 노화를 방지한다.(손미선, 2004) 손두부를 만들어 팔지만 말고 할머니도 자주 먹고 건강을 유지하기를 바란다. 나그네의 욕심은 할머니의 건강 걱정에까지 이른다.

곽재구 시인의 시에 쓰인 대로 함께 나온 막걸리는 낭도 막걸리다. 수입 밀가루로 만든 막걸리여서 고개를 갸웃했더니, 할머니는 손님들이 좋아해서 낭도 막걸리를 들여다 놓는다고 했다. 막걸리 라이벌 개도와 낭도의 싸움은 백야도에서는 낭도의 승리인 셈이다. 모처럼 맛난 두부를 먹고 길을 떠나는 우리에게 할머니는 직접 키운 양배추 한 덩이를 선물로 주었다. 할머니가 간식으로 먹던 어슷하게 썬 찐 고구마도 받아 들고 길을 나섰다. 참고로 백야리손두부집은 오후 5시쯤 영업을 마치기 때문에 출발 전에 전화로 확인하고 가는 것이 좋다.

손두부를 먹고 난 뒤에는 백야도 구경을 나서 볼 만하다. 백야도는 면적 3.08제곱킬로미터의 작은 섬으로 멀리서 보면 범이 새끼를 품고 있는 것 같다 해서 백호도라 불리다가 1897년 돌산군 설립 당시 백야도로 개칭했다. 백야도의 최고봉인 백호봉은 백호도의 기억을 담고 있다. 2005년 백야 대교 개통으로 육지와 연결되었으며 구십여 년 가까이 된 백야도 등대가 유명하다. 백야도 등대는 여수 — 나로도 — 거문도를 오가는 선박의 안전 길잡이 역할을 수행한다. 백야도 등대 바로 옆쪽에 바닷가로 내려가는 긴 계단이 있는데, 최고의 피서지가 따로 없다. 계곡으로 향하는 계단에 앉아 있으면, 에어컨이 필요 없을 만큼 시원한 바람이 불어온다. 여름에는 피서객들로 가득 차 있으며 아예 돗자리를 깔고 음식을 먹는 사람들도 적지 않다. ●홍경수

여수의 막걸리 라이벌, 개도 vs. 낭도

2013년 봄 젊은이들의 거리, 홍대 앞에 들렀다가 거리를 가득 메운 일본식 음식 문화에 깜짝 놀랐다. 카레, 덮밥, 우동, 라멘부터 다코야키, 케이크, 쿠키, 커피는 물론 이자카야에 이르기까지 온통 일본식이다. 일본이 외식 문화가 발전한 데다 지리적으로 가까워서 수입이 용이했으리라. 하지만 젊을 때 맛본 음식이 평생 입맛을 좌우하며 추억의 음식으로 자리 잡을 수 있기 때문에 음식 일류(日流) 현상은 예삿일이 아니다.

평생 한 나라 음식만 맛본다는 것이 지겨울 수 있고 다른 나라 음식에 관심이 가는 것은 자연스러운 현상이지만, 전 세계의 많고 많은 음식 중 일본 음식이 차지하는 비중이 과도한 것은 문제다. 스페인 요리, 프랑스 요리는 젊은이들에게 대중화되지 않았으며, 동남아시아 등의 음식도 아무래도 큰 인기를 끌지 못하고 있다. 일본 동북부 방사

능 유출로 일본에서 수입하는 식재료에 대한 문제 제기가 끊이지 않는데도, 일식 열풍은 가라앉지 않는다. 도대체 왜 한국인들은 유난히 일본 음식에 끌리는 것일까? 궁금하지 않을 수 없다.

최초의 한류, 백제의 술 문화를 일본에 퍼뜨리다

술도 마찬가지다. 일식당과 이자카야에서 일본산 맥주나 사케가 젊은 이들의 입맛을 사로잡고 있다. NHK출판의 지인이 한국을 방문하면서 선물로 가져온 조젠미즈노고토시, 서래 마을의 어느 이자카야에서 맛본 오토코야마, 구로마쓰겐비시, 구보다 등은 가벼운 듯 향기를 품으며 입안을 적셨다. 쌀이라는 재료로 텁텁하지 않고 상쾌한 맛을 만들어 내는 기술이 놀랍기만 했다. 그러다가 우연히 니고리자케(濁酒)를 만났다. 분명히 사케인데 우리나라 동동주처럼 탁했으며 쌀알까지 동동 떠 있는 게 아닌가! 맛은 인상적이지 않았으나 탁주 형태의 사케를 만난 것이 충격이었다. 사케는 청주라고 생각한 고정관념이 깨진 순간이었다.

얼마 전 어머니가 만들어 준 식혜가 떠올랐다. 모양이 매우 흡사했기 때문이다. 그리고 읊조려 보았다. 사케, 식혜, 사케, 식혜……. 발음이 비슷하다. 혹시 사케의 어원이 식혜는 아닐까? 자료를 찾아보니 식혜와 사케의 어원이 '삭'이라는 분석이 있다. 식혜나 사케나 모두 재료가 삭아서 만들어진, 즉 발효된 음식이라는 것이다. 누룩이나 맥아 같은 효소가 작용해서 어떤 물질이 완전히 분해되는 것을 발효 현상이라 하고, 완전히 발효가 끝나 맛이 든 것을 삭았다고 표현한다. 술이나 간장을 담그는 과정을 떠올리면 이해하기 쉬울 것이다.(정대성, 2000) 일본어 고어(古語)에서 사케를 사카라고 부르는 것은 天(아마→아메), 胸(무나→무네), 爪(쓰마→쓰메)에서도 나타나는 '아→어' 변화 현상이다.

2013년 여름 전남 영암의 왕인 박사 유적지에 가서 왕인에 대한 기록을 보았다. 4세기 말 백제 근초고왕 때 왕인 박사가 『천자문』을 가지고 일본에 건너가면서 일본의 요청에 따라 쇠 다루는 기술자, 베 짜는 기술자, 양조 기술자 등을 데려갔다. 그는 영암 상대포를 떠나 쓰시마의 와니우라('와니'는 왕인의 일본식 발음)를 거쳐 본토에 들어갔다. 『고지키』 기록에는 술을 양조할 수 있는 인번(仁番), 다른 이름으로 수수허리(須須許理, 일본 발음으로는 스스코리) 등 여러 사람이 왔다고 쓰여 있고, 일본의 『신센쇼지로쿠』에는 천황에게 술을 헌상한 사람이 오빠 증증보리(兄曾曾保利, 스스호리)와 여동생 증증보리(妹曾曾保利)라는 기록이 있다.(박정주, 2013) 수수허리가 빚은 미주에 오진 천황이 취했다고 한다. 증증보리는 발음으로 유추할 때 수수허리와 동일한 인물인 듯하다. 나라 시대 음식 스스호리즈케는 술지게미를 써서 담근 절임으로, 백제에서 전래된 누룩을 이용한 주조 기술 덕분에 탄생했다고 볼 수 있다. 다쿠앙(단무지)과 나라즈케의 뿌리 역시 스스호리즈케이니, 결국 백제 주조 기술의 산물인 셈이다. 그전까지 일본에는 처녀가 쌀을 입으로 씹어 항아리에 뱉어 발효하는 방식으로 만든 술인 구치카미사케가 있었다.

이것이 최초의 한류가 아니고 무엇이랴. 일본 술 문화의 뿌리는 한국에 있다 할 것이다. 사케를 마시면 마실수록 한국 전통주의 세계가 궁금해진다. 그리고 그 전통주의 근저에 서민과 애환을 함께한 막걸리가 자리한다.

우유같이 순수한 설성 막걸리

막걸리는 말 그대로 막 걸러 낸 술, 특별한 규칙 없이 대충 걸러 낸 술을 의미한다. 그래서 값이 저렴하며, 탄수화물이 풍부하여 노동 후에 허기를 달래기에 좋다.

어린 시절 전남 함평 읍내에 있던 옥천 주조장에서 주전자째 사 온 막걸리에 어머니가 설탕을 넣고 끓여 만든 단술을 맛본 기억이 있다. 그 후에 처음 막걸리를 먹은 것이 대학 신입생 환영회 때였다. 일명 막걸리 대학이라 불리던 학교인지라 입학하자마자 '사발식'이라는 행사가 기다리고 있었다. 신입생 서너 명이 한꺼번에 선배들이 부르는 막걸리 찬가가 끝나기 전에 한 바가지 가득 막걸리를 마셔야 했다. "만주 땅도 우리 것, 태평양도 양보 못 한다."로 노래가 끝나 가는데 여전히 태평양만큼 많이 남아 있던 막걸리가 원망스럽던 기억이 새록새록 난다. 행여나 다 마시지 않으면 대학 생활에 어려움이 있을까 싶어 허둥지둥 들이켰던 막걸리는 배 속에 잠시 머물다 다시 밖으로 쏟아져 나왔다. 이 의식이 한 대학 구성원이 되는 통과의례라는 점은 알지만, 막걸리의 맛을 음미하기보다 먹고 버리는 식이라는 점에서는 아쉽기만 하다.

필자가 제대로 먹어 본 최초의 막걸리는 2010년 윤여상 씨로부터 소개받은 전남 강진 병영 주조장의 설성 막걸리다. 한 신문에도 소개된 바 있는 윤 씨의 임상 실험 결과가 눈길을 끌었다. 유산균이 풍부한 설성 동동주를 매일 세 잔 정도 마시고 잠을 잔다. 그러면 아침에 황금 같은 대변이 나오고 장 기능이 크게 개선되며 피부도 좋아진다는 것이다. 친구들이 얼굴 좋아졌다는 덕담과 더불어 비결이 무엇이냐고 물으면 윤 씨는 "병영 설성 동동주를 드세요."라고 말한다는 것이다. 실제로 맛본 설성 막걸리는 유기농 쌀과 올리고당을 사용하여 보드랍고 시원한 것이 흡사 우유 같았다. 아니, 모유에 더 가까운지도 모른다.

지금 가르치는 학생들에게도 설성 막걸리를 맛보여 주고 있다. 젊은 시절 좋은 막걸리로 술맛을 들이라는 뜻에서다. 2010년 겨울에 학과 동아리 학생들과 『딩동! 맛있는 택배』라는 책을 쓰기 위해 2박 3일 남도 음식 답사를 떠났다. 그때 강진 병영 주조장에 들러서 김견식 대표의 안내를 받았다. 이곳에서 만든 사또주가 2013 샌프란시스코 국제 주류 품평회와 영국 국제 주류 품평회에서 은상을 탔다는 소식도 그 후에 들었다. 필자의 마음속에는 설성 막걸리가 오랫동안 최고의 막걸리로 자리하고 있었다.

스파클링 와인에 뒤지지 않는 톡 쏘는 맛, 개도 막걸리

여수에도 유명한 막걸리가 있다. 개도 막걸리와 낭도 막걸리가 그것이다. 여수 막걸리가 더 좋다는 여수 사람들도 있지만, 전국적으로 유명세를 탄 것은 개도 막걸리다.

개도 막걸리에 대한 팬덤은 이미 폭넓게 형성되어 있다. 『막걸리』

하늘에서 내려다본 개도.(© 여수시, 황의동)

(북포스, 2010)라는 책을 쓴 이소리 시인은 대한민국 으뜸 막걸리로 개도 막걸리를 꼽았다. "첫사랑 그 여자와 첫 키스를 할 때처럼 짜릿하고도 달콤한 맛이자 삶에 지쳐 고단할 때 동무가 되어 주는 속정 맛이자 어릴 때 어머니께서 직접 빚었던 어머니 손맛이 깊이 배인 고향 맛"이라고 묘사했다. 막걸리 맛에서 시상을 펼쳐 내는 시인의 수사학이 놀랍다. 청순한 맛이 특징인 개도 막걸리는 '막걸리계의 손예진'이라고 불린다. 도대체 어떤 맛일까 궁금해졌다.

개도 주조장에 전화를 걸어 택배 주문을 했다. 다음 날 막걸리가 도착했다. 반가운 마음에 한 병을 터 보았다. 막걸리 흘러나오는 소리가 청량하다. 막걸리를 따르자마자 표면에 얇은 막이 형성되었다. 식초 만들 때 생기는 엷은 막처럼 보이기도 한다. 겉모양만으로 호감을 주지는 않는다. 한 모금 입에 넣으니 스파클링 와인처럼 가볍게 쏘는 맛이 여간 상쾌하지 않다. 겉모양과 다른 반전이 개도 막걸리 맛에 있다. 사이다처럼 톡 쏘는 맛은 아니지만, 기포를 아주 잘게 부수어 놓은 듯한 보드랍게 쏘는 맛이다. 쌀에서 풍겨나는 단맛과 식초 같은 신맛도 적당히 어우러졌다. 텁텁한 맛과 새콤달콤한 맛이 균형을 이룬다. 물론 고수 술꾼에게는 장난스러운 맛으로 여겨질 수도 있지만 말이다.

 KBS 프로그램 「미녀들의 수다」에 출연했던 따루 살미넨 씨는 칼럼에서 자신이 운영하는 주막에서 개도 막걸리를 팔고 있으며 바나나 막걸리를 만드는 데 개도 막걸리가 안성맞춤이라고 썼다. 처음에는 개도 막걸리의 다소 각진 쓴맛이 거슬리지만, 시간이 지날수록 맛이 둥글둥글해지는 것을 느낄 수 있다. 개도 주조장의 김상만 대표는 일주일 정도 지나면 맛이 가장 좋다고 한다. 한겨울에 밖에 내놓거나 냉동실에 넣어 살얼음이 끼면 색다른 맛을 즐길 수 있다.

 개도 막걸리의 원료를 살펴보자. 국내산 백미 100퍼센트, 첨가물은 아스파탐 0.009퍼센트라고 쓰여 있다. 아스파탐에는 페닐알라닌이 함유되어 있다고 적혀 있다. 합성 감미료 아스파탐의 쓴맛이 약간 마음에 걸린다. 몇몇 주조장에서는 합성 감미료 대신 유기농 올리고당을 사용하기도 한다.

 이십 년 전 술 만드는 게 좋아서 개도 주조장을 인수한 김상만 대표는 전통 방식으로 소량의 막걸리만 만들고 있다고 했다. 그런데 한 박스 스무 병 단위로 유통되고 그 값도 배송비 포함해서 3만 원가량이니 고급화가 절실하다고 하겠다. 더 좋은 재료를 사용하고 스무 병들이 한 박스가 부담스러운 사람들에게 더 적은 단위로 판매하는 시도가 필요한 시점이다. 사케 한 병에 몇 만 원을 호가하는 시대에 1500원짜리 니고리자케라니.

　　여수에서는 향일암 인근이나 여천종로전집에서, 서울에서는 산체스막걸리, 가제트술집, 전월당, 월향 등에서 개도 막걸리를 맛볼 수 있다. 술을 좋아하는 젊은이에게 일본 술의 원류가 바로 한국의 막걸리라는 사실을 상기시켜 주며, 개도 막걸리를 맛보라고 권하고 싶다. 안주로는 여수 갓김치가 무척 잘 어울린다고 하지만, 필자 입맛에는 곁들이는 음식 없이 마시는 것이 더 맛났다.

젓샘으로 만드는 남성적인 맛, 낭도 막걸리

백야리순두부집에서 판매하는 막걸리는 낭도 막걸리였다. 주인 할머니에게 왜 낭도 막걸리를 파느냐고 물었더니, 손님들이 다 맛있어해서라는 대답이 돌아왔다. 백야도에서는 개도 막걸리보다 낭도 막걸리를 더 높이 평가한다는 것이다. 필자가 마셔 보니 개운한 맛이 특징이었다. 하화도에서는 어떨까? 하화도 슈퍼마켓에서는 여수 막걸리를 팔고 있었다. 주인은 개도 막걸리와 낭도 막걸리가 다소 달아서 담백한 여수 막걸리를 선호하지만, 개도 막걸리와 낭도 막걸리도 한 번씩 주문해서 판다고 말했다. 막걸리 취향은 각양각색이다.

　　하화도에 갔다가 백야도로 돌아오는 길에 백야리손두부집에 낭도 막걸리를 배달하는 봉고차를 만났다. 낭도 주조장 강창훈 대표의 아들이 운전하는 차를 얻어 타고 이야기를 들어 볼 수 있었다. 낭도

남성적인 맛이 특징인 낭도 막걸리.

주조장은 삼대째 백오 년 동안 이어져 온 유서 깊은 곳이다. 게다가 처음 시작한 장소에서 옛날 방식 그대로 술을 빚고 있다고 한다. 강 대표와 직접 전화 통화를 해서 다른 뒷이야기를 들을 수 있었다. 아버지와 함께 낭도 주조장을 운영하던 강 대표는 1970년대 막걸리가 두통을 유발한다는 헛소문이 휩쓸고 지나갔을 때 막걸리 사업이 큰 타격을 받았고 낭도를 떠나 여수 화학 단지에 취직했다. 그러다 십오 년 전쯤 부친이 작고하면서 주조장을 맡기 위해 귀향했다.

개도 막걸리의 맛이 여성적인 반면 낭도 막걸리의 맛은 남성적이다. 실제로 개도 막걸리는 여성들에게, 낭도 막걸리는 남성들에게 인기가 높다. 누룩을 직접 띄워 막걸리를 만들어 일주일간 숙성시켜서 뒷

하늘에서 내려다본 낭도. 개도와 낭도 막걸리 투어는 해외 와이너리 투어 못지 않은 재미를 선사한다.(ⓒ 여수시)

맛이 깔끔한 것이 낭도 막걸리의 가장 큰 장점이다. 자연 발효 방식을 쓴 덕분에 많이 마셔도 머리가 아프지 않다고. 낭도 막걸리에서는 자연 발효제인 누룩 향이 진하게 난다. 오랫동안 밀가루를 사용하여 막걸리를 만들다가 최근에는 밀가루와 쌀을 5 대 5로 넣는다. 막걸리에 쌀을 쓰지 말라는 박정희 전 대통령의 명령으로 밀가루 막걸리를 만들었던 우울한 역사는 끊을 수 없는 전통이 되어 버린 걸까? 밀가루를 사용한 막걸리를 먹었던 입맛은 여전히 밀가루 막걸리의 독특한 깔끔한 맛을 찾는 듯하다.

낭도 막걸리는 염분과 철분 등 미네랄이 풍부한 젖샘물을 사용하되, 보존제 등을 사용하지 않기 때문에 막걸리 식초로 만들기 좋다고 한다. 실제로 낭도 막걸리 용기에는 젖샘이라고 쓰여 있다. 젖샘은 낭도의 앞섬 사도에 있는 샘으로 사도와 낭도는 같은 지하 수원으로 연결되어 있다. 젖샘은 가뭄이 나도 마르지 않는 샘이란 뜻에서 유래했으며, 어머니들이 젖이 안 나올 때 젖샘 물로 젖을 씻으면 젖이 샘물처럼 나온다고 해서 붙은 이름이라고 한다. 젖샘으로 만든 막걸리인 만큼 엄마 젖과 같은 온정이 느껴지는 듯하다. 철분 성분이 많은 젖샘 때문인지 낭도 막걸리는 다소 어두운 하얀색을 낸다.

  2013년 목포대 도서문화연구소에서 여수 막걸리 답사 여행을 기획했다. 일정이 맞지 않아 참석하지 못한 것이 못내 아쉽기만 하다. 막걸리와 섬을 좋아하는 사람이라면 여수로 막걸리 여행을 떠나 보면 어떨까? 먼저 개도에서 여성적인 막걸리를 맛보고, 다시 배를 타고 낭도에 가서 남성적인 막걸리를 맛보시라. 해외 와이너리 투어 부럽지 않은 풍경과 술, 최고의 해물 안주가 기다리고 있다. 개도와 낭도, 여수 막걸리는 모두 택배 주문할 수 있으니 서울에서도 즐겨 보길 권한다. ●홍경수

여수반도 해안 도로와
와온 해변

여수반도는 긴 복주머니처럼 생겼다. 동쪽으로는 광양만을 따라 여수 국가 산업 단지가 이어지고, 남쪽과 서쪽으로는 고흥반도와 어깨를 겨누고 있다. 고흥반도 역시 복주머니처럼 섬이 되려다 만 지형이어서 두 반도가 만들어 내는 바다는 순천만, 여자만 등으로 움푹 들어간 형상이다. 여수 남서해안은 수많은 섬과 육지로 인해 동해안과 달리 커다란 호수를 바라보는 느낌을 준다. 여수반도에서 백야도를 향하다 보면 나진, 세포 등 조그만 바닷가 마을이 나오고, 바다가 한눈에 보이는 절경의 해안 도로가 이어진다. 기분 좋게 드라이브를 하다 보면 백야도에 도착한다.

여수반도 해안 도로에서 만난 푸근한 인심과 남쪽 바다

백야도를 넘어 더 올라가다 보면 남쪽 바다를 품에 안은 장수 마을에 도착한다. 2013년 연말에 들렀던 장수 마을은 수확한 굴을 분리하는 작업을 하는 할머니들로 분주했다. 넓은 창고나 비닐하우스 안에서 할머니 십여 명이 굴 곽을 쪼개서 알굴을 분리하고 있었다. 사진기를 가져다 대니 서로 찍어 달라면서 필자를 향해 맛을 보라고 굴을 권한다. 어찌 보면 일을 방해하는 이방인에게 굴을 권하고 또 권한다. 바닷물을 흠뻑 머금

어서인지 굴이 무척 짰다. 그래도 싱싱한 굴이 맛이 없을 리가 없다. 굴을 석화라고도 하는데 돌에서 피어나는 꽃처럼 아름다워서일까? 굴을 권하며 활짝 웃는 할머니들도 꽃처럼 아름다웠다.

다시 여자만을 향하여 863번 지방도를 따라 올라가는 길. 곳곳에서 바다를 볼 수 있어 자동차를 멈추곤 했다. 가다 서다를 반복하는 발걸음은 여자만을 지나 순천 와온 해변에 이르기까지 계속된다. 멋진 이탈리아 남부 해안이 떠오르고 디 카푸아의 「오 솔레 미오」가 흥얼거려진다. 실제로 남해안을 세계적인 휴양 지구로 발전시키기 위한 '선벨트'라는 계획이 가능성을 타진하고 있다. 온종일 햇빛이 정면으로 쏟아져 내리는 곳, 선벨트의 매력은 바닷가 남쪽을 향한다는 것이다.

해가 와서 쉬는 곳, 와온 해변

「사평역에서」의 곽재구 시인 역시 여수 해안길에 마음을 사로잡혔나 보다. 시인에게 와온부터 당두에 이르는 바닷가 마을들은 시를 쏟아 내는 영감의 처소이며, 심신의 안정을 찾을 수 있는 안식처인 것처럼 보인다. 여수반도 해안길을 두 번쯤 갔는데, '한국에 이런 곳이 있나.' 하는 낯선 마음이 들지 않고 고향 같은 안온함과 묘한 적막함에 평화로움을 느끼게 되었다.

> 해는
> 이곳에 와서 쉰다
> 전생과 후생
> 최초의 휴식이다
>
> 당신의 슬픈 이야기는 언제나 나의 이야기다
> 구부정한 허리의 인간이 개펄 위를 기어와 낡고 해진 해의
> 발바닥을 주무른다
>
> ─곽재구, 「와온 바다」, 『와온 바다』(창비, 2012) 중에서

2013년 여름 목포의 서점에서 곽 시인의 시집 『와온 바다』를 발견하고는 카페에 들어가 커피를 시켜 놓고 하루 종일 시집을 읽었다. 그해 봄 와온에 들렀다가 해가 지는 것을 본 기억이 떠올랐다. 사방이 산과 섬으로 둘러싸인 바다는 분노와 야성을 잃고 부처의 표정만큼 차분하고 고요했다. 바다 위로 길게 방파제가 놓여 있고, 그 위로 저물어 가는 해의 뒷모습을 바라보는 사람들. 누구는 어깨동무를 하고, 누구는 홀로 해를 배웅한다. 지각한 몇몇은 급히 차를 세우고는 서둘러 방파제로 뛰어온다. 갯벌에 사는 생물들이 분주히 활동을 시작하는 황혼 녘, 모두들 무대에 선 주인공이 된 듯하다. 석양을 바라보는 짧은 순간만은 누구나 주인공인 곳, 와온에 오면 누구나 지는 해에 비추어 자신의 삶을 돌이켜 볼 수 있다. 그래서 와온(臥溫)이라는 이름처럼 우리도 따뜻하게 누울 수 있는지 모른다.

갯벌을 좋아하는 초등학생 아들은 이미 갯벌에 뛰어들어 게를 잡

느라 바지까지 젖었다. 해가 지고 어둑해지자 아들을 재촉해 방파제를 뒤로했다. 신발이며 바지까지 모래투성이인 아들을 씻기기 위해 와온슈퍼 앞 수돗가를 찾았다. 수도를 쓴 것이 미안하기도 하고, 평상에 앉아 술추렴을 하는 동네 아저씨들이 먹고 있는 꼬막이 눈에 들어와 꼬막을 주문했다. 한 쟁반에 5000원인 꼬막은 바로 와온 갯벌에서 캐낸 것. 어둑해진 해변을 바라보며 짭조름한 와온 꼬막을 먹었다. 어린 시절 꼬막을 먹다 보면 손목에 꼬막 즙이 흘러내려 피부가 쓰라렸던 기억이 되살아났다. 석양 속에 맛본 꼬막이야말로 와온의 속맛이 아닐까?

와온 슈퍼에서 만난 꼬막 만찬에서 평화를 맛보다
여수에 숙소를 마련한 필자는 그다음 날 석양 무렵에도 뭐에 홀린 듯 와온으로 향했다. 와온의 평온함과 꼬막 맛 때문이었다. 어두워진 시간, 야외 식탁에 앉았다. 이번엔 생꼬막이 떨어져서 꼬막무침을 주문했다. 저녁 식사를 못한 우리는 밥도 주문했다. 슈퍼 주인은 압력 밥솥 추가 휘휘 돌아가도록 맛난 밥을 새로 지어 준비해 주었다. 이어서 나온 돼지고기 김치찌개와 반찬들. 식당이 아닌 슈퍼에서 필자 가족은 뜻하지 않은 만찬을 받았다. 다시 여수반도에 간다면 와온, 달천, 궁항, 장수, 장척을 꼭 들러 보리라. 그곳에 두 발을 디딘 채 바다를 비추면서 사라지는 석양을 바라다보는 것만으로 쉽게 평화에 다가갈 수 있다.

    앞으로 여수반도와 고흥반도는 연륙교와 연도교로 연결될 예정이다. 2020년 완공이 목표이고 돌산도에서 출발해 화양면을 거쳐 고흥군 영남면까지 다리 열 개로 연결된다. 월호 대교, 개도 대교, 제도 대교, 화정 대교, 화양 대교, 조발 대교, 둔병 대교, 낭도 대교 등이 W 자로 연결되면 이곳은 세계적인 명소가 될 것으로 보인다. ●홍경수

세 PD, 여수 미식 기행을 말하다

손현철   이 년 만에 다시 여수로 미식 기행을 다녀왔는데 다들 소감이 어떤가요?

서용하   여수는 제가 엑스포 방송 팀에 있을 때 여섯 달이나 머물렀던 곳인데요. 서울 출생인 제가 한국에서 가장 오래 있었던 타지인 것 같아요. 사실 여수 엑스포 방송 팀에 끼게 된 것도 먹거리 때문이나 마찬가지예요. 가족과 오래 떨어져 있다 보니 고생스럽긴 했지만 먹거리에 대한 추억은 그 어느 곳보다 강렬했어요. 목포와 여수의 차이가 뭘까 생각해 봤는데, 목포는 기본적으로 갯벌이 발달한 지역이고 여수는 그 이름답게 물이 깨끗한 지역이더라고요. 그래서 여수 바다에서 나온 해산물들은 자연 그대로의 맛이 고스란히 느껴진다는 것이 특징이랄까요.

손현철   저는 2005년에 취재 차 여수에 처음 가 봤어요. 그때 취재원이었던 분이 '하모'를 먹으러 가자고 하더군요. 하모가 대체 뭔가 했죠. 그게 바로 갯장어였어요. 그분이 여수에서만 즐기고 다른 지역에선 잘 먹지 않는다고 하더라고요. 그때 여수에 색다른 음식이 많구나 하는 생각을 하게 됐어요. 또 여수가 엑스포 개최지로 발표될 때 촬영 차 갔다가 굴도 먹어 보고 돌게장도 먹어 보고 하면서 여수 음식이 참 풍부하구나 하고 깨달았죠. 이번에 두 번째 미식 기행지로 여수를 정하고 많은 음식을 먹어 봐서 정말 행복했어요.

홍경수 남도 음식이라고 하면 다 비슷하다고 생각할 텐데 여수하고 목포는 차이가 많은 것 같아요. 여수 음식은 먹어 볼수록 호쾌함, 상쾌함, 활수함이 느껴져요. 비옥한 토지와 드넓은 바다를 토대로 한 음식이라서 그런가 봐요. 역사적으로 서해와 동해를 넘나들며 해상 활동을 했던 여수 사람들의 기질도 관련이 있는 듯하고요. 개인적으로는 여수반도의 여러 섬들을 가 봐서 좋았고, 특히 거문도에 가서 한창훈 작가와 함께 삼치를 먹은 것이 행운이었어요.

세계 최고로 아름다운 도시 여수, 소셜 디자인으로 살리자

서용하 여수는 세계 어느 곳보다 아름다운 도시예요. 이탈리아 나폴리, 오스트레일리아 시드니, 브라질 리우데자네이루에 우리나라 여수를 붙여 세계 4대 미항이라고 하는데, 여수에 가 보기 전까지는 과장된 표현이라고 생각했거든요. 그런데 실제로 겪어 보니 여수가 나폴리보다 아름다운 것 같아요.

손현철 나폴리보다?

서용하   나폴리보다 훨씬 쾌적하고 먹거리도 많아요. 문화 유적이 적다는 단점은 있지만, 항구 풍경만큼은 세계 어느 곳보다 아름답지 않은가 생각해요. 특히 야경이 빼어나고요. 여수에 머무를 때 밤에 운동 삼아 돌산 대교를 세 번씩 왔다 갔다 했거든요. 옆으로 연인들이 스쳐 지나가고, 사람들이 이야기하는 소리가 들려오고, 바다 위로 지나가는 배가 보이고, 한쪽으로는 이순신 광장이 보이고, 이런 풍광이 아주 낭만적이었어요. 시작하는 연인들이라면 여수에 가 보기를 강력하게 권합니다.

손현철   여수가 아름답다는 건 여수 여행을 해 본 사람이라면 누구나 다 동의하는 것 같아요. 여수라는 이름을 고려 왕조가 지었다고 하는데, 지역명에 아름다울 려(麗) 자를 쓴 경우는 거의 없거든요. 그래서 개성에서 내려온 고려 관리들이 여수 풍경에 깊이 감탄해서 이런 이름을 붙이지 않았을까 추측하게 됐죠. 이것을 뒷받침하는 근거가 없을까, 엄청나게 고민하다가 고려 말 이규보가 쓴 시를 찾았어요. 이건 여수 사람들도 모르는 역사적 자료예요. 노년의 이규보가 아름다운 여수에 가 보지 못하는 현실에 한숨이 나온다고 읊은 시인데, 그때만 해도 개성에서 여수까지 가려면 족히 보름은 걸렸을 거란 말이죠. 고려인들이 이상향처럼 가 보고 싶어 한 아름다운 도시가 바로 여수였음을 보여 주는 자료가 아닌가 해요. 이런 자료를 찾아서 책에 넣을 수 있다는 것이 기뻤어요.

홍경수   우리가 미식 기행 프로젝트를 시작한 계기 중 하나가 소셜 디자인에 대한 관심이잖아요. 우리나라 소도시의 음식, 문화, 이야기를 활용해서 지역 공동체 발전에 기여하는 방안을 모색해 보는 거죠. 여수에도 갓이나 쑥, 다양한 해산물 등 여러 자원이 많은데 여기에 이야기를 접목해서 사람들이 음식을 맛보고 문화를 즐기기 위해서 모일 수 있도록 하면 좋겠어요.

손현철   여수 하면 이순신 장군이 떠오르잖아요. 실제로 여수에서 매년 5월에 거북선 축제를 열기도 하고.(2014년 5월에는 세월호 참사로 취소되었다.─편집자 주) 그런데 이순신이『난중일기』에 여수 음식 이야기를 썼더라면 얼마나 좋았을까 싶더라고요. 그랬으면 그것을 소재로 다양한 콘텐츠를 만들 수 있었을 텐데. 갓, 돌게, 갯장어, 서대 같은 식재료는 다른 지역에서 접하기 힘드니까, 향토 사학자들이 자료를 열심히 찾아보면 뭔가 나오지 않을까요.

서용하   여수의 또 다른 매력이 섬이에요. 섬마다 개성이 뚜렷하고 섬에서 나오는 갯것들이 활력 있어요. 아직도 여수 근해의 섬 주민들에게선 도시에서 찾아볼 수 없는 인정을 느낄 수 있고요. 여수 엑스포 때 시내 숙소 가격이 천정부지로 치솟아서 민간 주도로 관광객들에게 교회나 절 같은 공간을 하룻밤 1000원에 내주는 프로젝트를 했거든요. 그때 섬 주민들이 자발적으로 주민 센터나 교회 등을 선뜻 제공하는 장면이 무척 인상적이었어요. 이런 점을 잘 활용하면 여수가 남도 최고의 관광 도시가 될 수 있지 않을까요.

홍경수   섬 숙소를 1000원에 제공하는 것은 여수시 차원에서 상시 상품으로 내놔도 좋을 것 같아요. 사실 섬에 가는 것 자체가 부담이 꽤 크잖아요. 교통비도 들고요. 그런데 숙소를 저렴하게 이용할 수 있다면 놀러오는 관광객들이 늘어날 수 있을 것 같아요.

서용하   섬에서만 먹을 수 있는 갯것들을 간단히 구워서 내놓기만 해도 훌륭한 음식이 돼요. 이를 통해서 주민들이 부수입을 올릴 수도 있을 거고요.

사람들이 몸으로 즐길 수 있는 관광지를 개발한다면

손현철   여수는 가기 전에 단단히 각오를 해야 해요. 생각보다 굉장히 넓어요.

홍경수   목포는 차 없이도 다닐 수 있었는데 여수는 차가 필요하더라고요.

손현철   맛집들도 여기저기 흩어져 있죠.

서용하   그래도 여수 맛집들은 해안가에 많아요. 중앙동, 봉산동, 국동, 그 앞에 있는 대경도와 돌산도에 맛있는 음식점들이 즐비하죠. 국동항에서 바닷가를 따라 서쪽으로 죽 가다가 디오션 리조트를 넘어가면 해녀들을 만날 수도 있어요. 이 길이 굉장히 긴데 걷기는 부담스럽고, 자전거로 둘러보면 좋을 것 같아요. 그리고 동쪽으로 돌산도와 오동도까지 연결해서 제주 올레길처럼 조성해도 괜찮을 듯해요.

손현철   책에 여수 풍경 길에 대해 쓰기도 했지만, 종고산 '흰 고래 교회'를 시작으로 이어지는 도로를 따라 진남관, 이순신 광장까지 둘러보면 여수를 가장 아름답게 볼 수 있어요. 옛날에는 그 동네에 부자들이 많이 살았다는데, 그래서인지 흥미로운 풍경을 많이 접할 수 있죠.

홍경수   여수 엑스포 이후에 생긴 변화도 많아요. 첫째, 교통이 좋아졌어요. 고속버스를 타고 세 시간 사십오 분 정도밖에 안 걸려요.

예전보다 한 시간 이상 단축된 셈이에요. 둘째, 좋은 숙소가 많이 생겼어요. 역시 인프라가 사람을 끌어들이는 건지, 여수 관광객이 1000만 명을 넘어섰대요. 다만 여수 엑스포장을 어떻게 활용할지의 문제가 여전히 큰 것 같아요.

서용하   엑스포장 입지가 굉장히 좋아요. 바로 앞에 오동도가 있는데 그 바다를 품은 풍경이 아름답거든요. 여수는 '물의 도시'인데도 바다를 '체험'할 수 있는 장소가 거의 없어요. 사람들이 놀 만큼 넓은 해수욕장을 조성하기 어려운 자연 환경이기 때문인데, 그렇다면 갯벌 체험이나 해양 레포츠 프로그램을 더 열심히 개발할 필요가 있지 않을까 싶어요.

홍경수   커먼 웰스(common wealth)라는 개념이 있어요. 여수 엑스포장 부지도 공적인 목적으로 활용해서 시민들이 누구나 쓸 수 있게 하면 좋겠어요. 숙박 시설, 캠핑 공간, 공원 같은 공간으로 말이에요.

서용하   그러고 보니 여수에는 놀이공원이 없습니다. 관람차도 없어요. 그 흔한 롤러코스터도 없고. 조용한 도시라 좋긴 하지만 사람들을 끌어들이려면 시끌시끌한 요소도 필요하다 싶어요.

홍경수   런던 아이(London eye) 같은 커다란 관람차도 좋은 아이디어네요. 여수는 특히 야경이 아름다우니까요.

풍부한 해산물, 다양한 요리법, 미식 기행의 최적지, 여수

홍경수   여수 7공주식당에서 장어탕을 처음 먹어 봤는데요. 정말 맛있어서 눈물이 나올 정도였어요. 조물주에게 이 맛을 보게 해 주

서서 감사합니다 하는 기도가 절로 나왔다니까요.

손현철 여수에는 창의적인 먹거리가 참 많아요. 갯장어 샤브샤브라든지 서대 회무침이라든지 갓김치, 돌게장 같은 음식을 보면 여수 사람들이 많은 시도를 해 본 후에 만들어 낸 결과물이라는 생각이 들어요. 서대만 해도, 서해안에서도 박대 같은 물고기가 많이 잡히는데 구워 먹기만 하거든요. 그런데 여수에서는 막걸리 식초에 무와 미나리까지 넣어서 무쳐 먹잖아요. 삼치도 선어 회로 먹고요. 특히 갯것 정식을 처음 먹었을 때, 와 대단하다 하는 감탄사가 터져 나왔어요. 그 상차림 자체가 역사적, 문화적 산물이에요. 산진해착(山珍海錯)이라는 말이 있어요. '산진'은 산과 들에서 나는 진미를 가리키는데 '해착'은 어디에서 나온 말일까 궁금했거든요. 錯이 '착각'의 '착' 자인데 긴가민가 헷갈린다는 뜻이에요. 바다에서 나온 다양한 먹거리들을 먹다 보면 정신이 빠질 지경이 된다는 의미에서 이런 글자를 쓴 게 아닌가 싶어요. 그런 면에서 '해착'을 맛보기에 최적의 도시는 여수 같아요.

서용하 목포는 한반도의 서쪽에 있고, 여수는 남쪽 정중앙에 있고, 부산은 동쪽에 있잖아요. 그런 위치를 감안해서 음식의 패턴을 보면 흥미로워요. 목포에서는 식재료를 '재창조'해서 내놓는 음식이 많아요. 홍어처럼 삭힌 음식이 대표적인 사례죠. 여수는 재창조까지는 아니지만 다양한 조리법을 활용해요. 붕장어를 탕으로도 끓여 먹고 소금이나 양념을 더해 구워서도 먹고, 갯장어는 샤브샤브까지 해서 먹잖아요. 부산으로 가면 해산물을 회 쳐서 먹는 경우가 대부분이고 탕을 끓인다든가 하는 경우는 드문 것 같아요.

홍경수 여수는 전라도의 맛과 경상도의 맛이 섞이는 지역이에요. 행정구역상 전라남도에 속하지만 부산, 포항, 울산 등 경상도에서 이주해 온 사람들도 많이 살거든요. 여수 앞바다에서 동해와 서해의 해류가 섞이듯 맛도 섞여 있는 듯해요.

서용하   해류상 여수가 부산보다 일본과 더 가깝대요. 밀항도 빈번했고요. 그래서인지 여수는 일본의 영향을 많이 받은 것 같아요. 특히 일제강점기 때 엄청나게 많은 해산물을 빼앗기고 해방 후에 그 자원들을 국내에서 처리해야 하는 과제가 생기면서 새로운 식문화가 생겼다죠?

손현철   일본으로 갯장어를 수출하는 사업이 내리막길을 걸으면서 내부에서 수요를 만들 방법을 찾다가 1990년대 중반부터 팔기 시작한 음식이 갯장어 샤브샤브예요. 그게 인기를 끌면서 여수의 대표 음식이 됐고요.

홍경수   일본 아소 지방의 대표 음식이 갓인데, 돌산도 풍토가 그곳과 비슷하대요. 그래서 일본 갓 품종을 들여와서 농사를 시작했다고 해요. 일제강점기 때 일본 사람들이 여수로 어업 이민을 많이 왔는데, 그러면서 일본의 근대화된 수산업 문화가 여수에 자리 잡았을 거예요. 그 영향으로 거문도에는 일본식 목조 건물이 참 많아요. 일제의 잔재로 여길 수도 있지만 길게 보면 역사의 산물인 셈인데 지금이라도 관리를 잘해서 보존을 하면 좋겠어요.

서용하   지난 5월 초에 여수에 갔을 때 가장 인상적이었던 곳이 싱글벙글빵집이에요. 여수 엑스포 방송을 할 때 인턴으로 일했던 친구들이 간식으로 이 집 빵을 자주 사다 줬어요. 그 기억이 떠올라서 이번에 직접 찾아가 봤거든요. 그런데 오후 4시쯤 갔더니 빵이 다 떨어진 거예요. 아이들 하교 시간에 맞춰서 그때 팔릴 만큼만 빵을 만들어 내놓는다는 거예요. 택배로라도 보내 달라고 하니까 날씨가 더워서 상할 수 있으니 보내 주기가 힘들겠다는 거예요. 큰 욕심 부리지 않고 신선하고 맛있는 빵만 팔겠다는 사장님의 신념이 마음에 꼭 들더라고요.

홍경수　　음식을 먹는 행위는 결국 그 지역의 땅과 바다 같은 환경, 그리고 요리한 사람 그 자체를 맛보는 거라고 생각해요. 음식도 사람이구나 하는 생각을 이번 미식 기행을 하면서 다시금 깨달았어요.

감사의 말

책을 내는 데 많은 분들의 도움을 받았고, 본의 아니게 폐를 끼치게 되었다. 감사의 마음을 글로 표하고 싶다.

여수 YMCA 이상훈 사무총장은 필자들의 여수 답사 시 음식점과 전문가 들을 소개해 주었다. 임호상 소리기획 대표는 오랜 세월 축적한 식당 목록 중 알짜 정보를 아낌없이 내주었고 굴 양식장 섭외 등 취재에 여러모로 도움을 주었다. 황태수 대표는 굴 양식장 촬영에 도움을 주었다. 여수지역사회연구소 정태균 부장은 필자들이 구하기 어려운 귀한 자료와 맛집 정보를 전해 주었다. 한창훈 작가는 거문도의 맛난 겨울 삼치를 맛보게 해 주었으며 재미난 이야기도 많이 해 주었다. 책 나온 뒤에 맛난 술과 음식을 대접하고 싶다. 여수상공회의소 심장섭 회장과 목포1935 안치윤 사장은 타지 출신이지만 여수의 맛과 매력, 목포와 여수의 맛의 차이 등을 자세히 설명해 주었다.

책 출간을 제안해 준 민음사에 깊은 감사를 드린다. 이 책이 흥미롭고 줄줄 잘 읽힌다면 온전히 출판사의 노고 덕이다.

마지막으로 우리들의 사랑스러운 자녀 지혜, 지오, 윤서, 윤재, 민수, 연림에게 사랑한다는 말을 꼭 전하고 싶다.

참고 문헌

『전라남도 여수군읍지』(1899), 규장각 한국학연구원(http://kyujanggak.snu.ac.kr)
『조선왕조실록』, 국사편찬위원회 조선왕조실록 홈페이지(http://sillok.history.go.kr)
가모시타 이치로, 신병철 옮김, 『관계로부터 편안해지는 법』(리수, 2010)
국립수산과학원, 「한국연근해 유용어류도감(有用魚類圖鑑)」 2nd. Edition(2004년 8월)
국립수산과학원, 『굴 수하식 양식 표준 지침서』(농림수산식품부 국립수산과학원, 2012)
국토지리정보원, 『독도 지리도』
권문식, 「갯장어 유사 어종의 식품학적 품질 비교 및 시판 갯장어 회의 원료 판별」(부경
   대학교 산업대학원, 2011년 8월)
김외순, 『과일 식초 건강 요리 49가지』(살림Life, 2009)
김윤배, 「조선 시대 전라 지역민들의 울릉도 독도 항해와 경로」,《MOOK 지역사회연구》
   Vol. 3(2013)
김정호, 『조선의 탐식가들』(따비, 2012)
김준옥, 『거문도와 백도』(대원사, 2005)
김지연, 「고려 시대 애주가 이규보」, 『한식 세계화를 위한 조선 시대 민간 음식 고문헌 심
   포지엄 자료집』(한식재단, 2013)
농상공부 수산국, 조선총독부 농상공부, 『한국수산지』 제1집(1908)
마이클 폴란, 김현정 옮김, 『요리를 욕망하다』(에코로브르, 2014)
명정구 외, 『우리 바다 어류도감』(다락원, 2002)
박상현, 『일본의 맛 규슈를 먹다』(따비, 2013)
박정주, 「『고사기(古事記)』 一節讀後考」(http://blog.naver.com/jjoopark07
   /140203656604)
박주면, 「남해에서 출현하는 삼치의 식성, 성숙과 산란」(부경대 석사 학위 논문, 2006)

박태균, 「여수는 지금… 엑스포가 한창, 서대도 한창」, 《중앙 선데이》(2012년 6월 3일)

백연선, 「땅에서 나는 자양강장제, 부추」, 《월간 전원생활》(2013년 6월호)

뿌리깊은나무 편집부, 『한국의 발견 총서 — 전라남도』(뿌리깊은나무, 1983)

서유구, 김명년 옮김, 『전어지』(한국어촌어항협회, 2007)

손미선, 『콩 — 잘 먹고 잘 사는 법』(김영사, 2004)

수산업협동조합중앙회 수산경제연구원, 『한국 수산물 명산품 총람』(수협문화사, 2000)

안용근, 이규춘, 『전통 김치』(교문사, 2008)

여박동, 「근대 한일관계와 거문도 어업이민」, 《계명대학교 산업경영연구소 경영경제》 통권 26호(1993년 6월호)

여수시농업기술센터, 『여수의 맛! 돌산 갓 돌산 갓김치』(2008)

여수지역사회연구소 편, 『가을밤에 나누는 여수 이야기』(여수지역사회연구소, 2010)

이규보, 「동국이상국집」, 한국고전종합DB(http://db.itkc.or.kr)

이동원, 「거문도 일본인 집단촌의 산 현장 — 김길생 가옥」, 내셔널 트러스트 카페 (http://cafe.naver.com/ntrust/4586)

이소리, 『막걸리』(북포스, 2010)

이순신, 노승석 옮김, 『난중일기 — 교감 완역』(민음사, 2010)

이순신, 노승석 옮김, 『난중일기 — 완역판』(동아일보사, 2005)

임여호, 「신 자산어보」, 《MOOK 지역사회연구》 Vol. 3(2013)

임학성, 「조선 시대 지리서, 지도에 내재된 독도 영유 인식」, 윤유숙 외, 『역사와 지리로 본 울릉도』(독도 동북아 역사 재단, 2011)

장수호, 『조선 시대 말 일본의 어업 침탈사』(수산경제연구원BOOK&블루앤노트, 2011)

정대성(鄭大聲), 김문길 옮김, 『일본으로 건너간 한국 음식』(솔, 2000)

정약전, 정문기 옮김, 『자산어보』(지식산업사, 1977)

정약전, 정석조 상해(詳解), 『자산어보』(전라남도 신안군, 1998)

주희춘, 「서울 윤여상 사장의 강진 동동주 사랑」, 《강진신문》(2010년 1월 17일)

최창근, 『사케 수첩』(우듬지, 2009)

치우환싱, 남종진 옮김, 『중국 풍속 기행』(프리미엄북스, 2000)

카사노바, 『카사노바 자서전(The Memories of Casanova, Complete)』(구텐베르크 프로젝트 (The Project Gutenberg EBook))

한국학중앙연구원, 『한국민족문화대백과』

황지희, 『생선·해산물 수첩』(우듬지, 2013)

Benjamin Caballero ed. *Encyclopedia of Human Nutrition* (Oxford, U.K.: Elsvier, 2005)

Bruce Loyd Batten, *Gateway to Japan: Hakata in War and Peace, 500-1300* (University of Hawaii Press, 2005)

여수 여행 팁

맛집

갓김치

돌산갓밥상	여수시 돌산읍 우두리 497-13(돌산로 3280-2)	061-644-0098

갓 빵

여수갓구운	여수시 봉산동 255-26(봉산1로 35)	061-643-0960

돌게장

두꺼비게장	여수시 봉산동 270-2(봉산남3길 12)	061-643-1881
등가게장	여수시 봉산동 282-10(봉산남4길 12)	061-643-0332
여성식당	여수시 봉산동 273-5(봉산1로 17)	061-642-8529
여수돌게	여수시 봉산동 265-24(봉산남3길 19)	061-644-0818
황소게장	여수시 봉산동 268-12(봉산남3길 5)	061-642-8007

갯장어 샤브샤브

경도회관	여수시 경호동 621-3(대경도길 2-2)	061-666-0044
미림횟집	여수시 경호동 614-1(대경도길 2)	061-666-6677
자연횟집	여수시 경호동 235-1(대경도5길 25)	061-666-3236
여수 수산물특화시장	여수시 남산동 4(남산로 60-31)	061-643-9944
여수 수산시장	여수시 교동 680(여객선터미널길 24)	061-662-7268

장어탕

상아식당	여수시 국동 1082-6(어항단지로 21)	061-643-7840
자매식당	여수시 국동 1082-7(어항단지로 21)	061-641-3992
7공주식당	여수시 교동 595-2(교동시장2길 13-3)	061-663-1580

서대 회무침

구백식당	여수시 교동 678-15(여객선터미널길 18)	061-662-0900
청해식당	여수시 교동 467(교동남1길 5-4)	061-663-3226

삼치 선어 회

동해선어	여수시 국동 874-27(구봉2길 5)	061-643-3792
민들레집	여수시 봉산동 271-1(봉산남3길 14)	061-641-7001
중앙선어시장	여수시 중앙동 385-11(이순신광장로 103)	

굴구이

원조직화굴구이	여수시 돌산읍 평사리 1310-8(안굴전길 61)	061-644-6553
정우굴구이	여수시 돌산읍 평사리 1310-12(안굴전길 55-1)	061-643-6125

굴찜

만나굴구이	여수시 돌산읍 금봉리 872-3(평사로 243)	061-644-1116
혜영굴구이	여수시 돌산읍 평사리 1013-3(평사로 378)	061-644-9229

군평선이구이

광장미가	여수시 중앙동 795(중앙로 72-22)	061-662-2929
구백식당	여수시 교동 678-15(여객선터미널길 18)	061-662-0900
복춘식당	여수시 교동 472(교동남1길 5-8)	061-662-5260

해삼 물회

| 송림마차횟집 | 여수시 소호동 1152(소호로 215) | 061-682-2701 |

갯것 정식

| 돋을볕펜션 | 여수시 남면 심장리 143-2(장지해안길 25) | 061-665-4599 |
| 상록수식당 | 여수시 남면 우학리 652-17(금오로 854) | 061-665-9506 |

손두부

| 백야리손두부 | 여수시 화정면 백야리 51(백야2길 4) | 061-685-1027 |

막걸리

| 개도 주조장 | 여수시 화정면 개도리 682 | 061-666-8607 |
| 낭도 주조장 | 여수시 화정면 낭도리 1000 | 061-665-8080 |

기타

| 구봉산장 | 여수시 국동 959-2(구봉2길 10) | 061-643-0008 |
| 구봉산장 2호점 | 여수시 문수동 473-3(문수8길 7) | 061-652-4481 |

나리네	여수시 교동 680(여객선터미널길 24)	061-654-0362
녹원갈비	여수시 공화동 595(공화남3길 22-1)	061-665-8729
늘푸른식당	여수시 봉산동 278-21(봉산남8길 14)	061-642-4276
달콤다방	여수시 중앙동 689(통제영5길 8)	061-666-0369
달콤커피센터	여수시 종화동 430(하멜로 84)	061-665-0369
싱글벙글빵집	여수시 관문동 222(관문1길 15)	061-663-8797
카페 헤밍웨이	여수시 남산동 62(남산로 8 근린생활시설)	061-643-5564
통만두집	여수시 중앙동 646(통제영4길 12)	061-664-1060
함남면옥	여수시 중앙동 435(중앙1길 8)	061-662-2581

숙소

여수시

나비잠(게스트 하우스)	여수시 봉산동 247-9(대교로 38)	061-642-8200
디오션 리조트	여수시 소호동 산 99	1588-0377
엠블호텔여수	여수시 수정동 332-15(오동도로 111)	061-660-5800
오동재	여수시 덕충동 394-5	061-650-0300
플라잉피그(게스트 하우스)	여수시 고소동 805(동문로 16)	061-666-1122
향일암 요사채	여수시 돌산읍 율림리 산 7(향일암로 60)	061-644-4742
히든베이 호텔	여수시 신월동 197-30(신월로 496-25)	061-680-3000

주변 섬

고도민박	여수시 삼산면 거문리 87-7(거문길 82)	061-665-7288
시골밥집 민박	여수시 화정면 하화리 13-1	011-647-5491

세 PD의 미식 기행
여수

1판 1쇄 찍음 2014년 7월 11일
1판 1쇄 펴냄 2014년 7월 18일

지은이   손현철·홍경수·서용하
발행인   박근섭·박상준
편집인   장은수
펴낸곳   ㈜민음사

출판등록   1966. 5. 19. 제16-490호
주소   (135-887) 서울특별시 강남구 도산대로1길 62
       강남출판문화센터 5층
대표전화   515-2000 | 팩시밀리 515-2007
홈페이지   www.minumsa.com

© 손현철·홍경수·서용하, 2014. Printed in Seoul, Korea

ISBN 978-89-374-8929-7 (13980)